Jörg Wollenberg (Hrsg.)
»Niemand war dabei und keiner hat's gewußt«

Serie Piper
Band 1066

Zu diesem Buch

Vor fünfzig Jahren trat mit der »Reichskristallnacht« die Judenverfolgung in ihre mörderische Phase – Anlaß genug, heute das gesamte System der Verfolgung, Beraubung und Ermordung der Juden in Deutschland zu diskutieren.

Schwerpunkt des Bandes, der auf einem Symposion des Bildungszentrums Nürnberg im November 1988 fußt, ist die Frage nach dem Verhalten der deutschen Öffentlichkeit: Wieviel wußte der »Mann auf der Straße«, wieviel hätte er wissen können, welche Möglichkeiten zum Widerstand hätte es gegeben? Beiträge zu diesem Buch schrieben u. a. Axel Eggebrecht, Jörg Friedrich, Hermann Glaser, Walter Grab, Arno Hamburger, Robert M. W. Kempner, Ulrich Klug, Maria Gräfin Maltzahn, Manfred Messerschmidt, Ernst Piper und Ernst Waltemathe.

Jörg Wollenberg, geb. 1937, leitet das Bildungszentrum der Stadt Nürnberg und ist Professor für Weiterbildung an der Universität Bremen. Zahlreiche Fachveröffentlichungen sowie Herausgeber (mit Jörg Friedrich) des Bandes »Licht in den Schatten der Vergangenheit« (1987).

JÖRG WOLLENBERG (Hrsg.)

»Niemand war dabei und keiner hat's gewußt«

Die deutsche Öffentlichkeit und die Judenverfolgung 1933–45

Piper
München Zürich

ISBN 3-492-11066-5
Originalausgabe
April 1989
2. Auflage, 7.–10. Tausend Dezember 1989

Umschlag: Federico Luci
Umschlagphoto: Gerhard Schoenberner, Berlin
Gesamtherstellung: Clausen & Bosse, Leck
Printed in Germany

Inhalt

Jörg Wollenberg

Niemand war dabei und keiner hat's gewußt

Zur Öffentlichkeit der Verfolgung und Vernichtung der Juden in Deutschland

Nach den vielen Veranstaltungen zum Judenpogrom von 1938 in der Bundesrepublik – von Zeitzeugenberichten, Vorträgen und Seminaren in den Volkshochschulen, Ausstellungen in Museen, Gedenkfeiern der Städte, Rundfunk- und Fernsehsendungen bis hin zur Rede des Parlamentspräsidenten Jenninger vor dem Bundestag – artikulierte der Soziologe Michal Bodemann von der Universität Toronto in einem Vortrag vor Berliner jüdischen Gruppen sein Unbehagen über so viel Umgang der Deutschen mit einem der dunkelsten Kapitel ihrer Geschichte:

> »Von einem Versuch der Verharmlosung nazistischer Verbrechen kann heute in der Bundesrepublik nicht mehr die Rede sein. Die wie aus dem Boden geschossene Gedenkkultur stellt nicht das Ausmaß der Verbrechen in Frage, sondern vielmehr geht es darum, wie Deutsche heute mit Schuldgefühlen umgehen sollen, um eine positive nationale Identität zu gewährleisten; in Jenningers Rede ein nationales, ökologisch-alternativ verbrämtes Sendungsbewußtsein, wonach am geläuterten deutschen Wesen die Welt wiederum genesen darf. Insofern war Jenningers vielgeschmähte, aber doch ehrliche und gewiß populäre Rede der Höhepunkt der diesjährigen Exkulpationsrituale.«[1]

In der Tat bezog sich die Erinnerung an die Reichspogromnacht vor 50 Jahren in vielen Fällen kaum noch auf die Geschichte und Kultur der Juden in Deutschland. Konkrete Ereignisse der Judenverfolgung und Judenvernichtung traten immer mehr in den Hintergrund. Fragen der gebrochenen nationalen Identität und Probleme des Umganges mit Schuldgefühlen standen und stehen dagegen im Mittelpunkt vieler Veranstaltungen. Dabei ist der Kenntnisstand über die Formen des Leids und des Unrechts, das den Juden von deutschen Mitbürgern zugefügt wurde, immer noch gering. Daran hat die Flut an Veröffentlichung in jüngster Zeit nicht viel geändert.[2] Selbst über den Terminus »Reichskristallnacht« gibt es bis heute unterschiedliche Auffassungen. Für viele stammt dieser Begriff aus Goebbels Propagandaministerium und wird deshalb als eine zynische Formulierung der Nazis interpretiert, mit der sie den Pogrom auf ein paar zerstörte Glasscheiben reduzieren wollten. Für andere ist der Terminus eine Prägung des Berliner Volksmundes, eine ironische, das Werk der Nazis durchschauende Wortschöpfung. Und der Schaden, den die Nazis anrichteten, als sie Deutschland mit der Verfolgung und Vernichtung der Juden eines Großteils der künstlerischen, wissenschaftlichen, wirtschaftlichen und technischen Intelligenz beraubten, ist in den Auswirkungen für heute, am Vorabend des 40. Jahrestages der Gründung zweier deutscher Republiken, immer noch nicht in allen Bereichen differenziert aufgearbeitet und analysiert worden.[3]

Nürnberg ist ein besonders geeigneter Ort, diese Last der deutschen Geschichte in ihrer gegenwärtigen Bedeutung aufzuarbeiten. Denn Nürnberg ist die Stadt der alten Reichsherrlichkeit und der von den Nazis verordneten Reichsparteitage. Nürnberg ist die moderne Industriestadt und die Stadt des »Stürmer«. Sie ist auch die Stadt der Nürnberger Gesetze von 1935 und der Nürnberger Prozesse von 1945–49 – eine verlängerbare Anreihung von immanenten Widersprüchen, eher verdrängten Belastungen und angebotenen Lernprozessen. Sie deuten zugleich an, daß eine der republikanischsten Städte in der Weimarer Republik auf besondere Art und Weise mit dem Nationalsozialismus verknüpft war und schon früh üble Formen eines Antisemitismus entwickelte. Dafür hatte vor allem Hitlers Duzfreund, Julius Streicher, gesorgt. Er gründete im August 1923 jenes Wochenblatt, das bald zum Inbegriff des national-sozialistischen Antisemitismus werden sollte. Mit einer Auflage von bis zu 500000 Exemplaren streute der ehemalige Nürnberger Volksschullehrer Woche für Woche die Hetzschrift »Der Stürmer« als »Deutsches Wochenblatt zum Kampfe um die Wahrheit« mit der ständig wiederholten, vom Berliner Historiker und Kathederfürsten Heinrich von Treitschke 1879 geprägten und von Streicher bewußt übernommenen Parole »Die Juden sind unser Unglück!« unter die »Volksgemeinschaft«. Erst mit diesem »Stürmer« wurde Nürnberg zum Zentrum des Antisemitismus in Deutschland. Kurz nach dem 9.11.1938 erschien im Stürmer-Verlag eine dem »Frankenführer Julius Streicher in Dankbarkeit und Verehrung« gewidmete voluminöse »Kampfschrift« über »Die Judenfrage durch fünf Jahrhunderte«. Darin heißt es u. a.:

> »... Und wie Nürnbergs Lösung der Judenfrage am Beginn der Neuzeit für das ganze Volk vorbildlich war, so darf es sich auch heute rühmen, in dem Endkampf des deutschen Volkes gegen die Juden das Sturmbanner vorangetragen zu haben nach der alten Parole: Franken voran.
> Mit gutem Recht tragen daher die Gesetze des Führers zum Schutz und zur Reinerhaltung des deutschen Blutes den Namen »Nürnberger Gesetze‹.«[4]

In der Tat gingen die Franken »beispielhaft« voran. »Der Stürmer« und Julius Streicher waren »das starke Schwert, das den endgültigen Sieg« (Stock) vorbereiten und erringen half. Dem fanatischen selbsternannten »Frankenführer« ist es auch anzulasten, daß schon vor 1933 eine massive Judenhetze in Nürnberg einsetzte. Und bereits drei Monate vor dem organisierten Novemberpogrom veranlaßte Streicher im August 1938 die Zerstörung der Hauptsynagoge der Isrealitischen Kultusgemeinde auf dem Hans-Sachs-Platz.

Aber nicht nur in Nürnberg, im ganzen Reich folgte dem Judenpogrom nach der Zerstörung der Synagogen und Verwüstung der jüdischen Friedhöfe die Demolierung und Arisierung jüdischer Geschäfte, Banken, Kaufhäuser und die Verhaftung von zunächst 30000 vornehmlich wohlhabenden Juden, die in die Konzentrationslager abtransportiert wurden. Der Judenpogrom von 1938 war so ein in der Geschichte beispielloser Auftakt zur Enteignung und Vertreibung jüdischer Unternehmungen. Der Verdrängungsprozeß, der nach 1933 mit der Ausschaltung der Juden in bestimmten Berufen begann, wurde nach den Boykottaktionen mit den privaten Interessen an stiller Bereicherung auf Kosten der entrechteten Juden nach 1938 fortgesetzt und endete in der physischen Vernichtung und Ausplünderung.

Zum Anlaß des letzten Alarmsignals vor dem Endlösungsprogramm nahmen die Nazis das am 7. November 1938 verübte Attentat des deutsch-polnischen Juden Herschel Grynszpan auf den Legationssekretär Ernst vom Rath in der deutschen Botschaft in Paris. Doch während die NS-Machthaber die brutalen Ausschreitungen als spontane Reaktion der »kochenden Volksseele« auf die Ermordung vom Rath's ausgaben, wurden sie in Wahrheit von höchster Stelle organisiert und entfacht.

Hans Jürgen Döscher hat in einer gerade vorgelegten Untersuchung überzeugend nachgewiesen, daß die Pogrome von 1938 im Gegensatz zu früheren Auffassungen weniger als »Schicksalsjahr« (Barkai) oder als »Wendepunkt« und »Etappe einer neuen Politik« erscheinen, »denn als neue, radikale Gangart auf dem Wege zur existentiellen Vernichtung der Juden im Deutschen Reich. Weite Kreise der Bevölkerung begrüßten oder tolerierten diese Politik«.[5]

Das »Aufrollen der Judenfrage von unten« durch die Mobilisierung des »Volkszorns« nutzte die NS-Führung als Mittel zur Entfernung der Juden aus allen Bereichen der Kultur, Wissenschaft und Wirtschaft.

Nach der Einschränkung der öffentlich-rechtlichen Stellung der Juden durch das »Gesetz zur Wiederherstellung des Berufsbeamtentums« von 1933 und den »Nürnberger Gesetzen« von 1935 bedienten sich die NS-Machthaber der Pogrome des Jahres 1938, um nicht nur den antisemitischen Druck ihrer Basis durch antijüdische Aktionen zu kanalisieren. Sie nahmen das Attentat von Paris vor allem zum Vorwand, um durch eine Vielzahl von Gesetzen die »Endlösung der Judenfrage« vorzubereiten. Was aber auch immer in der Nacht vom 9. auf den 10. November 1938 auf Befehl des SA-Stabschefs Lutze und der obersten Naziführung unmittelbar nach der aufputschenden Rede von Goebbels zum Gedenken an die »alten Kämpfer« des Hitler-Putsches am 9. November 1923 überall in Deutschland geschah, es vollzog sich vor einer breiten Öffentlichkeit. Viele waren dabei, und die Mehrheit der Bevölkerung hat es gewußt. Mag sich noch mancher deutsche Bürger von den brutalen Ausschreitungen, Krawallen und Morden der Judenpogrome von 1938 distanziert haben, gegen die nachfolgenden gesetzlichen Regelungen zur Ausschaltung der Juden aus dem Wirtschaftsleben, gegen die Austreibung und die dann folgende Vernichtung erhob kaum jemand Einwände. Denn »der Jude war der wichtigste Mann in Hitlers Staat« (Victor Klemperer). Das Judentum hatte die Plagen des Kapitalismus und des Kommunismus in die Welt gesetzt, insbesondere trachtete es nach Deutschlands Unglück und Untergang, zersetzte die Reinheit der Rasse und die Wehrkraft und schürte Zwietracht unter den Volksgenossen. Hitlers mit beispielloser Energie vollzogenen Plan seiner »Endlösung der Judenfrage«, den »Vernichtungsantisemitismus« (Silbermann), wollen die deutschen Reichsbürger allerdings nicht mitbekommen haben. Seit mehr als 40 Jahren verweigert sich die Tätergeneration der Frage, was sie sich während des größten geschichtsbekannten Verbrechens eigentlich gedacht hat.

Vor diesem Hintergrund eines ungebrochen behaupteten Nichtwissens gibt der 50. Jahrestag des Judenpogroms vom November 1938 Anlaß, die ganze öffentliche, auf den Straßen und im Gesetz- und Verordnungsblatt abgewickelte Judenverfolgung mit dem Geheimnis der Vernichtungsstätten zu vergleichen. Sind das millionenfach Gewußte und das sogenannte Nichtgewußte qualitativ grundverschieden? Oder ist es der Unterschied von Todesurteil und Vollstreckung? Stehen die Reichsbankbeamten, die die Goldzähne zum Schmelzen in die Preußische Staatsmünze trugen, auf einem anderen menschlichen Niveau als jene Polizeibeamten, die in den Einsatzgruppen auf Juden schossen? Sind die Angestellten der Volkswohlfahrt, die Wäsche und Geschirr der verschleppten Juden nach der »Reichskristallnacht« umverteilten, von anderer Qualität als jene Ärzte, die am Guckloch der Gaskammer ihren Dienst taten? Gehen die öffentlichen und geheimen Teile der Judenverfolgung so zwanglos und normal ineinander über, wie dies bei Verwaltungsvorgängen üblich ist? Die Tat war singulär, doch mit geläufigen Methoden. Selbst die Vergasung feindlicher Zivilpersonen zirkulierte in der Vorstellungswelt. Ganz Deutschland übte mit Gasmasken. Von den Reichsbürgern, die nach 1942 in die Vergasungsbetriebe abkommandiert wurden, ist nicht bekannt, daß der Schock sie lähmte. Sie empfanden allerdings, wie Himmler und Eichmann, die physische Auslöschung meist anstrengender als die aktenförmige.

Grauenvoll war nicht die Tatsache der Vernichtung der europäischen Juden, sondern der Anblick.

Heute ist es genau umgekehrt. Der Anblick von Auschwitz und Treblinka ist inzwischen jedem Schulkind geläufig. Der Anblick der Arisierungsakten hingegen ist nach wie vor eisernes Geheimnis der Firmenarchive. Die Arisierungsgewinner, darunter »spätere Väter« des Wirtschaftswunders der Nachkriegszeit wie Horten, Neckermann, Ries (Pegulan) oder die großen Banken vor und nach 1933 – wie die Deutsche Bank und die Dresdner Bank – unterschlagen dieses Kapitel ihrer Bereicherung. Die Erinnerung an die Judenvernichtung ist getrübt und zusammenhanglos auf uns gekommen. Die Brände der sogenannten Reichskristallnacht und der gelbe Stern sind im nationalen Gedächtnis der Deutschen gespeichert, die Deportationsgeschichte der Städte und Landkreise aber kaum aufgearbeitet. Wer kennt z. B. jene Deportationsliste der Gestapo, die für die Zeit von 1941 bis 1944 1631 Nürnberger aufzählt, die in die Konzentrationslager nach Theresienstadt und Auschwitz verschleppt wurden und von denen lediglich 72 überlebten? Der dafür verantwortliche Leiter der Gestapostelle und SS-Brigadeführer Dr. Benno Martin wurde nach einem vierjährigen Verfahren vor dem Landgericht in Nürnberg am 1. 7. 1953 freigesprochen.[6]

Es wird Zeit, dieses dunkle Kapitel deutscher Geschichte aufzuarbeiten und in den Mittelpunkt der Aufklärungsarbeit von Weiterbildungseinrichtungen zu stellen. Dabei sollte das

Gedenken an die sogenannte Reichskristallnacht vor 50 Jahren sich nicht darauf beschränken, an die SA-Knüppel zu erinnern. Das ganze, von der Mehrheit der Bevölkerung akzeptierte System der Beraubung, Verfolgung und Vernichtung der Juden steht zur Diskussion. Um einen solchen differenzierten Zugang bemühten sich die Kultur- und Bildungseinrichtungen der Städte Nürnberg, Fürth, Erlangen und Schwabach. Unter dem Schwerpunktthema »Von nichts gewußt und keiner war dabei« wurde mit über 400 unterschiedlichen Veranstaltungsformen (Vorträge, Zeitzeugenberichte, Seminare, Filmreihen, Lesungen Publikationen, Kulturveranstaltungen und Ausstellungen) die vom Germanischen Nationalmuseum und dem Haus der Bayerischen Geschichte durchgeführte Ausstellung zur Geschichte und Kultur der Juden in Bayern mit einem Rahmenprogramm begleitet, das auf starke Resonanz stieß und fortzusetzende Entdeckungsreisen in ein verdrängtes Kapitel deutscher Geschichte einleitete. Eine der Höhepunktveranstaltungen wird in dem vorliegenden Band dokumentiert: Am 15./16. November 1988 fand ein vom Bildungszentrum der Stadt Nürnberg organisiertes Symposion zu dem Schwerpunktthema »Von nichts gewußt und keiner war dabei. Die Öffentlichkeit der Verfolgung und Vernichtung der Juden in Deutschland 1933 bis 1945« statt. Mit 14 Beiträgen wurde den unterschiedlichen Spuren der Verletzungen und Taten von Zeitzeugen, Wissenschaftlern und Publizisten nachgegangen.

Als Veranstalter des Symposions und Herausgeber seiner Niederschrift danke ich den Referenten für die von mehreren hundert Zuhörern mit hoher Aufmerksamkeit verfolgten Ausführungen und Antworten auf nach wie vor umstrittene Fragen.[7]

Zu einem besonderen Dank bin ich Jörg Friedrich verpflichtet. Wie schon beim »Nürnberger Gespräch 1987« über die Enttabuisierung der Kriegsverbrecherprozesse[8], so hat sich Jörg Friedrich auch bei diesem Symposion an der Vorbereitung und Durchführung des inhaltlichen Ablaufs beteiligt und das Symposion mit mir geleitet. Für die Mithilfe bei der organisatorischen Vorbereitung des Symposions und der Drucklegung seiner Abschrift danke ich Frau Ingrid Weiß-Albert, Frau Doris Baptistella, Frau Kunigunde Hamouda und den Herren Friedrich J. Bröder und Manfred Schwab.

Eine Ermutigung besonderer Art geht immer wieder von dem inhaltlichen Engagement des Schul- und Kulturreferenten der Stadt Nürnberg aus. Ohne Hermann Glasers wohlwollende Unterstützung wären die größeren Projekte im Rahmen der Geschichtswerkstatt des Bildungszentrums schon in der Entstehungsphase gescheitert. Mit den neuen Schwerpunktsetzungen und Symposien knüpfen wir deshalb bewußt an die von ihm initiierten »Nürnberger Gespräche« an, zumal die Zeiten für eine neu entfachte Geschichtsdebatte und für die auf der Grundlage historischer Erfahrungen zu gewinnenden Zukunftsvisionen heute günstig erscheinen. Denn der sogenannte Historiker-Streit ist ein letzter Versuch, alte Legenden durch Denken gegen die Zeit neu zu befestigen. Die verharmlosenden und nivellierenden Thesen Ernst Noltes übersehen unter anderem, daß die Bundesrepublik nicht mehr geschichtslos ist, daß viele nicht aus dem Schatten der Vergangenheit treten wollen, sondern eher mehr Licht in die Schatten der Vergangenheit bringen möchten. Auch der für historische Trauerarbeit aufgeschlossene Bundespräsident Richard von Weizsäcker hat sich im Oktober 1988 auf dem Bamberger Historiker-Tag gegen die Strategie des Schlußstriches ausgesprochen. Nur wer sich erinnert und die Vergangenheit aufarbeitet, kann die Zukunft gewinnen. Freilich schließt ein solcher Zugang mit ein, nicht nur die Geschichte der Jahre 1933 bis 1945 zu thematisieren und in der politischen Bildungsarbeit zu intensivieren. Auch die Nachkriegsgeschichte ist mit dem Verdrängen der braunen Vergangenheit, mit den Fehlentwicklungen in der Gründungsgeschichte der Bundesrepublik Deutschland als Folge der »Zweiten Schuld« (Ralph Giordano) in solche Aufarbeitung einzubeziehen.

Zugleich weist der 9. November 1938 auf die Entstehungsgeschichte der ersten deutschen Republik hin. Denn den 9. November 1918, die Novemberrevolution, rückgängig zu machen, war immer das erklärte Ziel Hitlers. Das Werk jener »Novemberverbrecher, die 1918 das deutsche Heer erdolcht hatten«, war für ihn das Werkzeug der Juden. Nachdem der erste Hitler-

Putsch am 9. November 1923 gescheitert war, galt es für die Nazis nach der Machtübertragung, die Juden als »Sündenböcke« zu verfolgen. Dem Aufruf vom 1. April 1933 an die Bevölkerung, jüdische Geschäfte, Ärzte und Rechtsanwälte zu boykottieren, der Bücherverbrennung im »Kampf gegen den undeutschen Geist« vom Mai 1933 und den Nürnberger Gesetzen vom 15. 9. 1935 zum »Schutz des deutschen Blutes und der deutschen Ehre« folgte nach einer Phase relativer Ruhe die Eskalation in Form der Pogromnacht von 1938, die als bewußt geplante Vorstufe von Auschwitz zu interpretieren ist. Wer dieses scheinbar Unfaßbare erklären will, muß mit den Gedenktagen nicht nur Geschichte in Erinnerung rufen. Mit Mitscherlich gilt es vor allem auch, unseren Blick für gegenwärtige gesellschaftliche Umbrüche und deren Folgen zu schärfen. Erinnern für die Zukunft heißt auch, sich nicht allein auf historische Details einzulassen, sondern zu untersuchen, wie die NS-Zeit und der Judenpogrom im öffentlichen Bewußtsein heute wahrgenommen und verarbeitet werden, wie z. B. politisch Verantwortliche in den Kommunen, Ländern und der Bundesregierung mit ethnischen und politischen Minderheiten und Asylbewerbern umgehen.

Nürnberg, im November 1988 Jörg Wollenberg

I. BERICHTE

ARNO HAMBURGER

Die Pogromnacht vom 9. auf den 10. November 1938 in Nürnberg

Es war kalt an diesem 9. November 1938. Ich war fünfzehn Jahre alt damals. Ich war in Nürnberg geboren worden, wie mein Vater auch, aber ich wußte, daß wir uns diese Stadt, die immer meine Heimatstadt gewesen ist, nicht mehr als Heimat anrechnen durften. Ich hatte plötzlich eine etwas längere Nase als meine arischen Mitschüler. »Synagogenschlüssel« nannte man das witzigerweise und konnte sich darüber kaputtlachen. Ich war die »Judensau« und ein Untermensch. Meine Familie, die Familie Hamburger, ist seit 400 Jahren in Franken ansässig. Mein Vater ist in Schweinau geboren.

Am 9. November 1938 fuhr ich, wie jeden Tag, mit dem Fahrrad ins Geschäft. In die Elektrohandlung Erle in Johannis, ein jüdisches Geschäft. Ich war dort Lehrling seit einem Jahr, weil ich ins Realgymnasium am Egidienberg nicht mehr gehen durfte. Ich hatte mich wegen der »Judensau« gewehrt und einen Mitschüler verprügelt. Bevor ich an jenem Morgen des 9. November ins Geschäft fuhr, wußten wir, daß es schlimmer wird, daß nicht nur jemand »Judensau« zu uns sagen wird. In der Zeitung hat es an jenem 9. November deutlich gestanden: »Das läßt sich das deutsche Volk nicht mehr gefallen.« Gemeint war das Attentat des 17jährigen Herschel Grynszpan auf den deutschen Gesandtschaftsrat vom Rath in Paris zwei Tage vorher. Der Tag ist normal verlaufen. Abends um 9 Uhr schickte mich mein Vater ins Bett. »Es passiert was«, sagte er, »wir müssen nur ganz ruhig bleiben.« Kurz danach schlug es an die Tür. Es waren acht SA-Männer. »Wir müssen alles durchsuchen«, sagten sie. Es ist nichts zerschlagen worden, es ist niemand von uns angerührt worden. Sie durchsuchten die Wohnung und gingen davon. Bei den Großeltern in der Schweinauer Straße waren sie auch – genauso: Durchsucht und wieder gegangen.

Mein Onkel Justin Hamburger wohnte in der Landgrabenstraße. Er war Teilhaber von der Pinselfabrik »Luma«. Ich rief dort an, aber es ging niemand ans Telefon. Dann schickte mich mein Vater mit dem Fahrrad in die Landgrabenstraße. Vor dem Haus standen Wachtposten von der SA, in den Zimmern brannte Licht. »Wo willst denn du hin?«, fragte mich ein SA-Mann. Ich sagte, daß ich zu meinem Onkel wolle. Darauf er: »Du kleine Judensau, hau ab.« Daran hatte man sich ja inzwischen gewöhnt – an die Judensau und ans Gehorchen. Ich fuhr wieder heim. Auf der Rückfahrt sah ich, daß die SA ganze Arbeit geleistet hatte. In der Essenweinstraße brannte die Synagoge, jüdische Geschäfte waren zertrümmert, die Einrichtung auf der Straße verstreut, und die SA paßte auf, daß niemand das Feuer störte. Am anderen Tag fuhr ich wieder ins Geschäft, in die jüdische Elektrohandlung Erle in Johannis. Es war keine Elektrohandlung mehr. Die Firma Erle war ein Trümmerhaufen, und an die Hauswand war der Judenstern gemalt. »Es ist Schluß«, hat der Herr Erle gesagt, »ich hab keine Arbeit mehr für Euch.« Danach war ich in der Wohnung von meinem Onkel: Da gab es keinen einzigen ganzen Gegenstand mehr – Gläser zerschlagen, Bücher zerrissen, Sessel und Betten aufgeschlitzt, Schränke eingetreten. In der Zeitung las ich dann, wer da in der Nacht vom 9. auf den 10. November am Werk gewesen war. Nicht Herr Hitler, nicht Herr Streicher und auch nicht die SA – eine spontane Volkserhebung soll es gewesen sein.

Gerade in Nürnberg tobten sich die Horden der SA in dieser Nacht besonders aus. Zuerst kamen die großen Ladengeschäfte dran; mit mitgebrachten Stangen wurden die Schaufenster eingeschlagen, und der am Abend bereits verständigte Pöbel plünderte unter Anführung der SA die Läden aus. Dann ging es in die von Juden bewohnten Häuser. Schon vorher informierte nichtjüdische Hausbewohner öffneten die Türen. Wurde auf das Läuten die Wohnung nicht sofort geöffnet, schlug man die Wohnungstüre ein. Viele der »spontanen« Rächer waren mit Revolver und Dolchen ausgestattet; jede Gruppe hatte die nötigen Einbrecherwerkzeuge wie Äxte, große Hammer und Brechstangen dabei. Einige SA-Leute trugen einen Brotbeutel zur Sicherstellung von Geld, Schmuck, Fotos und sonstigen Wertgegenständen, die auf einen Mitnehmer warteten. Die Wohnungen wurden angeblich nach Waffen durchsucht, weil am Tage vorher ein Waffenverbot für Juden veröffentlicht worden war. Glastüren, Spiegel, Bilder wurden eingeschlagen, Ölbilder mit den Dolchen zerschnitten, Betten, Schuhe, Kleider aufgeschlitzt, es wurde alles kurz und klein geschlagen. Die betroffenen Familien hatten am Morgen des 10. November meistens keine Kaffeetasse, keinen Löffel, kein Messer, nichts mehr. Vorgefundene Geldbeträge wurden konfisziert, Wertpapiere und Sparkassenbücher mitgenommen. Das schlimmste dabei waren die schweren Ausschreitungen gegen die Wohnungsinhaber, wobei anwesende Frauen oft ebenso mißhandelt wurden wie die Männer. Eine Anzahl von Männern wurde von den SA-Leuten unter ständigen Mißhandlungen und unter dem Gejohle der Menge zum Polizeigefängnis getrieben. Die ebenfalls dorthin verbrachten Frauen wurden von den Polizeiorganen nach einigen Stunden wieder entlassen. Die Männer, darunter Knaben unter 14 Jahren, wurden in großer Zahl eng aneinandergepreßt in Zellen eingesperrt. Nachdem so mehr als 100 Männer eingeliefert worden waren, wurden sie mit Polizeilastwagen zum Gerichtsgefängnis gefahren und in der dortigen Turnhalle untergebracht. Gegen Abend kam noch eine Anzahl Fürther Juden dazu. Am anderen Morgen wurden gegen 4 Uhr morgens alle Personen unter 60 Jahren nach Dachau abtransportiert. Den Sekretär der Gemeinde, Bernhard Kolb, verhafteten die Gestapo-Beamten in der Nacht. Er wurde von SA-Leuten, die vorher gewaltsam in seine Wohnung eingedrungen waren, durch Schläge ins Gesicht und auf den Kopf verletzt und im Kraftwagen in das Büro der Israelitischen Kultusgemeinde gefahren. Dort kam er mit den anderen männlichen Verhafteten ins Zellengefängnis, wo nach und nach weitere Juden eintrafen. Bernhard Kolb berichtete, daß viele Juden Spuren schwerster Mißhandlung trugen.

In der Nacht vom 9. auf den 10. November starben in Nürnberg 9 Personen eines gewaltsamen Todes. Am gleichen Tag wurde vom Leichenbeschauer der Selbstmord von 10 jüdischen Bürgerinnen und Bürgern der Stadt Nürnberg beurkundet. Der Nazi-Oberbürgermeister Liebel gab vor den Ratsherren in einem Bericht bekannt, daß 26 Juden die Pogromnacht nicht überlebt hätten. Diese Zahlen werden durch Eintragungen in den Standesamtsregistern bestätigt; die Zahl der kurz nach der sog. »Kristallnacht« verstorbenen Juden liegt sogar noch beträchtlich höher. Da aber die Todesursache nicht genannt wird, ist nicht genau anzugeben, wer von diesen als direktes Opfer dieser Nacht anzusehen ist.

Von der Brutalität, mit der die Aktion in Nürnberg durchgeführt wurde, zeugt die Tatsache, daß von den 91 Mordfällen in dieser Nacht im gesamten Deutschen Reich allein 9 Tote auf Nürnberg fielen, dabei sind die Dunkelziffern, die ich bereits erwähnt habe, noch nicht inbegriffen. In dieser Nacht entstanden in Deutschland Sachschäden von mehreren 100 Millionen Mark. Mindestens 7500 Geschäfte wurden zerstört, allein die Fensterglasschäden überstiegen die Höhe von 6 Millionen Mark. Zerstört wurden mindestens 267 Synagogen. Verhaftet wurden ca. 30000 Juden, die man in die Konzentrationslager Buchenwald, Dachau und Sachsenhausen einlieferte. Die Aktion führte der deutschen Volkswirtschaft unermeßlichen Schaden zu. Aber die Organisatoren dieser Nacht fanden eine Lösung auch für dieses Problem. Am 14. November 1938 verordnete man den Juden eine Kollektivstrafe von 1 Milliarde Reichsmark zur Deckung der entstandenen Schäden am, wie sie es nannten, »Eigentum der Volksgemeinschaft«.

Die letzte Phase der »Lösung der Judenfrage« hatte begonnen. In dieser Nacht ging es nicht nur um die Scherben von Kristall und zerbrochenem Glas, nein, es war eine Mordnacht, in der mehr zerbrach:
Es brachen Dämme von Haß und Vorurteil.
Es zerbrachen Begriffe wie Freundschaft und Menschlichkeit.
Es brachen Menschenherzen, es zerbrach das Vertrauen in einen Staat, in ein Volk.
Nein, es war nicht nur eine Nacht des zerbrochenen Kristalls.

Hier zerbrach unwiderruflich auch eine Gemeinschaft, die Gemeinschaft eines Volkes. Und jeder wußte es, alle sahen zu, und keiner konnte oder wollte helfen. Man hätte taub und blind sein müssen in dieser Nacht, um nicht zu wissen, was geschah. Wenn man bis dahin immer noch hatte sagen können: »Was geht es mich an« oder »ich habe nichts gewußt«, nach dieser Nacht hat es jeder wissen müssen. Es war eine der schändlichsten Nächte Deutscher Geschichte. Die letzte Chance zu einem kollektiven Aufschrei gegen das weiter eskalierende Unrecht wurde vertan. Das Verbrechen, das vor aller Augen geschah, wurde durch Nichtstun zum alltäglichen Ereignis erklärt. Der Anfang vom Ende jüdischen Lebens in Deutschland und in Europa war damit vorprogrammiert!

Am 22. August 1939 bin ich dann ausgewandert. Allein. Nach Palästina. Am 27. Mai 1945 kam ich von dort als Soldat in englischer Uniform in meine Heimatstadt zurück. Ich stand am Plärrer und sah keine Häuser mehr, keine Straßen, keine Bäume, fast keine Menschen. Und ich habe an den 9. November 1938 denken müssen. An die Judensterne an den Hauswänden, an die Scherben im Haus von meinem Onkel Justin, an die verwüsteten Geschäfte, an die brennende Synagoge, an die Flammen in der ganzen Stadt. Diese Erinnerung wird in mir wohl nie verblassen.

HERMANN GLASER

Die Mehrheit hätte ohne Gefahr von Repressionen fernbleiben können

Den Anspruch, ein Zeitzeuge zu sein, kann ich in der ganzen Gewichtigkeit des Wortes wohl schwerlich in Anspruch nehmen; 1938 – da war ich zehn Jahre alt. Ich bin somit überfordert. Bin ich es? Von nichts gewußt? Obwohl doch die Nationalsozialisten vor aller Augen ihre Unmenschlichkeit demonstrierten und praktizierten. Davon kann jeder, der damals lebte, Zeugnis ablegen. Der Ausbruch staatlich organisierter Gewalt im November 1938, wie vorher die systematisch-unmenschliche Diffamierungs- und Entrechtungspolitik gegenüber der jüdischen Bevölkerung, war kein Geheimnis; jeder konnte, ob jung, ob älter, ob alt, die Zerstörung öffentlicher Moral erleben. Allerdings mußte man noch ethischer Beurteilung fähig sein.

Einen Tag nach der Pogromnacht fand in Nürnberg eine Großkundgebung auf dem Adolf-Hitler-Platz (dem jetzigen Hauptmarkt) statt: Ein »unübersehbares, wogendes Meer von Menschen«; Julius Streicher, der »Frankenführer«, hatte die Nürnberger Bevölkerung »gerufen« – sie war gekommen: »Obwohl erst in den späten Nachmittagsstunden bekannt wurde, daß der Frankenführer zu seinen Nürnbergern sprechen würde, hatten sich annähernd 100000 Volksgenossen auf dem historischen Kundgebungsplatz eingefunden. Es war unmöglich, die gewaltige Menschenmenge zu überschauen ... Könnte die Stimme eines Volkes je deutlicher sprechen, als dies hier der Fall war?« Man wird dem Berichterstatter der »Fränkischen Tageszeitung« (vom 11.11.1938) leider recht geben müssen: Kollektivscham ist angebracht angesichts der Tatsache, daß die infame Triumph-Veranstaltung (»die Saat, die er [Streicher] säte, ist aufgegangen«) eine so große, freiwillig erschienene Teilnehmerschaft fand; man sieht auf den Fotos nicht sehr viele »herbeikommandierte« Uniformierte. »Unendlicher Jubel brandete dem Frankenführer entgegen, als er auf dem Adolf-Hitler-Platz eintraf. Es war ein Orkan der Begeisterung, der sich erst nach Minuten wieder legte.« Die überwältigende Mehrheit der Nürnbergerinnen und Nürnberger hätte, ohne Gefahr von Repression, fernbleiben können; statt dessen bejubelte man die Staatsverbrecher. »Worte und Bilder vermögen nicht annähernd das wiederzugeben, was sich unseren Blicken darbot, und es ist auch die Stimmung durch nichts auszudrükken, die über dem großen Platz lag, jene Stimmung, die den fanatischen Haß gegen das jüdische Verbrechervolk, aber auch gleichzeitig den freudigen Glauben an die große Zukunft Deutschlands in sich vereinigte.«

Die Tatsachen sind erforscht; die Fakten liegen auf dem Tisch. Ich habe gegenüber erdrückender Bösartigkeit die Gnade der späteren Geburt; als »Zeit-Täter« muß ich mich nicht fühlen. Wer jedoch nicht Erinnerungsarbeit leistet, fördert direkt oder indirekt die »zweite Schuld« – das Verschweigen, das Aufrechnen, das Darüberhinweggehen.

Viel kann ich nicht berichten; für mich ist es jedoch sehr viel: diese Nacht vergesse ich nicht; ich danke meinen Eltern, daß sie mich für den »Zivilisationsbruch« bzw. den Kulturverlust, den das Dritte Reich darstellte, sensibel machten. In der Nacht vom 9. auf den 10. November wurde meine geistige Biographie geprägt; mein jugendliches »Bildungserlebnis« (das Erlebnis, das mich formte, nicht mehr losließ) sah wie folgt aus – ich habe es verdichtet festgehalten*, als »Albumblatt« für einen Nachbarn:

»Bei den Schulzes wuchs die Solidität langsam, aber stetig; ohne jüdische Hast. Grundlage war ein mehrstöckiges Haus

* Die drei Erinnerungstexte sind dem Band Hermann Glaser: Spurensuche. Deutsche Familienprosa. Frankfurt am Main/Berlin 1987 entnommen.

der Gründerära, seit langem Familienbesitz. Der Großhandel für Molkereiprodukte war am Anfang fast nicht umfangreicher als ein Kleinhandel. Erst ein dreirädriger Hanomag, dann ein vierrädriger Elektrokarren mit hohem gelben Aufbau. Der Umsatz stieg. Der Hof war stets sauber gekehrt. Auf der Terrasse über dem Lager wurde alle Montage die Wäsche aufgehängt. Und das Vorgärtchen und die Beete bei der Einfahrt waren stets geharkt und gesprengt, und die leeren Eierkisten und Butterschachteln säuberlich rechts hinten aufgestapelt. Unterm Birnbaum wurde das Fallobst regelmäßig gelesen. Der Efeu um die Fenster war säuberlich geschnitten. Und der Sohn wuchs ins Geschäft hinein; und die Töchter bekamen solide Männer; später wurde eine geschieden. Der alte Schulze war bereits frühmorgens an der Arbeit. Milch zur Vesper und dicke gelbe Butter auf kernigem Schwarzbrot. Und am Sonntag Familienausflug; später motorisiert. Wenn die Tür vom Lagerraum offenstand, roch es kühl-appetitlich nach Molkereiprodukten. Alles war so frisch wie die Menschen in den Molkereiheften, in denen über lange Monate hinweg die ganze Nibelungensage in Bildern erzählt wurde. Siegfried und Kriemhild – das sah man – aßen sicher viel Butter und tranken Buttermilch; ranziger schaute Hagen drein. Es war gediegenes Glanzpapier, und hinten im Heft las man die Lobpreisung von offener und Flaschen-Frischmilch; später war es dann Magermilch, die leicht bläulich schimmerte, wenn sie aus den großen Bottichen mit der Kelle herausgeholt wurde. Eines Nachts schellte es nebenan ganz laut und lang; da unser Wohnzimmer genau dem Eingang vom Nachbarhaus gegenüberlag, machten wir das Licht aus und lauschten. Der SA-Kamerad Schulze sollte mit den Kameraden zum Großeinsatz; und in einer Stunde, und alles sei geheim. Nach einer halben Stunde war er marschbereit; Schaftstiefel; Schulterriemen; Braunhemd mit Hakenkreuzbinde und auf dem weißen Haar die Mütze, Schnauzbart; er war so jovial. In dieser Nacht zerschlugen sie den Juden die Wohnungen und Läden. Am nächsten Morgen war das Braunhemd des Nachbarn schon gewaschen und hing auf der Terrasse über dem Lager; ganz allein flatterte es im Morgenwind; denn die große Wäsche war erst gewesen. Schulze stapelte in seinem weißen Schutzmantel die Eierkisten säuberlich aufeinander, rechts hinten im Hof neben dem Birnbaum.«

Der Tag darnach: Ein weiteres »Albumblatt«, wiederum aus dem bürgerlichen Alltagsleben:

»Die Wohnung des Oberlehrers Knöchlein befand sich im obersten Stockwerk; einige Zimmer hatten schräge Wände; gerade deshalb war es so gemütlich dort. Auf seinem Schreibtisch standen einige Photos; zwei Söhne in Uniform; fünf Bleistifte gespitzt, genau ausgerichtet; ein Stoß Hefte, exakt aufeinandergeschichtet; zwei Kaktusstöckchen. Im Bücherschrank Bücher und Mokkatassen. Ein zerbeulter Stahlhelm an der Wand; von Verdun. Ich kannte die Wohnung ziemlich gut, denn immer, wenn die Ferien kamen, schleppten wir die Blumentöpfe aus dem Klassenzimmer in die Oberlehrerwohnung, wo sie gepflegt wurden. Zu Hause hatte der Oberlehrer eine Raucherjoppe an; aber er rauchte nicht. In der Schule trug er einen braunen Arbeitsmantel, auf dem man weiße und bunte Kreidespuren sah. Die Anzugsjacke hängte er sofort in den Schrank, in dem auch Handtuch und Seife waren; oben auf dem Stock lag das Spanisch-Röhrchen, mit dem man gelegentlich Hiebe bekam. Häufig waren ›Pfötchen‹, entweder hielt der Lehrer die Hand des Delinquenten am Daumen fest, oder dieser mußte sie frei hinhalten; wenn man wegzuckte, mußte der Lehrer Knöchlein sehr lachen; er schlug dann auf die Oberseite der Finger, was schmerzlicher war: so zuckten wenige. – Wir malten, wo der Führer geboren wurde; Braunau mit viel Fachwerk und zwei Türmen; ich bekam ein »Sehr gut«; wie der Führer die NSDAP gründete und zum Retter Deutschlands wurde; das Hakenkreuz mußte ich wieder wegradieren, da ich es umgekehrt gezeichnet hatte. Nach der Heimatkunde das Singen; er hatte eine volle Stimme – ›Wem Gott will rechte Gunst erweisen ...‹ Oberlehrer Knöchlein war deutschnational; aus alter Lehrerfamilie; ich war auch aus einer alten Lehrerfamilie; im Lehrerverein traf er mit meinem Großvater zusammen. – Als man den Juden November 1938 die Läden zerschlug und die Wohnungen verwüstete, als wir uns ängstlich an dem aus den Fenstern geworfenen, zerschellten Mobiliar vorbeidrückten – in vielen Häusern waren die Türen aus den Angeln gerissen und die Fensterscheiben zersplittert –, als wir am Morgen zur Schule gingen, trafen wir auf dem Weg unseren Oberlehrer; da fühlten wir uns wieder geborgen. Und er munterte uns auf und lachte, strich seinen Schnurrbart. Vor einem Haus lag ein Haufen Federn, der beim Vorbeigehen aufstiebte; aus einem aufgeschlitzten Inlett herausgequollen war. Haben die doch heute nacht ein bißchen Frau Holle gespielt, meinte er; und er zupfte mir den Tafellappen zurecht, der beim Zumachen der Mappe eingeklemmt worden war und nun wieder wie ein Fähnchen herunterhing. Und er lachte nochmals, und in der Heimatkunde erzählte er uns, wie dem Führer erstmals in Wien über Alljuda die Augen aufgegangen seien.

Blumenstöcke trug ich nicht mehr in seine Wohnung. Im nächsten Jahr kam ich allerdings sowieso in die Oberschule.«

Die nationalsozialistischen Verbrechen waren nur möglich, weil die Täter mit ihrer Weltanschauung und Propaganda, ihren Aktionen und Planungen auf ungeheuere und ungeheuerliche Resonanz stießen; weil die Begeisterung für den »Führer« und das NS-Regime kaum, auch nicht durch unverhüllte Barbarei, zu erschüttern war. Die Aura der Massenmörder war bis Kriegsende kaum angekratzt; der Zivilisationsbruch war nicht ein Einbruch, sondern eine Verheerung. Was der unglückliche Bundestagspräsident Philipp Jenninger in teilweise sprachlicher Rollenidentifikation mit dem damaligen Tiefstand politischer Kultur vorführte – unfähig, was man damals dachte und fühlte, vom heutigen Standpunkt aus in seiner Verwerflichkeit einzuordnen –, ist leider richtig: Hitlers Politik wurde fanatisch gefeiert, die Fassade »deutscher Geltung«, hinter der das Unheil sich formierte, gepriesen. Sittlichkeit war nur noch in Restbeständen, in einigen Enklaven und fernab vom Hauptstrom der Geschehnisse, anzutreffen. Der Nationalsozialismus – dies muß immer wieder schmerzlich in Erinnerung gerufen werden – war kein Produkt weniger raffiniert-dämonischer Verführer, die mit Hilfe einer verhältnismäßig kleinen Schar von primitiven, brutalen Schergen ihre Verbrechen klammheimlich durchführten; der überwältigende Teil der Bevölkerung wußte vom

Verbrechen, nahm vielfach aktiv daran teil, leistete nicht einmal inneren Widerstand. Der Volksgenosse ist vor allem dadurch charakterisiert, daß ihm jedes Gefühl für Humanität und Moral fehlte.

Ich will von einer dritten Erinnerung berichten – die Geschichte dürfte sich Ende 1938 zugetragen haben, also im Jahr der November-Ausschreitungen. Weihnachtszeit. Nürnberger Lebkuchenseligkeit.

»Bei den Seltsams war alles vorhanden: Fünfzimmerwohnung mit Bad; Wochenendhäuschen auf dem Lande; Skifahren nach Neujahr, was besonderen Eindruck machte, denn wer war um diese Zeit schon weg! Gehobene Stellung des Vaters bei der Post oder Bahn; viel Spielzeug und immer das Neueste; ein Rad mit Dreigangschaltung; Schlittschuhstiefel. Auf dem Klavier konnte er kesse Schlager spielen; im Turnen stets eine Eins. Jungenschaftsführer, bald Fähnleinführer; sportlich, blond, braungebrannt; eine Freude der Eltern, Führer und Lehrer; man rechnete damit, daß er in eine Napola aufgenommen würde. Das wohlwollende Auge der HJ-Bannführung ruhte auf meinem Schulkameraden, der fast mein Freund war. Am Geburtstag war immer Einladung: großes nachmittägiges Kuchenessen. – Bei Boxdorf verfolgten wir einmal geheimnisvolle Spuren auf den Feldern und eine Leitung, die sich freilich nicht als Geheimtelefon von Agenten, sondern als abgeschnittener Draht erwies. Bei Buchenbühl hatten wir einen Tümpel entdeckt, der uns geheimnisvoll dünkte; wir kamen dem Geheimnis nicht auf die Spur. Die Radtouren und die Treffen wurden freilich seltener, da die HJ immer mehr Zeit in Anspruch nahm; Gerd mußte Führerpflichten erfüllen; so hatte er wenig Zeit. Doch am nächsten Weihnachtsfest war wieder Besuchskarussell; und es war schön bei ihm: ein großer Tannenbaum mit vielen Strohsternen und Winterhilfsfiguren; der Vater hatte Anzahlung auf den Volkswagen geleistet (die Urkunde lag auf dem Gabentisch); viele Bücher, nach erstem Anschauen wieder verpackt, die Schleifchen mit angehängten Weihnachtskarten wie unberührt; das neue Bild war schon an der Wand; Feierabend; ein Bauer mit Sense in der Abendröte, eine Frau hinter ihm mit offener Bluse und einem Medaillon auf nacktem Hals; am Rock eine blonde Kinderschar, die aufwärts zu den Eltern schaute. Die nackte Brust irritierte uns; wir blickten verstohlen aufs Bild. Aber nun kam die große Überraschung: Hatte er doch ein Buch bekommen, das ihm das Köstlichste schien vom diesjährigen Weihnachtsfest; er lachte schon, als er's auspackte: Bunt, mit vielen Versen, Streichers Jugendbuch – »Trau keinem Fuchs auf grüner Heid, und keinem Jud bei seinem Eid«. Die dicken, fleischigen Gestalten waren in all ihrer Schändlichkeit abgebildet und reimend beschrieben. Draußen fielen die Flocken; ein weißes Weihnachten, das war selten und rief unsere besondere Freude hervor. Die Mutter las laut und lachend vor – die Mutter, die fast so einen Busen wie auf dem Bild hatte und schon vor dem Skifahren so sportlich und fesch und gesund aussah. Und nun versprach sie sich: Trau keinem Jud auf grüner Heid und keinem Fuchs bei seinem Eid – das war zwar falsch, aber auch spaßig; wir lachten. Und dann gab es Kakao. Ein gesegnetes Weihnachten. Gerd sollte bald auf die Führerschule gehen; der Bannführer hatte sich nähere Unterlagen kommen lassen. Dazu kam es freilich später nicht. Wenn's im Unterricht heimlich möglich war, malte er nun – er saß neben mir – auf Schmierzettel und Löschblätter die fleischigen Judennasen; man mußte nur einen Sechser ausschnörkeln und schon hatte man die Visagen.«

Ich will in diesem Zusammenhang der ganz wenigen Nürnbergerinnen und Nürnberger gedenken, für die die Unmenschlichkeit nicht zum Staats- und Gesellschaftsprinzip geworden war und die – soweit sie nicht sogar Widerstand leisteten – sie wenigstens zu mildern trachteten; und damit einen letzten Rest von Anstand bewahrten. Jüdischen Kindern und Jugendlichen gegenüber haben z. B. Nürnberger Lehrerinnen und Lehrer – allerdings, wie gesagt, nur ganz wenige – deutlich gemacht, daß nicht alle den Dichtern und Denkern zugunsten der Richter und Henker abgeschworen hatten.

Und ich will rücksichtslos von denjenigen sprechen, die mit privatem Sadismus den offiziellen verstärkten und sich – die Banalität wie Abgründigkeit persönlicher Aggressivität offenbarend – dafür »einsetzten«, daß die seelische und physische Qual der Opfer keine Grenzen kannte. Eine der übelsten Schreibtischtäter war z. B. der Nürnberger Stadtschulrat Friedrich F.: Den Haß gegen die jüdische Bevölkerung, auch durch die Verbreitung der unsäglichen Stürmer-Bücher in den Schulen, anstachelnd, erwies er sich als ein Mensch niedrigster Gesinnung, pädagogischer Statthalter im Reich der niederen Dämonen.

Wir müssen uns abgewöhnen, die Schuld der Wegbereiter und Handlanger des Massenmordes zu übersehen und zu vergessen, nur weil diese inzwischen alt und »jovial« geworden sind und die Zeit vergangen ist. Der Schmerz der Opfer macht es notwendig, die Täter zu benennen. Das Gemeine darf man nicht klanglos in den Orkus hinabgehen lassen – vor allem, wenn die Heuchelei vordergründiger Versöhnung grassiert. Der Abgrund des Verbrechens läßt sich nicht mit Wortschaum zudecken. Übrigens ist der Nürnberger Stadtschulrat Friedrich F. kürzlich verstorben – »in Gottes Frieden heimgegangen«, »versehen mit den Tröstungen der Kirche«. So stand es in der Traueranzeige, der ein Zitat von Papst Pius XII. vorangestellt war: »Es gibt keinen Abschied für diejenigen, die in Gott verbunden sind«. So lügen Einzelne und Gruppen sich ständig über die Schrecklichkeit historischer Wahrheit hinweg.

»›Ich denke an Auschwitz‹ muß alle meine Vorstellungen begleiten können«, so hat Theodor W. Adorno den zeitgeschichtlichen kategorischen Imperativ formuliert. In einem Text (»Weit vom Schuß«) aus dem Herbst 1944, in den »Minima moralia«, heißt es: »Der Gedanke, daß nach diesem Krieg das Leben ›normal‹ weitergehen oder gar die Kultur ›wiederaufgebaut‹ werden könnte – als wäre nicht der Wiederaufbau von Kultur allein schon deren Negation –, ist idiotisch. Millionen Juden sind ermordet worden, und das soll ein Zwischenspiel sein und nicht die Katastrophe selbst. Worauf wartet diese Kultur eigentlich noch?«

Bald jedoch ging alles wieder; die Kultur wartete nur darauf, eine solche und nichts anderes zu sein. Unter Ausgrenzung kritischen Bewußtseins ließ sie die Toten ruhen, Auschwitz auf sich beruhen. Zehn Jahre später notierte Adorno: »Die Beziehung zur geistigen Vergangenheit in der falsch auferstandenen Kultur ist vergiftet.« Gilt das Diktum auch oder erneut für die unmittelbare Gegenwart? Muß man es für das bevorstehende Fin de siècle wieder-holen? Das »Leben« schwebt über den Massengräbern dahin; in einem Sog löst sich unglückliches Bewußtsein auf. Bewußtloses Glück droht. Daß Auschwitz sich nicht mehr ereignen darf, ist der verzweifelte Weckruf für eine politische Moral und ethische Kultur, die mit der Anstrengung des Begriffs Aufklärung weiterzuführen trachtet. Und für die Arbeit des Erinnerns.

ERNST WALTEMATHE

Rasse zwischen Leben und Tod: Die Mischlinge

Es ist für mich schon schwierig, das besondere Problem der Mischlinge objektiv zu schildern; denn erstens kann ich gar nicht objektiv sein, da ich subjektiv betroffen war. Und zum zweiten war ich Kind, das unmittelbar mitbekam, was Kinder so mitkriegen, ohne dies systematisch damals verarbeiten zu können. Meine Ausführungen werden deshalb mit dem Selbsterlebten beginnen und das später Erforschte und Nachgelesene an den Schluß stellen.

Meine Eltern entstammen beide Arbeiterfamilien, mein Vater war Arbeiter. Sie lernten sich bei einer Veranstaltung der Internationale der Arbeiterjugend kennen: mein Vater war in Deutschland entsprechend organisiert, meine Mutter, eine Amsterdamer Jüdin, in der dortigen AJC. Sie heirateten am 29. 12. 1929, meine Mutter wurde also Deutsche und wohnte fortan mit meinem Vater in Bremen. 1930 wurde mein Bruder, im Februar 1935 wurde ich geboren.

Zum Zeitpunkt der Reichspogromnacht war ich 3 Jahre alt. Ich habe diese Nacht nicht bewußt miterlebt und keinerlei Erinnerung daran. Mein Leben ist aber durch dieses Ereignis nachhaltig geprägt worden, mein Lebenslauf ohne dieses Ereignis nicht erklärbar:

Nach einem Monat, im Dezember 1938, zogen meine Mutter, mein Bruder und ich zu den (jüdischen) Großeltern nach Amsterdam. Das sollte selbstverständlich nur vorübergehend sein, meine Eltern, wie gesagt politische Menschen, befanden, daß das Hitlerreich für die Familie zu gefährlich sei und meine Mutter und wir Kinder vor den Nazis fliehen müßten.

Aus diesem Grund wurde die Ehe meiner Eltern 1939 geschieden. Dies war für beide Teile notwendig: Mein Vater, Schlosser beim Eisenbahnausbesserungswerk in Bremen, bekam Schwierigkeiten, weil er mit einer Jüdin verheiratet war; meine Mutter mußte sehen, daß sie wieder Niederländerin wurde, um in Amsterdam Sozialleistungen beantragen bzw. Arbeitsmöglichkeiten erlangen zu können.

Weil sie die Familie »böswillig verlassen« habe, ist meine Mutter im Scheidungsurteil schuldig gesprochen worden. Dieses Urteil war taktisch wohlerwogen worden, damit wir Kinder dem »arischen« Vater zugesprochen wurden, der die Erziehung aber der jüdischen Mutter in den Niederlanden überließ. Diese Entscheidung meiner Eltern erwies sich später als lebensrettend für uns Kinder und meine Mutter.

Bis zur »Wiedervereinigung« der Familie sollte es in Wahrheit zehn Jahre dauern. Fortan wuchs ich also mit deutscher Staatsangehörigkeit als Niederländer auf und wohnte mit meiner Mutter und meinem Bruder zusammen bei den niederländischen jüdischen Großeltern.

Dies ist bis hierhin eine nüchterne Aufzählung eines einzelnen menschlichen Schicksals im Jahre 1938.

Der Pogrom gegen die jüdische Bevölkerung im Nazi-Reich zwang meine Eltern, den gemeinsamen Lebensweg erst einmal aufzugeben für eine ungewisse Zukunft. Die Familie wurde getrennt, ich wuchs vaterlos auf.

Die Ursachen der Trennung waren aber schon früher politisch festgeschrieben worden in der »Rassenpolitik« der Nationalsozialisten. Sie sind trotz oder wegen ihrer Ideologie mit einer wissenschaftlich untermauerten Rassentheorie an die Macht gekommen und haben nicht gezögert, diese nach der Machtergreifung in die Tat umzusetzen. Die von Antisemiten und Rassenhygienikern mit wissenschaftlichen Methoden untermauerte Überlegenheit der arischen Rasse waren Grundlage für eine Gesetzgebung, die unmittelbar im Jahre 1933 begann.

Nach den Theorien der Rassenhygieniker war die »Entartung« des »Volkskörpers« durch den zivilisatorischen Fortschritt entstanden, da die moderne Medizin und die Sozialreformen das Leben der »Minderwertigen« verlängern und ihre Fortpflanzung erhöhen würden. Sie forderten deshalb den direkten Eingriff des Staates. Nach 1933 griff der Staat ein, der den Rassismus auf seine Fahnen schrieb:

Am 14. 7. 1933 mit dem *Gesetz zur Verhinderung erbkranken Nachwuchses*. Dieses Gesetz führte zu Zwangssterilisation und Euthanasie. Die Juden wurden alsbald durch Sondergesetzgebung rechtlos gestellt. Das *Reichsbürgergesetz* vom 15. 9. 1935 definierte, wer bloßer Staatsangehöriger und damit rechtlos wurde und wer die Auszeichnung eines Reichsbürgers erhielt. Wir »Mischlinge« erhielten damals vorläufig noch die gleichen Rechte wie die Staatsangehörigen deutschen und artverwandten Blutes. Das *Gesetz zum Schutze des deutschen Blutes und der deutschen Ehre* verbot Eheschließungen zwischen jüdischen und nichtjüdischen Bürgern.

Mit diesen Gesetzen waren Rassismus, Diskriminierung und die spätere Verfolgung rechtlich abgesichert, staatlich legalisiert. Parallel dazu wurden die Juden von jeglichem öffentlichen Leben ausgegrenzt mit Hilfe von Berufsverboten, Schulentlassungen und Streichungen staatlicher Hilfen. Niemand kann sagen, daß er von alledem nichts gewußt hätte, viele haben solch klare Gesetzgebung und Außerrechtstellung auch gewollt, und einige haben daran gut verdient.

1938 war die konsequente Entrechtung der jüdischen Bevölkerung bereits weit vorangeschritten, die Reichspogromnacht eine gezielte öffentliche Aktion, die Angst und Schrecken unter den Betroffenen hervorrufen sollte, die demonstrieren sollte, daß die Rechtlosigkeit der Juden sich auch auf ihr Recht auf Leben bezog. Diese Nacht war aber mehr als eine Schreckensnacht. Sie sollte Signale setzen, denn geschichtlich gesehen war der 9. 11. 1938 der Scheitelpunkt des Weges zur »Endlösung«.

Bis 1938 hatten weite Teile der jüdischen Bevölkerung die öffentlichen Diskriminierungen geduckt unter großen Opfern in Kauf genommen. Spätestens jetzt wußten sie, daß es den Nazis ernst war, daß ihr Leben auf dem Spiel stand. Mit diesem Tag schlug die systematisch betriebene Entrechtung der Juden signalhaft um in physische Gewalt. Brandschatzung, Verwüstung und Totschlag waren die Vorboten des Holocaust.

Ich kann nur einiges aus eigener Kenntnis berichten, wie es in Holland weiterging. Mittelbar läßt sich daraus ableiten, wie es mir in Deutschland ergangen wäre, wenn die Familie hiergeblieben wäre. Denn schon nach den Nürnberger Gesetzen war klar, daß »Mischlinge 1. Grades« ohne weiteres als Juden zu gelten hätten, weil es nicht auf die Zugehörigkeit zur jüdischen Religionsgemeinschaft (der ich nie angehört habe), sondern auf die Zugehörigkeit zum »jüdischen Blute« (was immer das heißen mag) ankam. An der Grenzsituation der »Mischlinge«, als an ihrer Zwischenstellung zwischen Juden und »Ariern«, zeigte sich der ganze Widersinn der NS-Rassentheorie, Religion und Rassenmerkmale zu verknüpfen. Die Religion mußte als biologisches Kriterium herhalten, um Mischlinge zu definieren. Dies mag einerseits dazu geführt haben, ihnen eine Sonderstellung zwischen Ariern und Juden zuzuordnen, gleichzeitig aber das Damoklesschwert über ihnen schweben zu lassen. Andererseits waren die juristischen Schreibtischtäter wie Hans Globke kaltschnäuzig genug, wider jedes logische Denken diese Verknüpfung in den Erläuterungen zur 1. Verordnung zum Reichsbürgergesetz wie folgt niederzuschreiben: »Maßgebend für die Beurteilung, ob jemand Jude ist oder nicht, ist grundsätzlich *nicht* die Zugehörigkeit zu der jüdischen Religionsgemeinschaft, sondern zum jüdischen Blute. Um Unzuträglichkeiten bei der Beweisführung auszuschließen, ist aber ausdrücklich bestimmt, daß ein Großelternteil, der der jüdischen Religionsgemeinschaft angehört hat, ohne weiteres als Jude, also als ein Mensch jüdischen Blutes gilt; ein Gegenbeweis ist nicht zulässig.« Jedweder Widerspruch war nicht erlaubt.

Die Außerrechtstellung der Mischlinge begann 1940, ihre Verfolgung nach 1942. Auf der Wannsee-Konferenz vom Januar 1942 war noch darüber diskutiert worden, ob Mischlinge zwangssterilisiert, deportiert und/oder eliminiert werden sollten, 1943 begann die Deportation. Der Chef des Reichssicherheitshauptamtes Heydrich hatte auf der Wannsee-Konferenz vorgeschlagen, »Mischlinge 1. Grades sind im Hinblick auf die Endlösung der Judenfrage den Juden gleichgestellt.« Damit wäre ich in Deutschland auf jeden Fall Opfer des Holocaust geworden.

In den Niederlanden, die am 10.5.1940 von Hitlerdeutschland überfallen und besetzt wurden, setzte die Endlösungspolitik ebenfalls 1942 ein. Im Mai 1942 wurde der Judenstern eingeführt, den meine Mutter tragen mußte.

Im September 1942 gab es die erste Razzia in unserer Straße. Mein Großvater wurde abtransportiert und über Theresienstadt nach Auschwitz in die Gaskammer geschickt. Ebenso oder ähnlich geschah es mit vielen Verwandten aus den Generationen meiner Großeltern und meiner Mutter. Meine Mutter selbst wurde nicht mitgenommen. Sie hatte zwei Vorteile: Sie konnte deutsch sprechen und sich somit verständlich machen; insbesondere aber konnte sie darauf hinweisen, daß sie zwei Kinder (damals 11 und 7 Jahre alt) hatte, die einem »arischen« Mann gehörten.

Anders als viele volljüdischen Familien in der Straße mit gleichaltrigen Kindern, die allesamt abtransportiert wurden, blieben wir also in Amsterdam. Meine schwer diabetes-kranke Großmutter war zum Zeitpunkt der Razzia nicht transportfähig und wurde deshalb nicht mitgenommen. Sie starb 6 Wochen später in einem Amsterdamer Krankenhaus.

Eine zweite Razzia gab es im Juni 1943. Ich habe sie als langwierig und gespenstisch in Erinnerung. Zum einen trug meine Mutter Schwarz, weil eine Woche vorher über den Untergrund die Nachricht eingetroffen war, daß ihre Schwester, eine bekannte Künstlerin, die seit 1942 im Untergrund lebte, verraten worden war, woraufhin die Gestapo sie abholte. Es gelang ihr aber, die immer mitgeführte Giftkapsel zu nehmen, und sie ist daraufhin in einem Krankenhaus zu Hengelo gestorben. Zum anderen hatte meine Mutter (ich verstand von dem deutsch Gesprochenen kein Wort) offenbar Schwierigkeiten, erneut klar zu machen, daß man sie nicht mitnehmen dürfe, weil ja ihre Kinder eigentlich »arische« Kinder seien, die dem Vater »gehörten«, der sie aber wegen seines Wechseldienstes bei der Eisenbahn nicht betreuen könne. Ich weiß nicht, wie lange die beiden SD'ler wirklich in der Wohnung waren, aber es kam mir wie eine Ewigkeit vor. Jedenfalls haben sie meine Mutter nicht abtransportiert.

Auch in Deutschland waren die Behörden gründlich. Meinem Vater wurde alsbald nach unserem Wegzug und seinem Verbleiben in Bremen das Kindergeld von der Reichsbahndirektion Altona gestrichen, mit der Begründung, daß seine ihm zugesprochenen Kinder in einem nichtarischen Haushalt aufwuchsen. So blieben auch Zahlungen – später tatsächlich kriegsbedingt – aus.

Aus dieser Schilderung mag sich bereits ergeben, daß Mischlinge 1. Grades nach den Nürnberger Gesetzen – die von Globke ja angeblich nur deshalb kommentiert worden waren, um die Juden zu schützen –, tatsächlich eine Generation zwischen Leben und Tod waren. Sie waren dem Holocaust dann geweiht, wenn sie in einer *vollständigen* Familie lebten, in der dann nur der arische Teil von Razzien verschont blieb. Die »Mischlinge« 1. Grades erlitten also das gleiche Schicksal wie deren jüdische Elternteile.

Die Außerrechtstellung der »Mischlinge« und die Verfolgungsmaßnahmen lassen sich in Fakten festhalten, die demonstrieren, daß ihre Verfolgung nur später einsetzte als die der Juden, daß ihnen aber das gleiche Schicksal drohte:

1940 Aufnahme ihrer Personalien in die Judenkartei, Entlassung aus der Wehrmacht (betraf auch die arischen Ehemänner)

1942 Mitteilung aus dem RMI, daß die Gesuche jüdischer »Mischlinge«, ihnen die Eheschließung zu gestatten, für die Kriegsdauer nicht mehr bearbeitet würden – Heiratsverbot

1942 Ausschluß vom Schulunterricht (Runderlaß des Volksbildungsministeriums)

1943 »Vernichtung durch Arbeit«: Göring ordnete an, alle »Mischlinge« und »arischen« Männer, die mit Jüdinnen verheiratet waren, zum Arbeitseinsatz der Organisation Todt (OT) zu holen. Diese Arbeitslager der OT unterschieden sich nur wenig von KZs.

1943 Beginn der Verschleppung zu »Euthanasie«-Morden nach Hadamar

Eine Oberschwester aus Hadamar berichtete:

»Im Mai 1943 wurden Mischlinge – alles Kinder – nach der Anstalt Hadamar gebracht. Die Anzahl der Kinder kann ich nicht genau beziffern, aber nach meinem besten Wissen waren 15 bis 20 Mädchen dabei. Fast alle diese Kinder waren gesund. Einige hatten Hautausschläge. Die Kinder wurden alle durch Injektionen getötet. Als ich im Oktober 1943 von einem 24-Tage-Urlaub nach Hadamar zurückkam, wurde mir gesagt, daß all diese Kinder weg wären.«[1]

1943 Beginn der Verschleppung nach Theresienstadt. Bekannt sind systematische Verhaftungen von Mischlingen in den Städten Köln, Berlin, Augsburg, Oldenburg, Dresden. Am 18. Februar 1945 trafen Transporte mit 169 Menschen aus Leipzig, 195 aus Frankfurt, 146 aus Halle und weitere aus anderen Städten ein. 1945 sollen noch 1954 Mischlinge in Theresienstadt angekommen sein.

Solche Daten sagen viel über die Inbetriebnahme der staatlichen Mordmaschinerie aus, über die Institutionalisierung des Massenmordes, aber nichts über das Leben in Angst und Ohnmacht.

Ich habe zu Beginn gesagt, daß ich als Betroffener nicht objektiv sein kann. Objektiv sein kann im übrigen auch als bequeme Ausrede dafür herhalten, subjektiv nichts mit dem geschichtlichen Geschehen und den Schlußfolgerungen für heute zu tun haben zu wollen. Es ist wohl besser, sich nicht auf die Gnade von Geburtsdaten zu berufen, sondern sich in das Fühlen anderer hineinzuversetzen, sie auch in jeder Hinsicht begreifen zu wollen, wenn es darum geht, die Aufarbeitung der Vergangenheit und die Gestaltung einer antifaschistischen Zukunft nicht mit abstrakten Zahlenkolonnen und seelenlosen Statistiken zu betreiben. Es wäre allzu bequem, statt Menschen in Not lediglich Ziffern zu erkennen, an denen man leicht auch vorbeischauen kann.

Ich will meine persönlichen Erlebnisse und ihre Verarbeitung mit einer Passage aus meiner Rede vor dem Deutschen Bundestag vom 29.3.1979 beenden, die damals ein Debattenbeitrag zur Frage gewesen ist, ob Nazimorde verjähren dürfen und ob der Wehnersche Satz »Mord ist Mord« zutrifft:

»Vielleicht muß man die Schrecken, Opfer staatlich organisierter, von größten Teilen der Bevölkerung schweigend und feige hingenommener Maßnahmen zu sein, in allernächster Nähe erfahren haben. Was ursprüngliche, was existentielle Angst bedeutet, das wird man nicht vergessen, wenn man zurückdenkt an das Geklapper der SS-Stiefel auf der Treppe, an das Abholen des Großvaters aus der Wohnung, an die Hoffnung, die man hatte, daß die Mutter nicht auch noch mitgenommen würde, an die Ungewißheit, an das Wechselbad von Hoffnung und Schrecken. Man klammerte sich an die Hoffnung, schlichten Menschen, die sich doch nichts hatten zuschulden kommen lassen, und kleinen, unschuldigen Kindern werde doch sicherlich kein Haar gekrümmt, und wußte doch ganz genau – man wußte es damals schon –, daß der Transport, der da zusammengestellt wurde, in ein Vernichtungslager ging. Abholen, das war ein ganz schlichtes und harmloses Wort für das, was sich dahinter verbarg: die sogenannte Endlösung. Unter dem Begriff Endlösung wiederum verbarg sich der Tod von Millionen Menschen. Immer wieder muß man sich klarmachen, daß es hierbei nicht um einen Zahlenbegriff geht, sondern um unzählige einzelne, um Gute und Schlechte, um Sympathische und Unsympathische, Reiche und Arme, Fleißige und Faule, Junge und Alte, Kinder und Erwachsene, Deutsche und Ausländer, Kranke und Gesunde, aber in jedem einzelnen Fall um einen Menschen, um ein Individuum mit einem Recht auf sein eigenes Leben.

In diesem Zusammenhang will ich aber auch sagen, daß ich in Holland als Kind erfahren habe, was menschliche Solidarität und Widerstand konkret heißen. Jedenfalls gab es Menschen – es gab sie auch in Deutschland –, die nicht wegschauten, die nicht danach fragten, welche Karriere ihnen wohl

verlorengehen könnte, wenn sie sich gegen die Bewegung stellten, die nicht danach fragten, welcher Gefahr sie sich wohl selber aussetzen könnten, sondern die eine ganz schlichte Frage stellten – und durch ihr Handeln auch beantworteten –: In welcher Not befinden sich Mitmenschen, und wie kann ich ihnen helfen?
Heldentum hat sich für mich vielfach dargestellt als mitmenschliche Verantwortung, als ein unbewaffnetes Handeln gegen das Unrecht, als Unbeugsamkeit gegenüber der Versuchung des Mitmachens und des Hinnehmens. Mit dem Begriff Widerstand verknüpfe ich persönlich ganz besonders diejenigen Freunde und Nachbarn, die als einfache Menschen nicht um irgendeines öffentlichen Ruhmes willen den vom Terror Verfolgten geholfen haben. Sie fragten nicht, ob die Bedrängten Christen oder Konservative oder Kommunisten oder Sozialisten oder Gewerkschafter oder sonst irgend etwas waren.
Für die Beurteilung der Tapferkeit im Widerstand darf es andererseits auch heute keine Rolle spielen, was diejenigen, die sich dem Faschismus entgegenstellten, selbst gewesen sind.«[2]

Aus alledem leite ich schlußfolgernd folgende Thesen ab:

- Der Faschismus des Deutschen Reiches, aber auch faschistische Regime heute laufen immer auf den Bau einer Ordnung hinaus, in der der Zweck die Mittel heiligt und einzelne Menschen zu Befehlsempfängern degradiert werden oder, wenn sie auf der anderen Seite stehen, die Opfer sind.
- Gleichgültigkeit, Nichtdurchschauenwollen und Wegsehen gegenüber staatlichem Handeln sind Wegbereiter für faschistoide Entwicklungen.
- Gegen Unrecht und unmenschliches Handeln müssen Widerstand und unbedingtes Festhalten an Menschenrechten organisiert werden. Ohne Ansehen des unterdrückenden Regimes und ohne Ansehen der weltanschaulichen und religiösen Auffassungen der Unterdrückten.
- Ausländerfeindlichkeit ist ein anderes und doch ein gleiches Symptom wie Antisemitismus, die Überlegenheit der eige-

nen Nationalität und damit die Unterlegenheit anderer zu verinnerlichen und daraus auch rechtliche Minderwertigkeit von Mitmenschen abzuleiten.

- Wer Demokratie will, muß Toleranz praktizieren.

Walter Grab

»Die Juden sind Ungeziefer, ausgenommen mein jüdischer Schulkamerad Grab«

I.

Ich bin der Sohn einer mittelständischen jüdischen Wiener Familie, geboren 1919. Hätte man mich im Jahre 1937, als ich mein Abitur ablegte, gefragt, wer ich bin, so hätte ich mich als Österreicher und nicht als Jude bezeichnet. Ich war zwar Jude, aber da ich nicht gläubig war und keinerlei religiöse Gesetze befolgte, so schien mir meine Konfession irrelevant. Heutzutage definiert man sich national und nicht religiös. Als Schüler schien mir meine Identität als Österreicher selbstverständlich. Im Gymnasium lehrte man mich die Grundlagen der Aufklärung, des Humanismus, der Völkerfreundschaft, des Weltbürgertums.

Beim Anschluß Österreichs an Nazideutschland im März 1938, als ich im II. Semester meines Studiums an der Wiener Universität war, schien das Leben zu Ende. Ich hatte das Glück, daß meine Mutter in Jerusalem Verwandte hatte. Ich kannte sie nicht und wäre niemals ausgewandert, wenn die Nazis nicht in Österreich an die Macht gekommen wären. Diese Verwandten haben mich und später auch meine Eltern gerettet. Ich erhielt ein Studentenzertifikat zum Studium an der Universität Jerusalem und emigrierte im Juli 1938, nach 4 Monaten Naziherrschaft in Österreich.

Ich lebe seit 50 Jahren in Tel Aviv; allerdings im letzten Vierteljahrhundert mit Unterbrechungen. Ich war seit 1965 Professor an der Tel Aviver Universität und lehrte dort Neuere Geschichte bis zu meiner Emeritierung im Jahre 1986. Ich gründete im Jahre 1971 das Tel Aviver Universitäts-Institut für Deutsche Geschichte und komme oft zu Lehrveranstaltungen, Vortragsreisen und Forschungen in die Bundesrepublik und in andere europäische und überseeische Staaten. Aber mein Stand- und Wohnort ist nach wie vor Tel Aviv.

Als Historiker sehe ich auch die persönlichen Erlebnisse im historischen Blickwinkel. Ich bin der Meinung, daß schon ab März 1938 und nicht erst seit dem Pogrom im November 1938 ein neuer Abschnitt in der Naziepoche begann. Denn der Anschluß Österreichs hat den Nazis im Deutschen Reich gezeigt, daß man sehr leicht den sogenannten »Volkszorn« anfachen und mobilisieren kann, um ihn zur eigenen Bereicherung einzusetzen und die Juden zu berauben. Dies ist erstmals in großem Maßstab in Österreich ab März 1938 von unten her gemacht worden. Bis dahin war in Deutschland vieles von oben, nämlich von der Naziregierung organisiert. Was in Österreich im März 1938 geschah, war zu einem großen Teil ein Ausbruch des Pöbels, der sich an jüdischem Eigentum bereichern wollte. Es war ein gewaltiger Raubzug in diesen Monaten von März bis November 1938, wo tausende Wohnungen, Geschäfte, Betriebe, Unternehmungen, die Juden gehörten, »arisiert« wurden. Viele Menschen haben nur auf den Augenblick gewartet, um die Juden zu enteignen und sich ihr Vermögen selbst unter den Nagel zu reißen. Damit begann eine neue Epoche, und die Beraubungen und Pogrome im November 1938 im ganzen Reich, inklusive Österreich und dem Sudetenland, waren, meine ich, eine Folge dessen, was die Nazis ab März 1938 in Österreich lernten.

Unmittelbar nach dem Anschluß Österreichs im März 1938 kam es in Wien, wo damals etwa 175000 Juden lebten, zu wüsten antisemitischen Ausschreitungen und Exzessen in einem Ausmaß, das es bis dahin in Nazideutschland nicht gegeben hatte. Ich erwähne nur eine einzige Tatsache in diesem Zusammenhang: In den ersten Wochen, nachdem das deutsche Heer die österreichische Grenze überschritten hatte, wurden in Wien 3000 Juden verhaftet und eingekerkert; viele kamen in Konzentrationslager. Sie standen auf Listen der (von 1933–38 illegalen) Nazis in Österreich, die sich lange vor dem Anschluß bekannte und vermögende Juden als Opfer und Objekte ihrer Raubsucht ausgesucht hatten. Darunter waren meine beiden Onkel, die Brüder meiner Mutter, die wohlhabende Anwälte waren. Die Nazis sperrten sie ins Gefängnis, wo sie gezwungen wurden, ihr Vermögen dem Deutschen Reich zu schenken. Einer von ihnen holte sich im Kerkerloch eine Blutvergiftung und starb wenige Wochen nach seiner Entlassung aus dem Gefängnis; seine Dienstboten, die sich als Nazis entpuppten, hatten inzwischen den größten Teil seiner wertvollen Wohnungseinrichtung gestohlen.

II.

Am Nachmittag des 25. April 1938, nach sechs Wochen Naziherrschaft in Österreich, war ich auf dem Weg nach Hause. In der Nähe unserer Wohnung befand sich im Keller des Hauses Liechtensteinstraße 20 ein jüdisches Turnheim. Als Kind von sieben oder acht Jahren habe ich manchmal dort geturnt. Als ich in die Nähe dieses Hauses kam, wurde ich von Nazis, die eine Kette bildeten und Armbinden mit Hakenkreuz trugen, aufgehalten. Einer schrie mich an: »Sind Sie Jude?« Als ich bejahte, stieß er mich zu dem Haus, wo das Turnheim war, und befahl mir, die Kellertreppe hinabzugehen. In diesem großen Keller von vielleicht 30 m Länge, wo jüdische Kinder ihre Leibesübungen abhielten und wo sich viele Turngeräte befanden, gab es auch die Räume, wo sich die Jungen und Mädchen umzukleiden pflegten. In diesem Vorraum des Turnsaals erblickte ich etwa 20 oder 25 Juden, die die Nazis vor mir zusammengefangen hatten und die sich da in einer Ecke zusammendrängten. Mich stieß ein Nazi auch hin. Der große Turnsaal und auch dieser Vorraum waren – mit Verlaub – vollkommen angeschissen. Der Boden und auch die Wände waren völlig bedeckt mit Kot. Es hat bestialisch gestunken. Dort muß meiner Schätzung nach ein ganzes Regiment SA oder SS oder irgendwelche anderen Nazis ihre Notdurft verrichtet haben, und zwar ganz kurz bevor man die Juden zusammenzufangen begann; der Kot war noch ganz frisch und feucht. Außer den Juden standen auch 15 oder 20 Nazis in den Umkleideräumen. Hinter mir wurden noch weitere Juden die Kellertreppe hinabgestoßen, so daß wir schließlich 35 oder 40 waren – nur Männer. Für die Nazis war das ein Riesenspaß, sie haben sich ungeheuer amüsiert, weil sie jetzt ihr Mütchen kühlen konnten an diesen hilflosen und ratlosen Juden, die sie in das mit Kot besudelte Turnheim hineingejagt hatten. Sie lachten und gröhlten 10 oder 15 Minuten und verspotteten uns, weil wir uns ängstigten. Schließlich trat einer vor und sagte: »So verdreckt habt ihr Juden uns euer Turnheim überlassen. So schmutzig sehen jüdische Turnheime aus. Da sieht man wieder, wie dreckig die Juden sind. Und jetzt müßt ihr das auflecken.« Was sagt man, wenn man diesen Barbaren ausgeliefert ist, die ausschauen, als ob sie ein Menschengesicht hätten? Nichts. Wir sind stumm dagestanden. Wir waren ihnen ausgeliefert und hielten alles für möglich. Aber sie haben sich bloß einen Jux gemacht. Sie dachten sich dies aus, um die Juden zu demütigen und zu erniedrigen. Das war keine befohlene Aktion wie der Judenpogrom vom 9. November, als die jüdischen Geschäfte geplündert und die Wohnungen zertrümmert wurden. Nein, das war ein echter Pöbelspaß. Ich bin nicht sicher, ob es solche »Späße« in anderen Städten gegeben hat, aber in Wien hat es das gegeben. Wir waren ganz der Willkür dieser Nazis überlassen. Und sie haben sich ungeheuer amüsiert, wie wir uns verängstigt zusammendrängten. Wie konnte man diesen Nazikot auflecken?

Und dann rief einer: »Also jetzt los! An die Arbeit!«. Und wirklich versuchten einige Juden, mit den Händen den Kot zusammenzuscharren und in die Muscheln des Klosetts hineinzuwerfen. Aber das war unmöglich. Man konnte den Kot höchstens verschmieren. Es war ausgeschlossen, den Vorraum und den Turnsaal auf diese Weise zu reinigen. Die Nazis lachten uns aus und verhöhnten uns, aber schließlich brachte einer eine Schaufel, einen Besen, einen Eimer und ein paar Lappen, und wir drehten den Wasserhahn auf. Aber man hätte zur Reinigung einen Feuerwehrschlauch gebraucht. Ich nahm einen Lappen zur Hand, hatte rasende Angst, in diesem Keller von den Nazis erschlagen zu werden, und versuchte, mich hinter den anderen Juden zu verkriechen und Kot in die Klosettmuschel hineinzuwerfen. Das Ganze dauerte eine Viertelstunde oder 20 Minuten, während wir uns bemühten, den Befehlen der Nazis zu gehorchen. Viel Erfolg war nicht zu merken. Und während ich da so hocke und mich bücke, um mich in meiner Angst so unscheinbar wie möglich zu machen, erhebe ich meine Augen, und mein Blick trifft genau den Blick eines dieser lachenden Nazis, die da mit ihren Hakenkreuzbinden an den braunen Hemden herumstanden. Und den erkannte ich sofort. Das war nämlich ein Klassenkamerad aus der Volksschule. Ich habe zwar die Volksschule schon im Jahre 1929 verlassen, und inzwischen waren neun Jahre vergangen; aber ich wußte sogleich, daß dieser Nazi ein Junge war, mit dem ich die ersten vier Jahre der Grundschule in dieselbe Klasse ging. Er ist sogar einmal neben mir gesessen, wir spielten auf dem Schulhof miteinander. Sein Name war Lichtenegger. Das werde ich nie vergessen.

Und dieser ehemalige Schulkamerad Lichtenegger sieht mich – und erkennt mich ebenso, wie ich ihn erkannte. Dieses Erkennen war ihm unangenehm und peinlich. Das merkte ich in dieser Blitzsekunde; ich spürte, daß er nicht mich, also den Juden, den er kannte, erniedrigen wollte, sondern den anonymen Juden, den jüdischen Popanz des nazistischen Rassenwahns. »Der Jude« ist das Ungeziefer, das man zertreten, vernichten muß, aber den Schulkameraden Grab, den hat er ja als Mitmenschen gekannt, den hat er nicht gemeint. Dies waren seine Gedanken, dies begriff ich in Sekundenschnelle, als unsere Blicke sich trafen. Und da erhob ich mich, warf den Lappen weg und ging zu dem Lichtenegger hin, während die anderen Juden versuchten, den Dreck wegzuräumen. In meinem breitesten Wienerisch sagte ich: »Geh hörst, Lichtenegger, du kennst mi doch, laß' mi aus da.« Er schlug die Augen nieder, riß von einer Zeitung, die herumlag, um den Kot einzuwickeln, ein Stück vom Rand weg und schrieb drauf: »Der Jude kann raus.« Offenbar hatte er eine kleine Befehlsgewalt, war irgendein Unterführer dieser Nazis. Nachdem er mir wortlos den Zettel gegeben hatte, ging ich zur Kellertreppe, sagte zu dem Nazi, der dort Wache hielt: »Der Lichtenegger hat gesagt, ich kann raus«, und hielt den Wisch Papier hin. Dann lief ich hinauf, zeigte den Zettel dem Nazi vor dem Tor, und eilte nach Hause so schnell mich meine Beine trugen. Es war nicht mehr als eine Stunde von dem Augenblick an vergangen, als ich auf der Straße aufgehalten wurde, bis zur Flucht aus dem Turnheim.

Ich glaube, daß diese kleine Episode auf den Widerspruch zwischen dem antisemitischen Rassenwahn und der Begegnung von Nazis mit wirklichen Juden ein bezeichnendes Licht wirft.

Maria Gräfin von Maltzan

Bei Fremden untergetaucht

Ostern 1930 ging ich von Breslau nach München, um dort mein Studium fortzusetzen, und dort habe ich doch sehr gespürt, daß ich in der »HAUPTSTADT DER BEWEGUNG« war. Denn da sah man schon sehr ausgeprägte Massen, die dem Nationalsozialismus anhingen. Es gab das »Braune Haus«, wie wir alle wissen, und die Nazis machten eine ungeheure Propaganda. Ich erinnere mich, Ende 1932 in einem Kino gewesen zu sein, wo ein Film von Henri Bauer gezeigt wurde, als plötzlich Nazitrupps das Kino überfielen, die weitere Vorführung des Films verhinderten und auf die Leute, die ihn unbedingt weitersehen wollten, einprügelten. Ich konnte mich nicht sehr einmischen, aber ich habe immerhin den hin und herlaufenden »Stürmern« sehr gekonnt Beine gestellt und eine ganze Reihe von ihnen so zu Fall gebracht. Damals wurde mir klar, was lief. Ich begriff, daß der mir so völlig unberechtigt erscheinende Haß auf Juden fanatisch war.

Aber dann kam doch der Tag der »Machtergreifung«, der in München mit ungeheurem Brimborium gefeiert wurde. Überall waren auf einmal SA und SS aufmarschiert. Und dann fing die Welle der Verhaftungen an: zunächst waren es Kommunisten und Sozialdemokraten, die die KZs füllten. Aber schon damals ging es auch gegen die ersten stark profilierten jüdischen Literaten.

An der Universität fingen plötzlich Studenten an, gegen ihre jüdischen Professoren zu meutern. Da erinnere ich mich an ein großartiges Beispiel von Hilfsbereitschaft und Zivilcourage: der damals junge Student Borsig stellte sich den Nazikommilitonen entgegen, brüllte sie an, daß sie feige Schweine wären, zu so vielen gegen einen alten Mann vorzugehen, und beschützte seinen Professor, bis der sich im Dekanat in Sicherheit befand. Ich habe ihn sehr bewundert!

In München hatte ich viele Freunde, bei denen ein oder beide Ehepartner Juden waren. Es waren feine, kultivierte Leute, deren geistiges Niveau mich anzog und die mir lieb und teuer waren. Das Schlimmste für mich war, mitanzusehen, daß plötzlich, nachdem Hitler an der Macht war, die Menschen anfingen, »vorsichtig« in ihrem Umgang zu werden und alte Freunde zu meiden. Ich gehörte zu einem Schwabinger Kreis, dem das nicht paßte. Ganz allmählich begann sich alles gleichzuschalten. Als am *27. Februar* durch alle Radios der Reichstagsbrand bekanntgegeben wurde, sind wir natürlich sofort zu sämtlichen Freunden geeilt, die ihrer Einstellung wegen gefährdet waren, und haben dafür gesorgt, daß sie für ein paar Tage nicht zu Hause waren. Einige waren bereits verhaftet, aber wir konnten doch viele verstecken, so daß sie wenigstens nicht der ersten Wut, die hochgeschürt worden war, zum Opfer fielen.

Dann kam jener *1. April*, an dem an allen Läden mit jüdischen Inhabern Hakenkreuze und Judensterne prangten und SA und SS die Kunden daran hinderten, die Geschäfte zu betreten. Ich war damals, Gott sei Dank, aufmüpfig genug, den SS-Mann beiseitezuschieben und zu sagen: »Sie werden doch wohl nichts dagegen einzuwenden haben, daß ich als gute Deutsche einem Juden meine Rechnung bezahle.« Die Braunen standen zum Teil mit Fotoapparaten da und hielten fest, wer hineinging – was mir allerdings völlig egal war. Ich bin auch danach noch in vielen jüdischen Läden Kundin geblieben. Aber damals fingen viele Leute an, Angst zu haben. Besonders in Bayern, wo das Nazitum viel stärker war als z. B. in Berlin, war das ganz schlimm. Und alles zielte bereits auf den nächsten Schritt, der nun kommen mußte: die Bücherverbrennung am 10. Mai.

Das gehört zu den schauderhaftesten Dingen, die ich mir vorstellen kann. Thomas Mann z. B. und dessen Frau habe ich persönlich gekannt und ihre Gastfreundschaft genossen. Es war entsetzlich, zuzuhören, wie sie so verunglimpft wurden. Auch in Berlin vor der Universität soll es grausig gewesen sein.

Mir war es völlig unverständlich, wie man sogar Studenten, Akademiker, zu solch einer Barbarei gewinnen konnte.

Ich schrieb damals gelegentlich, um meinen nicht gerade üppigen Monatswechsel aufzubessern, Artikel für eine süddeutsche Zeitung: deren Chefredakteur hatte es auch sehr eilig, in die »Reichsschrifttumskammer« einzutreten, um nur ja seiner Karriere nicht zu schaden. Zum Glück gab es auch anders Eingestellte. Immerhin habe ich durch diese Redaktion den Pater Friedrich Muckermann kennengelernt, der damals bereits Leute brauchte, die aktiv helfen konnten. Wir haben die schlimmen Dinge, die in München passierten, mit der Post nach Innsbruck an die Redaktion dieser Zeitung weitergegeben. Mir ist es damals gelungen, eine ganze Menge Post durchzubekommen. Einmal erfrechten sich SS-Leute in München, mir meine Koffer abnehmen und meine Post kontrollieren zu wollen. Ich habe mich einfach geweigert, sie aufzumachen. Das hat sie verblüfft, denn man hatte sich schon weitgehend abgewöhnt, dem Befehl eines SS-Mannes nicht zu entsprechen. Ich habe ihnen dann erklärt, jedes Schloß würde einen Schnaps kosten und dabei auf mein schlesisches Stehvermögen vertraut. Mein Triumph war, daß schließlich die bezechten SS-Leute persönlich für die Beförderung meiner Post sorgten.

Geldverdienen wurde zunehmend wichtiger, denn mehr und mehr Juden verloren ihre Arbeit und gerieten in Not. Ich bin oft zu Gesandtschaften und Botschaften in Berlin gegangen und habe für sie verhandelt und gebeten, daß man ihnen die Möglichkeit zur Auswanderung gäbe – besonders für diejenigen, denen nicht viel Geld zur Verfügung stand, denn mit Geld war die Auswanderung damals noch verhältnismäßig leicht.

Nach den Semesterferien nach München zurückgekehrt, mußte ich feststellen, daß sich die Stadt schon sehr von meinen guten Freunden gelichtet hatte. Zum Teil waren es ja sehr wohlhabende Juden gewesen, die sich sofort abgesetzt hatten: wenigstens nach Paris oder Holland, von wo aus die dann ihre weitere Auswanderung betrieben. Zum Glück ist es auch vielen von ihnen gelungen, nicht dem Holocaust zum Opfer zu fallen. Selbstverständlich haben ich und alle Gleichgesinnten ihnen dabei geholfen, so viel wir nur konnten. Ich habe mich auch nie »geniert«, meine Freunde auf offener Straße zu begrüßen und in ihrer Begleitung zu gehen. Es war mir einfach unfaßlich, wie eine Stadt und wie die Menschen sich unter dem Regime wandelten. Leute, von denen man angenommen hatte, sie wären gute Kumpels, zeigten sich plötzlich als stramme Parteigenossen, die »arische« und »deutsche« Belange herausposaunten, natürlich wütend auf die Österreicher schimpften, weil sie nicht über die Grenze konnten – kurz, es herrschte eine gräßliche Atmosphäre. Da mußte man ständig bereit sein, jemandem spontan zu helfen, denn es passierten dauernd schlimme Dinge.

In München war ich oft im Institut bei meinem Doktorvater Professor Frisch, den ich sehr verehrte, weil er sich strikt und mit Erfolg weigerte, jüdische Assistenten zu entlassen, bis sie eine Stelle im Ausland gefunden hatten. Es waren alles hochqualifizierte Wissenschaftler, so daß das nicht allzu schwer war – immerhin hat dieser eine aufrechte Mann es geschafft, sich dem Regime entgegenzustellen – er war allerdings Österreicher – und vorzuleben, daß ihm nichts geschah. In den Krankenhäusern aber wurden scharenweise jüdische Ärzte hinausgeworfen – was unter anderem auch für die Patienten sehr schlimm war.

Ein Verbot, ihren Beruf überhaupt auszuüben, war noch nicht offiziell ausgesprochen worden. Dank meiner Beziehung zu Pater Muckermann erhielt ich oft frühzeitig wichtige Informationen; es war erstaunlich, wie gut der Nachrichtendienst der katholischen Kirche funktionierte! So erfuhren wir von beabsichtigten Verhaftungsaktionen und konnten die Gefährdeten noch rechtzeitig in Sicherheit bringen.

Ab Sommer 1935 lebte ich dann wieder in Berlin. Berlin war im Vergleich zu München sehr viel angenehmer. Dadurch, daß die ausländischen Botschaften und Gesandtschaften da waren, hatte man doch ein etwas internationaleres Gefühl. Außerdem hatte man Freunde, die auf exterritorialem Gebiet lebten, und gerade diese haben enorme Hilfe geleistet. Ich weiß, daß in manchen Gesandtschaften Leute untertauchen konnten, bis sie endlich außer Landes gebracht werden konnten.

Ich kannte in Berlin vorwiegend wohlhabende oder reiche, kultivierte Juden. Das Erschütternde war, daß wir all unsere Überredungskunst aufbieten mußten, um sie zu überzeugen, daß sie in Gefahr waren und das Land so schnell wie möglich verlassen sollten. Es gab immer noch einige unter ihnen, die meinten, daß Pogrome, die sich eventuell entwickeln könnten, doch wohl in erster Linie gegen die Ostjuden gerichtet sein würden, die nach 1918 eingewandert waren! Wenn es uns gelang, sie zu überzeugen, so war das auch schon einer Hilfeleistung gleichbedeutend.

Von Pater Muckermann erhielt ich aus München die Anfrage, ob ich Menschen beherbergen könnte, die aus dem KZ entlassen worden wären. Mein erster Gast kam und war so scheu wie ein geprügelter Hund – und der Vergleich war leider nur zu passend: sein Rücken war vom Genick bis zum Hinterteil schwarz von Prügeln. Wir haben ihn so lange dabehalten, bis er sich nicht nur gesundheitlich, sondern auch seelisch und menschlich so weit erholt hatte, daß er wieder auf eigenen Füßen stehen konnte.

Inzwischen liefen die Bemühungen weiter, Juden den Weg ins Ausland zu bahnen. Das war fast unüberwindlich schwierig für diejenigen, die kein Geld hatten. Denn leider gab es viele, die sich ihre Hilfe bezahlen lassen wollten. Das größte Risiko bei der erkauften Hilfe war die Frage, ob man den »Helfern« vertrauen könnte. Denn leider blühte auch das Geschäft mit der Denunziation. Die Flüchtlinge mußten bis an eine der Grenzen – z. B. Holland oder Dänemark – geschleust werden. Für die Führung nahm man ihnen die Hälfte ihrer Barschaft oder Wertgegenstände ab, dann führte man sie eine Weile im Wald herum, und schließlich kassierte sie die Gestapo samt dem Rest ihrer Habe. Man durfte also niemand trauen, den man nicht wirklich kannte, und die ständige Vorsicht und das Mißtrauen waren zusätzliche Belastungen für die Opfer wie für die Helfer.

Als 1935 die Nürnberger Gesetze erlassen wurden, begann eine neue Verhaftungswelle, die diesmal die Juden bedrohte, die »arische« Freundinnen oder Freunde hatten, doch nicht nur sie, sondern ebenso auch die arischen Partner: Blutschande hieß der neue Begriff. Das goß wieder neues Wasser auf die Mühlen der Denunziation: es wurde angezeigt und angezeigt und angezeigt; auf diese praktische Weise konnte man nämlich auch so manche persönliche Eifersucht, Neid und Mißgunst austragen.

Bald folgte das Verbot für arische Frauen, in jüdischen Haushalten beschäftigt zu werden. Das hatten die Notzüchtigungsverleumdungen ja zielstrebig vorbereitet.

Es wurde immer schwieriger. Noch waren die sogenannten privilegierten Ehen geschützt, d. h. die Ehen, in denen einer der Partner nicht jüdisch war. Aber dann erfuhren wir eines Tages, daß in der darauffolgenden Nacht die Männer aus solchen Ehen »abgeholt« werden sollten. Mein Freund Zivier mit Frau und Kind haben die Nacht bei mir verbracht, und viele andere, die wir rechtzeitig warnen konnten, waren ebenfalls bei Freunden in Sicherheit. Aber dennoch wurden sehr viele überrascht und festgenommen. In Berlin wurden alle verhafteten Staatsfeinde zunächst in die Große Hamburger Straße gebracht. Und hier singe ich das Loblied der Berliner Ehefrauen, die am Morgen darauf en bloc in der Großen Hamburger Straße erschienen und einen derartigen Krach anstellten, daß sie tatsächlich innerhalb von 24 Stunden ihre Männer freibekamen! Das war in der damaligen Zeit eine Großtat. Sie hätten ja auch ängstlich schweigen und sich verkriechen können, um wenigstens die Kinder zu schützen. Aber sie zogen auf die Barrikaden – und das ist das einzige Mal, daß ich erlebt habe, daß die Nazis doch nachgegeben haben, weil es wohl ein zu großer Kreis war.

Das war 1935. Ich war gerade von meinem ersten Mann geschieden, der nach München zurückging. Ich erkrankte schwer und wurde von einem jüdischen Arzt operiert. Die Gestapo entblödete sich nicht, mich am Krankenbett zu verhören und zu beschimpfen, weil ich mich von einem Juden behandeln ließ – was mich allerdings wenig berührte, denn er hat seine Arbeit sehr gut gemacht, und das war für mich ausschlaggebend. Damals war noch kein Verbot erlassen, das jüdischen Ärzten untersagte, Arier zu behandeln – aber wer es wagte, einen Juden zu konsultieren, wurde erheblich unter Druck gesetzt. Auf diese Weise sollte wohl das »gesunde (arische) Volksempfinden« hergestellt werden! Ich habe natürlich so lange meinen Arzt beibehalten, wie dies, ohne ihn zu gefährden, möglich war.

Im Krankenhaus besuchten mich auch die Frau des bekannten Scherenschneiders Ernst Moritz Engert und meine gute Freundin Eva von Carlberg, die Schwester der berühmten Tänzerin. Beide waren auch bei mir in der Wohnung gewesen, als eine andere gute Bekannte einen neuen Freund und Arbeitskollegen, einen Tiroler, mitbrachte. Ich wußte damals nicht, daß ihre Arbeitsstätte in der Prinz-Albrecht-Straße war. Dieser junge Mann war sehr unangenehm und ging uns mit seinen Naziparolen auf die Nerven. Ich erinnere mich noch, daß er erzählte, wie er gelitten hätte, als die Italiener einmarschierten, worauf ich bemerkte, daß er ja wohl ca. 2 Jahre alt gewesen sein mußte und auf dem Nachttopf saß. Das hat er mir nicht verziehen, und während ich das Abendbrot machte, hat er auf meinem Schreibtisch meinen Paß »gefunden«, der während meiner Afrikareise mit den verschiedensten Stempeln versehen worden war. Der Mensch hat mich bei der Gestapo angezeigt und behauptet, daß jemand, der so viel herumreise, staatspolitisch suspekt und sicher als Agent tätig gewesen sei. Wir haben ihn damals alle ausgelacht – deshalb wurden meine Freundinnen mit angezeigt und, noch ehe ich entlassen worden war, zur Gestapo vorgeladen. Zum Glück konnten sie sich geschickt aus der Affäre ziehen, indem sie beide gleichlautend den Vorfall sehr bagatellisierten. Ich mußte hin, sobald ich aus dem Krankenhaus entlassen war, und erfuhr, warum ich so suspekt wäre: wie hätte ich so viel umherreisen können, da ich doch legal keine Devisen hätte haben dürfen. Meine arrogante Antwort, ich gehörte zum internationalen Adel und deswegen würden sich mir alle Schlösser öffnen, hat sicher mit dazu beigetragen, daß ich auf eine schwarze Liste kam. Aber ich wurde nicht verhaftet. Nun wußte ich, daß ich besonders vorsichtig sein mußte.

1936 waren noch eine ganze Reihe meiner jüdischen Freunde in Berlin, unter anderen die Eltern einer Schulfreundin, Familie Hahn, in deren herrlichem Haus in Wannsee ich ein und ausging. Der Vater erzählte mir, daß seine Tochter so wahnsinnig gerne die Military-Wettkämpfe der Olympiade ansehen würde, und ich versprach zu tun, was ich könnte. Wir fuhren also morgens früh hinaus nach Döberitz. Da ich keine Karten hatte, hatte ich mich für Bluff entschieden, und als ich am Eingang höflich nach meinen Karten gefragt wurde, entgegnete ich: »Sagen Sie mal – erkennen Sie mich denn nicht?« Der Kontrolleur wurde sofort unsicher und wagte nicht zu protestieren, als wir einfach durchgingen. Durch den Erfolg ermutigt, steuerten wir zu den besten Plätzen und haben schließlich den Wettkampf vom Hochsitz des Generals Blomberg aus genossen. Dies Husarenstückchen hat mir wieder einmal bestätigt, daß es nicht nur besser, sondern auch erfolgreicher war, sich nicht vor diesen Nazis zu ducken, sondern entschieden und sicher aufzutreten.

Im Laufe der Zeit habe ich sehr vielen Juden Unterschlupf gewährt und geholfen, ihnen die Flucht zu ermöglichen. Das wurde zunehmend schwieriger. 1939 befreundete ich mich mit dem jüdischen Literaten Hans Hirschel, und durch meinen Verkehr in diesem Hause erfuhr ich aus nächster Nähe, was alles diesen Menschen geschah. Zunächst wurden ihnen ihre großen Wohnungen gekündigt, und sie wurden in kleinere abgeschoben; sie durften aber noch dableiben. Dann kam der Tag, da den Gekündigten keine Ersatzwohnung nachgewiesen wurde. In dem Moment wußten wir, daß die Deportationen vor der Tür standen.

Es war schon bekannt, daß vom Verschiebebahnhof Grunewald aus Juden in Richtung Osten fortgebracht wurden. Das waren sehr schlimme Transporte, die zum Teil nicht einmal bis Auschwitz kamen, sondern irgendwo in den Wäldern endeten, wo die Insassen einfach erschossen wurden. Allmählich drangen aber auch immer mehr Nachrichten zu uns, daß die Juden, die die Lager erreichten, dort keine Überlebenschance hätten. Also mußten wir überlegen, wie wir ihnen helfen konnten.

Anfang des Krieges hatte sich die Situation zunächst etwas geändert: der deutsche Soldat im Felde war viel gefährdeter als der »wehruntaugliche« Jude, wie mein Freund Zivier – selbst Jude – bemerkte. Aber jeder spürte, daß die antisemitische Entwicklung fortschritt. Wir hatten 1938 die »Reichskristallnacht« miterlebt, während der ich die ganze Nacht hindurch einem bekannten Geschäftsmann geholfen hatte, seine Waren in eine sichere benachbarte Wohnung zu bringen. Danach hatten wir so Entsetzliches gesehen und erlebt, daß uns nur noch die Frage beschäftigte: »Wie können wir die Menschen schützen?« Und wenn jemand kam und sagte, er hätte Angst, in seiner Wohnung zu bleiben, wurde er selbstverständlich aufgenommen. In meiner kleinen Ladenwohnung in der Detmolder Straße haben oft Bedrängte übernachtet: nicht nur Juden, sondern auch Kommunisten und andere, Leute aus den verschiedensten Sphären, die in Todesängsten vor dem Zugriff der Gestapo lebten und geschützt werden mußten.

Die Früchte des Terrorregimes reiften: Denunziationen waren an der Tagesordnung, auch weil der allgemeine Druck vor niemand haltmachte, die meisten ständig in Angst lebten und sich durch das Verpetzen von Mitmenschen bei der Gestapo lieb Kind machen wollten, um das eigene Fell zu retten. Aber es gab natürlich auch noch integre Menschen, die treu zu ihren Freunden hielten und sie unterstützten, versteckten und deckten. In Berlin war das ein recht großer Kreis – zahlreicher, als ich es anderswo erlebt hatte. Die Berliner sagten: »Die können ja nischt dafür« und setzten getreu ihrem Ruf Herz und Schnauze ein, um den Verfolgten zu helfen.

Die Deportationszüge rollten inzwischen unentwegt, und wenn heute die Leute behaupten, sie hätten davon nichts gewußt, so lügen sie: wir haben die Züge fahren gesehen, und die Leute, die an den Strecken wohnten, haben sie vorbeirollen gesehen – ihnen konnte gar nicht verborgen bleiben, unter welchen Umständen da Menschen, in Viehwaggons gepfercht, verschoben wurden. Sollten sie sich dabei gar nichts gedacht haben?

Bei Kriegsausbruch wurde ich eingezogen und meiner Sprachkenntnisse wegen bei der Briefzensur eingesetzt. Das war eine schreckliche Tätigkeit. Aber gerade hier konnte man auch helfen. Nicht nur ich, viele der dort Mitarbeitenden haben offene Briefe von harmlosen Zeitgenossen verschwinden lassen, um die Schreiber wie die Empfänger nicht in Gefahr zu bringen. Das war auch nicht angenehm: man mußte die Briefe tatsächlich aufessen, denn man konnte nicht einmal riskieren, daß in einer Toilette ein verräterisches Schnipselchen wieder auftauchte.

Ich weiß allerdings auch, daß es leitende Offiziere in der

Dienststelle gab, die die Augen zumachten. Leider war das die Minderzahl: die meisten belauerten ihre Mitmenschen, um sie bei der geringsten Gelegenheit »hochgehen« zu lassen.

Als ich denunziert und deswegen aus dem Heeresdienst fristlos entlassen wurde, meldete ich mich beim Roten Kreuz, bei dem ich Mitglied war, seit der NS-Staat es zur Pflicht gemacht hatte, daß jeder irgendeiner Organisation angehören mußte. Damals hielt ich das für die harmloseste unter den Organisationen im Nazistaat. Nun kam ich in eine grauenvolle Dienststelle an der Möckernbrücke, die in erster Linie für Polen zuständig war. Schon vor Kriegsbeginn hatte eine Hetzkampagne gegen die Polen eingesetzt, die die Angehörigen dieses Volkes pauschal verunglimpfte. Dementsprechend wurden denn auch die Menschen behandelt, die sich an das Rote Kreuz in Berlin um Hilfe oder Auskunft wandten. Aber auch hier war es wichtig, daß ein paar Menschen mit einer normalen Einstellung den armen Leuten halfen, die z. B. ihre Angehörigen suchten, die in der Regel deportiert und zur Zwangsarbeit eingeteilt waren. Natürlich war es streng verboten, solche Auskünfte zu geben, und die Bespitzelungsorganisation war effektiv. Dennoch gab es kleine Erfolgserlebnisse, so z. B. als es gelang, einer jungen Frau nicht nur den Aufenthalt ihres Mannes bekanntzugeben, sondern ihr auch einen Besuch bei ihm zu ermöglichen, denn der Mann war Gynäkologe, und sie wollte von ihm untersucht werden, weil sie schwanger war. Nachher hat die Frau sich nach meinem Vornamen erkundigt und wollte ihn ihrem Kind geben, falls es ein Mädchen werden sollte. Ob das Kind wohl zur Welt gekommen ist?

Der Bombenkrieg setzte ein, und einerseits brachte das Chaos uns kleine Erleichterungen. Aber die Verfolgten, Versteckten und Untergetauchten konnten sich nicht vor den Bomben schützen, die vielen von ihnen das Leben kosteten: eine große Zahl von Luftschutzwarten war stramm regimetreu, und der schnelle Bombentod war der Folter der Nazischergen vorzuziehen.

Die schwedischen wie auch alle anderen nordischen Kirchen haben in diesen entsetzlichen Zeiten Unglaubliches geleistet. Sie haben unerschrocken und unbürokratisch Hilfsorganisationen aufgebaut, Gelder, Kleidung und Nahrungsmittel beschafft, Menschen versteckt und aus dem Lande gebracht und dabei all ihre exterritorialen Möglichkeiten und diplomatischen Verbindungen ausgenutzt. Das haben sie straff organisiert und effektiv durchgeführt, und unzählige Flüchtlinge verdanken ihnen ihr Leben. Ich arbeitete mit der Schwedischen Kirche in der Landhausstraße in Wilmersdorf zusammen, für die ich eine Reihe von Aufträgen erledigte, denn ich fand, daß wir Deutschen ihnen bei ihren riskanten Unternehmungen Hilfe schuldeten, die sie für unsere Landsleute, die von unserem Staat – auch wenn es nicht der unserer Wahl war – verfolgt wurden, leistete.

Kriegsgefangene, Deportierte und Zwangsarbeiter waren eine weitere Gruppe Hilfsbedürftiger, und sie waren wenig besser dran als die Juden. Ich konnte zwei russische Kinder aufnehmen, sogar legitim, weil das ältere Mädchen als meine Haushaltshilfe galt. Auch die kleinere Schwester sollte als Arbeiterin vermittelt werden, es gelang mir jedoch, ihr »Arbeitsbuch« schließen zu lassen. Diese Kinder hatten Schweres durchgemacht und waren dabei selbständig, verschwiegen und dennoch hilfsbereit geworden, und ich habe mich von Anfang an so auf sie verlassen, daß ich sie mit meinem versteckten Mann leben ließ, ohne mir Sorgen zu machen, daß sie uns – und sei es versehentlich – verraten könnten. Bei der Überrollung in Berlin haben sie mir als Sprachmittler sehr geholfen und sich mit Leidenschaft für mich eingesetzt.

Ich muß also sagen, daß die Hilfsbereitschaft in der Bevölkerung doch recht groß war – vielleicht nicht so sehr quantitativ, wenn man die Zahl mit der Gesamtzahl der Bevölkerung vergleicht, aber doch qualitativ, denn auch die geringste Hilfeleistung erforderte viel Zivilcourage und großen Opfermut. Das fing schon mit dem Problem der Ernährung von Menschen ohne Lebensmittelkarten an: oft wurde der letzte Krümel getreulich geteilt. Jeder Helfer wußte auch, daß er sich genau in der gleichen Gefahr befand wie sein Schützling, oder sogar in einer noch größeren, weil er ja registriert und überwachbar war und auch seine ganze Familie mit der Gefahr aussetzte, zur Erpressung ausgenutzt oder einer Sippenhaft unterworfen zu werden. Es wäre gut, wenn diese Einstellung, diese Haltung und diese Zivilcourage mehr zum Maßstab und Vorbild würden als Karriere, Erfolg und was heute sonst propagiert wird.

Axel Eggebrecht:

Es gab in Berlin Menschen, die bereit waren, zu helfen

(Aus einem Interview)

Ich war also am 9. November 1938 39 Jahre alt, lebte wieder in Berlin, hatte KZ, Gefängnis und verschiedene Dinge hinter mir. Freunde, unter denen sich viele Juden befanden, hatten mir nach meinen ersten stürmischen Erlebnissen in nationalsozialistischer Haft gesagt: »Na, du hast es gut, du hast es hinter dir. Du mußt dableiben. Du mußt uns hinterher sagen, wie das alles war.«

Da gab es z. B. die schlimmen Erfahrungen des Jahres 1936: Die Olympischen Spiele in Berlin haben Verheerendes angerichtet für alle, die gegen das Regime waren. Ich habe Engländer und Franzosen in Berlin gesprochen, die sagten: »Was wollt ihr eigentlich, ihr seid so gegen das Regime. Wir sind doch hier wunderbar behandelt worden.« Sie waren auf die Propaganda der Nazis reingefallen. Sie hatten vieles übersehen, konnten vieles auch nicht sehen, z. B. in Parks die Inschrift auf Bänken: »Nur für Juden.« Die war weg. Die kam im Winter 1937 wieder. So geschickt haben die Nazis das alles versteckt. Das muß man miteinbeziehen, wenn man sich vorstellen will, wie plötzlich auf die immer noch große Zahl von in Berlin lebenden Juden das Ereignis des November 1938 hereingebrochen ist. Die sind wirklich von einem Tag zum anderen körperlich und materiell überfallen worden.

Immer wieder muß ich sagen: es ist schrecklich, wenn man erlebt hat, inmitten eines Volkes zu leben, das in seiner Mehrheit dieses Regime eigentlich damals bejahte. Andererseits – die Berliner waren entsetzt über die sogenannte »Reichskristallnacht«. Da waren nur ganz wenige Leute begeistert. Viele haben sich noch später gegenüber den Juden, die sich den Stern anstecken mußten, zum Anfang des Krieges betont loyal und anständig benommen. Ich glaube, daß ein erheblicher Teil der Berliner spät zur Besinnung gekommen ist, daß hier Unmenschliches geschieht. Und mancher war froh, wenn er mit kleinen Gesten, Handreichungen ein bißchen beitragen konnte, ihnen zu helfen. Noch wußte ja niemand von dem Plan, die Juden auszurotten.

Ich suchte z. B. jemand, der Filmmanuskripte abschrieb, und fand eine Dame, die dann noch nach New York ausgewandert ist. Es war ein wenig riskant, eine Jüdin arbeiten zu lassen. Ein »Verbrechen gegen Staat, Volk und Führer.« Man denke...

Etwa 1937 kam eine alte Freundin von mir, die auch Gott sei Dank das Dritte Reich überlebt hat, aus Königsberg nach Berlin und rief mich an. Ich sagte: »Wollen wir uns treffen?« »Das geht nicht.« »Warum nicht?« »Ja, kannst du das denn?«. Das heißt, in Königsberg war es nicht möglich, sich mit einer Jüdin einfach in einem Lokal zu verabreden. Sie dachte, sie würde mich damit belasten. Doch ich war ständig mit jüdischen Freunden zusammen. Die Frau meines besten Freundes kam sogar aus der Emigration (aus Paris) nach Berlin auf Besuch zu ihrer Mutter, die dort noch lebte. Ihr Mann nicht. Er war ein bekannter Physiker. Der hatte mit Recht Angst, daß sie ihn festnehmen würden.

Aber dann kam dieser 9. November 1938. Von diesem Moment an konnte niemand sich mehr der Täuschung hingeben, daß nichts passieren würde. Natürlich hat niemand geglaubt, daß es die totale Ausrottung (Wannsee-Konferenz 1942) geben würde. Aber daß es nie mehr in diesem Nazideutschland auch nur ein halbwegs normales Leben geben konnte, war klar, nachdem sämtliche jüdischen Geschäfte, Anwaltspraxen und Ärzteeinrichtungen in Berlin an einem Tag kaputtgeschlagen waren.

Ich erfuhr an dem Morgen des 10. November von einem ehemaligen Redakteur der »Roten Fahne«, einem meiner kommunistischen Freunde, der auch schon das KZ hinter sich hatte, von dem Geschehen. Dieser Otto Steinicke, der kein Jude war und der später in Berlin während des Bombenkrieges umkam, rief mich an und sagte: »Hast du schon die Zeitung gelesen?« »Nein.« »Na, dann guck dich mal um, was da so los ist. Ist bei euch alles ruhig?« Darauf ging ich die Sächsische Straße hinunter bis an den Kurfürstendamm. Und da sah ich die ganze Geschichte. Alle Scheiben eingeschlagen in den Geschäften, die jüdisch oder jüdisch verdächtig waren. Hierauf begab ich mich wieder nach Hause und tat etwas Verrücktes: Ich rief einen Menschen an, der das Dritte Reich sehr gut überlebt hat, obwohl er mehrfach in Gefahr war, umgebracht zu werden: Ernst von Salomon.

Er war einer derjenigen, die, als ich aus dem KZ kam, sich in Berlin um mich gekümmert hatten, weil er aus vielerlei Gründen gegen die Nazis war. Er war ein Über-Nationalist, ein ewiger Kadett, ein Mensch, der »nie darüber hinwegkam, daß er nicht bei Langemarck gefallen ist«, beim Sturmangriff Ende 1914. Ein Militarist, im Alter völlig bekehrt; mit Richard Scheringer befreundet. Den rief ich an und sagte: »Weißt du, was los ist?« Er sagte: »Ja, toll. Was machen wir denn nun?« Ich sagte: »Wie wäre es denn, wenn wir die Polizei anrufen und sagen, der Mob plündert.« »Das wäre eine gute Idee.« Ein Versuch, der natürlich völlig ins Leere ging. »Beruhigen Sie sich«, sagte die Polizei. Die haben also angenommen, wir seien aufgeregte Bürger, die nicht kapierten, daß dies eine politische Maßnahme war.

Nun kommt eine kurze Zwischenbemerkung, ohne die man das ganze Verhalten in jener Zeit gar nicht verstehen kann. Im Dritten Reich gab es keine Computer, und die Telefonüberwachung war lächerlich. Wir waren eigentlich sicher, daß Ernst von Salomon, der 1918/19 bei den Freikorps mitgemacht hatte, nicht überwacht wurde. Ich habe also ganz offen mit ihm geredet. Ich wurde ja vielleicht überwacht. Ich war ja im KZ gewesen. Wenige wußten das. Und es gab eben vor allem keine Computer! Als ich das zweite Mal im Dritten Reich verhaftet wurde (im Winter 1934), wußten die Nazis in Berlin in der Prinz-Albrecht-Straße nicht, daß ich 1933 bereits in einem KZ gewesen war. Und dabei hatte ich noch das Glück, daß nach endlosen Verhören ein ehemaliger preußischer Kriminalkommissar mir bei der SS geholfen hat: Mein Freund Paul Baudisch, der berühmte Übersetzer amerikanischer Literatur, um den es bei meiner zweiten Verhaftung ging, war über die Schweiz nach Schweden emigriert (so ähnlich wie Tucholsky) und ist nie wiedergekommen. Und dieser Kommissar bot mir sozusagen indirekt an, daß ich Baudisch informieren sollte. »Sie werden doch nicht zu der Frau gehen?«. Ich sage: »Ach, die Frau ist noch hier?« »Das wissen Sie doch ganz genau.« Ich sagte: »Einen Teufel werde ich tun. Die wird doch Tag und Nacht bewacht.« »Ach, da hätten wir viel zu tun, wenn wir jeden Angehörigen eines Verdächtigen Tag und Nacht überwachen wollten.« Kaum hatte ich die Prinz-Albrecht-Straße mit Hilfe dieses Mannes verlassen, ging ich zur Frau Baudisch.

Ich erzähle das nur als Beispiel: Das Leben in einer Diktatur ist selbstverständlich durch die Technisierung und Elektronisierung heute viel gefährlicher geworden. Natürlich gab es auch die zwangsweise aus Deutschland Entfernten. Z. B. Leute, die aus Polen gekommen waren in den letzten 20 Jahren. Die wurden als besonders schlimme Juden behandelt. Und leider muß ich sagen: auch die Juden selbst ließen sich z. T. auf diese Einteilung ein. Die »Ostjuden« wurden als etwas Minderes von den Alteingesessenen behandelt. Diese Dinge muß man heute zugeben aus der Sicht vieler Jahrzehnte danach.

Später, während des Krieges, hatte ich ein jüdisches Mädchen bei uns in der Wohnung versteckt, wohl ein halbes Jahr. Die hatte einen tschechischen Postausweis als einziges Papier. Sie galt 1940/41 als Zwangsarbeiterin. Und wenn z. B. der Hauswirt kam, wies sie sich als eine tschechische Gastarbeiterin aus. Die gab's zu Tausenden. Und überall wurde versucht, diesen Menschen zu helfen. Ich habe nie den Unterschied verstanden zwischen Deutschen und deutschen Juden. Nun war aber Deutschland ohne Juden. Es war natürlich nicht ganz ohne Juden. Da gab es in Leipzig einen Gauleiter, der war ein Volljude. Der war akzeptiert. Und es gab den Feldmarschall Milch, einen Volljuden. Oder wie ist zu erklären, daß Helene Meyer im Fechten eine Goldmedaille bei den Olympischen Spielen 1936 errang? Weil sie eine Sondererlaubnis bekam. Sie war vor 1936 emigriert, kam aber wieder zurück. Nicht jeder wußte das, doch in Berlin wußten viele, daß sie eine Jüdin war. Die Nazis wollten eben so gerne Medaillen haben.

Deutschland ohne Juden – ich konnte es mir nicht vorstellen. Alles, was in Deutschland mit Kultur verbunden ist, hat positive Einflüsse vom Judentum erfahren. Meine geliebte »Weltbühne«, die meine geistige Heimat ist, wurde überhaupt erst ermöglicht, weil die kleinen Auflagen zum großen Teil von einer Schicht interessierter jüdischer Bürger getragen wurden – auch die Kunstzeitschriften, Gemäldegalerien, Akademien, das geistige Leben in jeder Hinsicht. Blicken wir nur auf die Welt der Zeitungen, die ja angeblich oder faktisch in Berlin wirklich außerordentlich stark mit Juden durchsetzt war. Ich kann nur sagen: meine Karriere als Schriftsteller hat 1925/26 begonnen. Und in Redaktionen wie der »Voßischen Zeitung« oder dem »Berliner Tageblatt«, in denen ich damals viel geschrieben habe, wurde ich als Nichtjude geradezu bevorzugt, herumgereicht und unterstützt. Wenn also die Nazis behaupteten, die armen deutschen arischen Schriftsteller konnten nichts werden, weil überall die Juden saßen, habe ich davon nichts gemerkt. Im Gegenteil: Siegfried Jacobsohn, Chef der »Weltbühne«, hat mir beigebracht, was Schreiben ist. Nachdenken und Schreiben. Und das hat er auch Tucholsky genauso gelehrt und selbst Ossietzky. Er hat die ungeheure publizistische Begabung dieses glänzenden Leitartiklers erkannt, der auch dort, wo er falsch urteilte, noch ein blendender Formulierer war. Denn wir alle haben uns ja geirrt. Wir haben zwar die große Gefahr Hitler durchaus gesehen, aber wir haben den Mann nicht ernst genommen. Wir fanden ihn aus ästhetischen Gründen so minderwertig. So jemand kann doch nicht Deutschland beherrschen, das wird doch nichts. Dazu kamen die eigenartigen Vorgänge von 1923 in München. Aber wir haben, und ich muß sagen, auch Ossietzky, besonders nach der Wahl im November 1932, als die Stimmen für die Nazis um einen nicht unerheblichen Prozentsatz zurückgingen, geglaubt, die Gefahr ist vorbei. Auch der rassische Antisemitismus der Nazis wurde in seiner Wirkung von uns unterschätzt.

Doch gingen schon zwischen 1933 und 1938 viele Freundschaften entzwei, in einer Zeit, in der es noch ziemlich gefahrlos war, sich zu Juden zu bekennen. Aber nein, eine Vorahnung dieser vorsichtigen und feigen Masse der Deutschen bewegte sich schon damals in die Richtung: Wir wollen uns lieber vor jüdischen Beziehungen hüten, uns von ihnen zurückzuziehen. Und dennoch gab es in Berlin noch Menschen, die bereit waren zu helfen. Aber schwer wurde es im Bombenkrieg, als Berlin zerstört wurde. Wenn eine Stadt in Asche und Trümmer fällt, und wenn man sich nur noch in Kellern und Bunkern vorübergehend retten kann, wo viele Leute reinströmten und die Juden selber dort sich nie hinwagten, wurde es immer schwerer, jemand zu verstecken. Da habe ich abenteuerliche Dinge erlebt, aber eben doch auch Beispiele großen Mutes.

Da war beispielsweise ein Mann, der hieß Behrisch. Ich glaube, er hatte mit dem Verlagswesen etwas zu tun. Er stellte sich im Spaß vor: »Behrisch wie arisch.« Der hatte eine nichtjüdische Frau. (Das war eine Weile lang ja ein gewisser Schutz, später dann nicht mehr). Er und seine Frau beschlossen, ganz sicherzugehen. Das war nur möglich, wenn Leute ihnen halfen. Sie entdeckten nicht weit von Berlin absolut vertrauenswürdige Menschen auf dem Lande. Die gab es immer. (Ein Sammelpunkt solcher untergetauchten Juden war interessanterweise die Insel Föhr. Das hing damit zusammen, daß sehr viele Friesen in der Welt rumfuhren, Amerika kannten und englisch sprachen.)

Aber jetzt bleiben wir in Berlin. Bei den Behrischs. Die machten das so: Er nahm Kleider, ein bißchen Geld, Essen usw. und wurde etwa 20 km von Berlin untergebracht. Hierauf (wir sind jetzt schon in der Zeit, wo die letzten Juden abgeholt wurden aus den Häusern) ging die Frau zur Polizei (sie muß eine glänzende Amateurschauspielerin gewesen sein) und führte eine Riesen-Szene vor. »Wo ist mein Mann?«. »Wieso, wer ist Ihr Mann?« »Behrisch, mein Mann, Sie wissen doch.« »Kennen wir nicht.« »Natürlich kennen Sie den.« »Na ja, Sie wissen ja...« »Nein, ich weiß gar nichts. Wo ist mein Mann? Ich will wissen, wo mein Mann ist.« Und sie fiel den Leuten 4, 5 Tage auf die Nerven. Solange, bis sie sagten: »Na, der wird sich

vielleicht umgebracht haben. Wir kennen ihn nicht.« »Dann helfen Sie mir.« Darauf sind sie mit der Frau ins Leichenschauhaus in die Oranienburger Straße gefahren, haben sie in die eiskalten Hallen geführt und gefragt: »Könnte es der sein? Vielleicht ist er ins Wasser gegangen, hat sich erschossen oder Gift genommen?« Und dann hat sie gesagt: »Der da könnte es sein, aber der ist ja so verunstaltet.« Und sie hat das durchgespielt und sich scheinbar beruhigt mit der Einsicht, der arme Mann hätte sich umgebracht. Aber alle 8 oder 14 Tage trafen sie sich heimlich. Und so ist er durch den Krieg gekommen. Das war nur möglich, weil irgendwelche Leute ihn versteckt haben.
Ein anderes Beispiel:
Als ich nach Berlin zurückkam 1934, habe ich eine kleine Wohnung gemietet in einem Haus, das in lauter kleine Appartements aufgeteilt worden war. Nebenan wohnte ein Herr Königsberger mit seiner nichtjüdischen Frau. Das ging auch eine ganze Weile gut. Aber Anfang '42 fuhren Wagen mit SS-Leuten durch die Straßen und holten die letzten Juden. An meiner Wohnungstür klingelte es plötzlich: »Kommen Sie rüber, kommen Sie rüber«, rief Frau Königsberger. Da lagen die Röhrchen noch. Er hatte Veronal geschluckt, einen Teil wieder ausgekotzt. War blau angelaufen. Es ist ja eine Art Erstikkungstod, den der Mensch nicht mehr fühlt, weil er völlig betäubt ist. Sie schrie: »Holen Sie einen Arzt.« Ich sagte: »Das hat gar keinen Sinn, er hat es hinter sich.« Und richtig, eine halbe Stunde, nachdem der Mann offensichtlich tot war, klingelt es und klopft es, die SS kommt und sagt: »Wo ist der Jude Königsberger? Verdammt, da ist wieder einer durch die Lappen gegangen.« Buchstäblich so. Und am nächsten Tag kam diese Frau (eine geradezu sentimentale Geschichte) und hat sich bedankt, daß ich sie gehindert hatte, den Mann ins Leben zurückzurufen. Eine wahre Geschichte.

Natürlich gab es auch Möglichkeiten, wo man sich ganz gut verbergen konnte. Das tägliche Leben und Arbeiten unter Filmleuten war zum Beispiel fast wie eine Lebensversicherung, weil man genau wußte, wer dafür und wer dagegen war. Und es gab unter Künstlern, insbesondere darstellenden Künstlern, Regisseuren, Schauspielern, Maskenbildnern, einen weit geringeren Prozentsatz von Nationalsozialisten oder auch nur Mitläufern, verglichen mit Beamten, Ärzten, Militärs, Juristen. Da ist ja niemals abgerechnet worden. Das gab es unter Schauspielern verhältnismäßig wenig. Mag sein, daß es unter Schreibenden vielleicht etwas häufiger war. Aber auch so ein Fall wie Höfer, der fällt ja selbst nach 40 Jahren noch auf. Einer, der offenbar zuviel geschrieben hat... Aber man darf nicht vergessen: Im Zeitalter der Massenmedien, das gleichzeitig mit dem Nationalsozialismus begonnen hat, ist es nicht mehr möglich, wie zu Zeiten Heines oder Börnes, zwischen den Zeilen zu schreiben. Da muß man etwas so Gefahrloses machen können wie das Schreiben von Unterhaltungsfilmen. Was anderes war mir nicht erlaubt – gedeckt übrigens durch einen Mann in SS-Uniform, einen Sturmführer namens Lienhard. Dieser Mann ist im Zusammenhang mit dem 20. Juli hingerichtet worden. Zweimal wurde mir geholfen: Von dem Kriminalkommissar, der mir bei meiner zweiten Verhaftung half. Und es war ein SS-Mann, der mir eine beschränkte Arbeitserlaubnis verschafft hatte in irgendeiner Kulturkammer. Ich glaube, es war die Reichsschrifttumskammer. Und dieser Mann hat zu mir gesagt: »Wir müssen einmal einen Brief formulieren, daß Sie nur unterhaltende Filme schreiben wollen und gar nicht an Politik interessiert sind. Und ich weiß ja nicht, ob Sie das können, den müssen Sie mit Heil Hitler unterschreiben.« Diese Frage, »...ich weiß nicht, ob Sie das können?« hat mich davon überzeugt, er wollte mir helfen. Und alle meine jüdischen Freunde, mit denen ich mich beraten habe, haben gesagt: »Selbstverständlich unterschreibst du den Brief. Spielt ja gar keine Rolle, ist ja alles nur Quatsch.«

Und so machte ich eben Filme wie »Bel ami«, »Komödianten«, »Wiener Blut« mit Willy Forst und eine ganze Reihe weiterer. Natürlich war kein politischer Film dabei. Nun kann man sagen, ja auch damit hast du natürlich das Dritte Reich unterstützt. Stimmt! Der Arzt, der Kranke behandelt hat, hat das auch getan. Der Bäcker, der Brötchen gebacken hat, auch. Ist das so einfach?

Nehmen Sie z. B. den Emmrich. Dr. Kurt Emmrich, der unter dem Namen Peter Bamm später recht bekannt geworden ist, fing nach dem Krieg an, bei uns im ersten deutschen Sender hier in Hamburg aktuelle Sendungen wie »Echo des Tages« zu machen (»Streiflichter« hieß das damals), der war Arzt von Beruf. Und in seinem Buch »Die unsichtbare Flagge« hat er genau geschildert, wie er Soldaten, die sich z. B. in die Hand geschossen haben und die angeklagt waren, verteidigt hatte. Der hat von seiner Arztstellung aus zwar keinen Widerstand geleistet, hat aber denen, die bei Hitler nicht mehr mitmachen wollten, geholfen. Denn bei Selbstverstümmelung drohte die Todesstrafe. Auch das gehört dazu. Der hat nie in seinem Leben auch nur einen Hauch von Antisemitismus empfunden. Er war ein Konservativer, aber kein Reaktionär: Ein sehr wichtiger Unterschied. Konservative waren oft bereit zu helfen, wo man helfen konnte. Und selbstverständlich konnte man ja nicht helfen, ohne daß einem wieder andere halfen.

Einer der Menschen, die ich mit versteckt hatte in Berlin, war Hans Brodnitz, Direktor mehrerer großer Uraufführungskinos bis 1933. Den haben wir versteckt bei Leuten in der Uhlandstraße in Berlin. Und nun mußte der Mann doch etwas zu Essen haben. Es war Krieg, und alles war rationiert. Und so reich, daß wir alles schwarz kaufen konnten, waren wir nicht. Ich kannte aber einen kaufmännischen Film-Direktor, bei dem holte ich jeden Monat eine Latte Lebensmittelkarten ab, die kriegte der. Und so ist er nicht verhungert. Er ist trotzdem geschnappt worden – noch im letzten Kriegsjahr und umgekommen. Sehen Sie mal, das war die Hilfe, die man leisten konnte. In dem Höllensturm des Terrors, der zeitlich zusammentraf mit dem Vernichtungssturm, in dem die Städte untergingen, mit Alarm, mit Sirenen, mit Meldungen, welche Bomberverbände sich Berlin näherten, beschäftigte man sich gleichzeitig mit der Rettung einzelner Menschen, der letzten Juden und anderer von den Nazis Verfolgten.

Robert M. W. Kempner

Die Wahrheit über die Reichspogromnacht

Die Reichskristallnacht, zutreffender als Reichspogromnacht zu bezeichnen, fand ihren weltweiten Ausdruck am 9. November 1938. Dieses Datum war aber nicht der wahre Beginn der Ausschreitungen gegen die Juden. Der tatsächliche Anfang war am 30. Januar 1933, als Adolf Hitler von dem damaligen Reichspräsidenten Paul von Hindenburg zum Reichskanzler in Deutschland ernannt wurde. Damals begann eine neue Ära im deutschen Reich. Es war – deutlich gesprochen – eine Ära des Mordes und Raubes an den Juden. Mord und Raub begannen, »gesetzlich« zu werden. Wer das nicht glaubt, braucht nur die Register der deutschen Gesetze, Verordnungen und sonstigen Anordnungen in den amtlichen Anzeigern nachzulesen. Eine der letzten Anordnungen des NS-Regimes vom 16. Februar 1945 lautet: Das antijüdische Material solle vernichtet werden, »damit es nicht dem Feind in die Hände falle«.

Seit der sogenannten Machtergreifung am 30. Januar 1933 und bereits vorher verfolgte ich die vorhergegangenen, damals noch nicht staatlichen Judenverfolgungen im Reich. Diese wurden in den letzten zwanziger Jahren immer stärker. Damals bestanden sie in Geschäftsberaubungen, Denunziationen gegen Kaufleute, Juristen, Ärzte, Universitätslehrer und Journalisten. Die Urheber waren meistens NS-Organisationen, die Kollegen für »Machenschaften« denunzierten und dies in der Nazi-Presse veröffentlichten. Für die Behörden war es schwer, gegen lügenhafte Behauptungen vorzugehen. Dies wurde mit Hitlers sogenannter Machtergreifung anders. Was gegen Juden vorgebracht wurde, galt als zutreffend und strafbar.

Ich selbst war bis zu Hitlers Machtantritt Justitiar im Preußischen Innenministerium mit einer Zuständigkeit für einen Polizeiapparat von fast einhunderttausend Beamten. Die immer häufiger gewordenen Nazi-Verbrechen hatten in den Jahren bis 1933 – also zur Weimarer Zeit – uns vor immer größere Probleme gestellt. Das Regime Otto Braun und Carl Severing hatte den Kampf dagegen mit gesetzlichen Mitteln oft mit Erfolg aufgenommen. Aber es hatte bei der Reichsregierung der Kanzler Heinrich Brüning und Franz von Papen niemals die geeignete Unterstützung für gesetzliche Verbote gegen die Nazi-Partei gefunden. Zahlreiche höchste Beamte des Reiches waren der irrsinnigen Meinung, man könne mit Adolf Hitler und Konsorten bei Wahlen Geschäfte machen. Höchst wichtige amtliche Vorstellungen gegen die ausbrechende Barbarei, gezeichnet von Preußens Ministerpräsidenten Otto Braun, wurden zum Beispiel in der Reichskanzlei mit dem Vermerk versehen »bleibt unbeantwortet«!

Es mag interessieren, daß ich in den ersten Februartagen des Jahres 1933 noch in meinem Amtszimmer Unter den Linden 74 in Berlin saß, als ich vom neuernannten Preußischen Ministerpräsidenten Hermann Göring zu einer Konferenz berufen wurde. Er erklärte den damals noch wenigen höheren Ministerialbeamten, in diesem Ministerium sei alles in Ordnung, wer sich nicht ausdrücklich gegen das Hitler-Regime erkläre, würde weiter im Amt behalten.

Als ich in mein Zimmer zurückkehrte, lag bereits eine Nachricht vor, ich solle mich beim Personaldezernenten melden. Dieser Herr, kurz vorher bereits in die NSDAP eingetreten, erklärte mir, ich sei von meinem Dienst im Ministerium sofort suspendiert. Ich würde weiteres hören. Damit war meine Laufbahn als preußischer Staatsbeamter beendet. Später erhielt ich auf Fragebogen die Aufforderung, ich solle mich über meine »Rasse« äußern. Ich antwortete darauf nur kurz: Ich würde darüber Ermittlungen anstellen. Übrigens sei ich wie der »Führer« schon mit siebzehn Jahren Soldat im Weltkrieg geworden.

Diesen Vorgang hatte ich noch in Erinnerung, als ich etwa zwölf Jahre später, im Oktober 1945, meinen früheren Chef Hermann Göring als Mitglied des amerikanischen Anklagestabes in Nürnberg wegen seiner Verbrechen zu verhören hatte. Er versuchte sich zunächst vor einer Antwort zu drücken mit der Bemerkung, ich sei doch inzwischen Amerikaner geworden und sicher gegen ihn eingestellt. »Aber Herr Reichsmarschall, ich bin Ihnen doch dankbar, daß Sie mich rechtzeitig aus dem Staatsdienst herausgeworfen haben. Sonst hätte ich einige Zeit später in einem von Ihnen angeheizten Kamin geendet!« Darauf ließ er sich in aller Ruhe längere Zeit vernehmen über die zahlreichen Tatsachen, die wir als seine Kriegsverbrechen und Verbrechen gegen die Menschlichkeit ansahen. Nach dem Todesurteil gegen ihn beging er im Nürnberger Gefängnis Selbstmord.

Wie ernst es Göring um die Begriffe »Rasse« und »Arier«-tum zu tun war, zeigen übrigens die folgenden Tatsachen: Er selbst wurde auf der Burg Veldenstein von einem Arzt unterhalten und erzogen, der jahrelang der Geliebte seiner Mutter war, jedoch nicht gerade zu den Rassealiern gehörte! Göring selbst sorgte dafür, daß ein enger Mitarbeiter, der Feldmarschall Erhard Milch, ein Nichtarier, durch ein geschicktes Manöver mit Hilfe des Innenministeriums »arisiert« wurde. Nach der Besetzung von Paris sorgte Göring dafür, daß jüdisches Kapital und Kunstwerke in Millionenwerten beschlagnahmt wurden. Er übertrug diese Aufgabe dem Leiter des Einsatzstabes Alfred Rosenberg, der später in Nürnberg wegen zahlreicher Verbrechen zu Tode verurteilt wurde. Nach der Einziehung des jüdischen Vermögens in Paris, zum Beispiel des der Rothschilds, schrieb Göring an Rosenberg persönlich in einem Schreiben, das ich in Rosenbergs Akten fand: Da ich Sie mit der Übernahme der jüdischen Vermögensstücke in Paris beauftragt habe, erwarte ich von Ihnen, daß Sie mir zehn Prozent des Erlöses überlassen. Die enge Verbindung von persönlicher Übernahme jüdischen Geldes mit den allgemeinen räuberischen Maßnahmen geht aus den Sitzungsprotokollen des Reichsbevollmächtigten Hermann Göring unmittelbar nach der Kristallnacht hervor. Diese sind zu einem großen Teil in den Nürnberger Gerichtsprotokollen abgedruckt.

Ich habe am Anfang meiner Worte hervorgehoben, daß der Raub jüdischen Vermögens und die persönliche Vernichtung der Juden bereits im Januar 1933 begonnen haben, und nicht etwa erst mit der Kristallnacht. Dies alles geschah nach den Methoden der Mafia.

Ein Gebiet nach dem anderen wurde von Hitler ausgeräubert. Es war der größte Raubzug der Geschichte. Zunächst kamen solche Beamte an die Reihe, die als unzuverlässig im NS-Sinne betrachtet wurden. Während erst Frontkämpfer des Weltkrieges verschont blieben und Ärzte, Juristen, Universitätslehrer u. a. teilweise bis 1938 im Amte bleiben konnten, wurde die Vorzugsbehandlung in Stufen unmöglich gemacht. Bereits an dieser Stelle muß hervorgehoben werden, daß dadurch wesentliche Schäden für das allgemeine Publikum eintraten. Wir wissen aus ärztlichen Statistiken, wie sehr Hunderte von Patienten durch das Ausscheiden jüdischer Ärzte geschädigt wurden. Arbeiten über das städtische Krankenhaus Berlin-Moabit zeigen den Niedergang der Behandlung der Patienten. Ich selbst habe aufgrund der amtlichen Gesundheitsstatistik in den Jahren von 1933 bis 1938 feststellen können, daß die Zahl der ansteckenden Krankheiten in den Jahren der Nazi-Herrschaft angestiegen ist. Die Einnahmen der freien Berufe stiegen zwar wesentlich nach dem Herauswurf der jüdischen Kollegen. Aber die öffentlichen Verluste waren nicht wiedergutzumachen. Daran waren die übrig Gebliebenen teilweise selbst schuld, weil sie selbst ihre früheren jüdischen Kollegen laufend bei dem Geheimen Staatspolizeiamt denunziert hatten. Hunderte von Beispielen beweisen das. Die NS-Standesorganisationen der Ärzte, Juristen, Lehrer, Ingenieure und so weiter, die teilweise schon vor 1933 bestanden, hielten es für ihre Pflicht, das gesamte Staatswesen von Juden zu säubern. Zu diesem Zwecke spannten sie auch die Gestapo ein. Abgenommene »jüdische« Wohnungen wurden an Ministerien vergeben; die Nachfolger ahnten angeblich nicht, von wem sie stammten. Am 30. September 1938 wurde den damals noch vorhandenen 3152 jüdischen Ärzten die Lizenz entzogen. Eine kleine Gruppe durfte später noch als »Krankenbehandler« für jüdische Patienten sorgen. Bereits im September 1935 waren den Juden schon die Bürgerrechte entzogen worden.

Daß diese räuberischen Gewalttaten gegen Akademiker und

besonders viele technische Berufe für das deutsche Reich selbst unerhört schädlich waren, ist kaum an irgendwelchen Stellen in der NS-Literatur erwähnt. Besonders schwer war der Verlust im Hinblick auf die bereits 1933 begonnene deutsche Wiederaufrüstung. Die amerikanischen Universitäten und Hochschulen hatten viele exilierte Juden aus Deutschland aufgenommen. Sehr viele fanden auch später in der US-Armee maßgebende Aufgaben.

Dies fand alles bereits statt, bevor am 7. November 1938 der verzweifelte siebzehnjährige staatenlose deutsch-polnische Jude Herschel Grynszpan in Paris sein Attentat auf den deutschen Legationssekretär Ernst vom Rath verübte. Dieser starb am Nachmittag des 9. November. Grynszpan hatte am Tage vor der Abgabe der Schüsse eine verzweifelte Postkarte von seiner Schwester aus Deutschland über die Abschiebung von Familienmitgliedern nach Polen erhalten. Aus diesem Vorgang wurde, vor allem durch das Propagandaministerium des Joseph Goebbels, eine unerhörte antijüdische Propaganda geschaffen. Ihr Ziel war die Behauptung, Grynszpan habe auf Veranlassung des »internationalen Judentums« gehandelt. Im Laufe der zahlreichen Untersuchungen, die in dem noch nicht besetzten Paris von den französischen Justizbehörden vorgenommen wurden, hat sich nichts für die Wahrheit dieser NS-Propaganda ergeben. Der wahre Tatbestand ist vielmehr der folgende: der junge Grynszpan lebte nach seiner Auswanderung aus Deutschland mehrere Jahre in Paris, ohne einer regelmäßigen Tätigkeit nachzugehen. Er verkehrte in homosexuellen Kreisen. Diesen Kreisen gehörten – wie mir aus Vernehmungen bekannt ist – auch mehrere Angehörige der in Paris stark vertretenen deutschen Geheimen Staatspolizei an. Sie hatten eine Verbindung mit den Angehörigen der deutschen Botschaft in Paris. – Das alles geschah noch vor Beginn des deutsch-französischen Krieges circa zehn Monate später. Zwischen dem siebzehnjährigen jungen Grynszpan und dem zwölf Jahre älteren vom Rath bestand eine Verbindung, weil Grynszpan durch vom Rath eine Einreiseerlaubnis nach Deutschland zu erlangen versuchte. Er muß auch sonst Verbindung zu vom Rath gehabt haben, da er ohne weitere Anmeldeformalitäten diesen in der Botschaft aufsuchen konnte. In der Zwischenzeit ist aber durch Untersuchungen bekannt geworden, daß vom Rath selbst homosexuellen Kreisen angehörte. Er war sogar erst kürzlich wieder nach Paris gefahren, nachdem er mehrere Monate vorher in Deutschland in einer Praxis für Geschlechtskrankheiten behandelt worden war. Die Aussagen der jüdischen Ärztin liegen vor.

Den Versuchen, die Tat des erregbaren jungen Grynszpan gegen den Legationssekretär vom Rath als Attentat des »Weltjudentums« gegen das Dritte Reich hochzuspielen, fehlt also jede Begründung. Ob der erregbare junge Grynszpan durch Naziagenten manövriert wurde, ist eine weitere Frage. War es doch das Geschäft nationalsozialistischer Agenten, überall in Europa Schandtaten auszuarbeiten und dafür fremden Staaten die Schuld aufzubürden. Wir wissen aus den Akten, daß ein Beauftragter des Auswärtigen Amtes vor der Übernahme Danzigs 1939 nach Berlin telegrafierte: Das Auffinden von (polnischen) Waffenlagern ist bereits gesichert. Der Überfall auf den deutschen Sender in Gleiwitz war 1939 durch deutsche Agenten vorgenommen worden. Und deutsche Agenten hatten in der Slowakei deutsche Automobile in Brand gesteckt, um slowakische Schandtaten zu beweisen.

Das Pariser Attentat vom 7. November 1938 hatte also nichts mit einer weltweiten Aktion des Judentums zu tun. Trotzdem versuchte das Auswärtige Amt mit Hilfe des von ihm bezahlten juristischen Mitarbeiters Rechtsanwalt Professor Friedrich Grimm einen Schauprozeß vor dem Reichsgericht in Leipzig zu inszenieren. Man war bereits mit den Leipziger und anderen Behörden in Verbindung getreten, hatte Zeugen gesucht und so weiter. Ich habe Grimm in Nürnberg 1947 ausführlich vernommen. Mehrere Beamte des Auswärtigen Amtes wurden für dieses Vorhaben eingespannt. Es kam jedoch nicht zu einem Prozeß, da der Staatssekretär im Propagandaministerium, Leopold Gutterer, unter Rückendeckung von Goebbels seine Kollegen von diesem Vorhaben abbrachte mit dem energischen Hinweis: Wir würden in einem Prozeß uns furchtbar blamieren, wenn dabei die Wahrheit herauskäme.

Trotzdem wurde Ernst vom Rath als Opfer jüdischer Rache

auf seinem Sterbebett noch zum Legationsrat befördert. Grynszpan wurde nach Kriegsanfang nach Deutschland überführt. Er war jahrelang im Konzentrationslager Sachsenhausen, wo er verstarb. Das Datum und die Ursache seines Todes wurden niemals bekanntgegeben. Seine Eltern sagten im Eichmann-Prozeß in Jerusalem aus.

Die politischen Folgen des Pariser Attentats wurden bereits im November 1938 weltbekannt. Äußerlich war es die sogenannte Kristallnacht; auf gut Deutsch: Die fast völlige Beraubung des noch vorhandenen jüdischen Vermögens. Die Hauptbeteiligten waren das Reichssicherheitshauptamt, das Reichsfinanzministerium unter dem Minister Lutz Schwerin von Krosigk und Hermann Göring als Generalbevollmächtigter des Vierjahresplanes. Andere Behörden waren auf ihren Zuständigkeitsgebieten gleichfalls tätig. Viele bereits jahrelang vorbereitete Raubpläne wurden in die Tat umgesetzt. In die Deportationslager durfte kaum ein Jude wesentliches Eigentum mitnehmen. Was dort noch »übrig« blieb, fand ich in den Kisten und Kästen der Reichsbankfiliale in Frankfurt am Main nach dem Kriege, ausgebrochene Goldzähne und andere persönliche Wertgegenstände. Die Ausreise von Juden ins Ausland war seit 23. Oktober 1941 nicht mehr erlaubt. Das waren die äußeren Folgen der Kristallnacht, die seit Jahren vorbereitet waren. Das Finale war die »Endlösung der Judenfrage«. Das Protokoll vom 20. Januar 1942, aufgrund dessen der Mordplan organisiert wurde, haben meine Mitarbeiter und ich in den Akten des Ribbentrop'schen Auswärtigen Amtes entdeckt. Es befindet sich heute wieder im Geheimarchiv des Auswärtigen Amtes: Eines der schrecklichsten Dokumente des Zweiten Weltkrieges.

II. Analysen

ULRICH KLUG

Erlaubnis zum Mord

Justiz und Judenverfolgung

Wenn man heute jemanden fragt, ob während der Nazizeit Mord erlaubt war, dann wird eigentlich recht schnell gesagt: Ja, so war es. Aber so ganz genau hat man das vielleicht doch nicht reflektiert. Denn ausgesagt ist ja mit einer solchen These, daß etwas so Unmenschliches wie der Mord nach der geltenden Rechtsauffassung erlaubt war.

Und wie ist es mit der Rechtsauffassung in unserem Jahrhundert, das nun langsam ausklingt, bestellt? Wie war es mit der Rechtsauffassung im Jahrhundert davor bestellt? Auf diese geschichtliche Entwicklung kann und soll jetzt hier natürlich nicht näher eingegangen werden. Es sei lediglich versucht, eine Juristenassoziation, eine Erinnerung an bedeutende Juristen zu präsentieren.

Es ist eigenartig – und die Juristen haben das manchmal vergessen, manchmal berufen sie sich aber auch mit Vergnügen darauf –, daß es wichtige Persönlichkeiten in unserer Kultur gibt, bei denen man nicht zuerst daran denkt, daß sie Juristen waren. Genannt seien hier nur vier, um auch einen gewissen zeitlichen Abstand charakterisieren zu können, nämlich Goethe, E. T. A. Hoffmann, Eichendorff und – ein Rechtsphilosoph – Kant. Sie waren etwa so um 1800 herum aktiv tätig oder gerade geboren; jedenfalls sind sie charakterisierend für das Ende des 18. und den Beginn des 19. Jahrhunderts.

Der Gedanke, der dieser Assoziation zugrundeliegt, ist der folgende: Was war das damals für eine Rechtskultur – ohne juristische Einzelheiten kennen zu müssen –, bei der diese integren Persönlichkeiten Juristen waren? Kann das eine Rechtskultur gewesen sein, in der ein Mord erlaubt sein konnte? Natürlich nicht! Und wenn die Nationalsozialisten Morde erlaubt haben und zwar von »Rechts« wegen, dann ist das ein ungeheurer Bruch in der Rechtskultur. Die These, daß von Anfang an durch die Nationalsozialisten Morde erlaubt wurden, bedarf einer etwas konkreteren Begründung als die, daß sich später millionenfacher Mord, der offensichtlich erlaubt war, beobachten ließ. Von Anfang an war nach der nationalsozialistischen perversen Rechtsauffassung politischer und rassistischer Mord erlaubt. Das begann mit einer Verordnung des Reichspräsidenten Hindenburg. Und zwar einer Verordnung, die am 21. März 1933 erlassen wurde und aus der hier zitiert wird. Zunächst einmal ist ihr provozierender Name zu nennen: *»Verordnung des Reichspräsidenten über die Gewährung von Straffreiheit«* Und dann heißt es im § 1 dieser in der modernen Rechtsgeschichte sensationellen Verordnung, die schon wenige Wochen nach dem Beginn der Hitlerdiktatur erlassen wurde (RGBl I 134):

§ 1

Für Straftaten, die im Kampfe für die nationale Erhebung des Deutschen Volkes, zu ihrer Vorbereitung oder im Kampfe für die deutsche Scholle begangen sind, wird Straffreiheit nach Maßgabe der folgenden Bestimmungen gewährt.

Rechtsstaats- und verfassungswidrig heißt es dann weiter:

§ 2

Strafen, die beim Inkrafttreten dieser Verordnung rechtskräftig erkannt und noch nicht verbüßt sind, werden erlassen.

Der Straferlaß erstreckt sich auf Nebenstrafen und Sicherungsmaßnahmen, soweit sie noch nicht vollstreckt sind, auf gesetzliche Nebenfolgen, auf rückständige Geldbußen, die in die Kasse des Reichs oder der Länder fließen, und auf rückständige Kosten.

Ist auf Einziehung oder Unbrauchbarmachung erkannt, so behält es dabei sein Bewenden.

§ 3

Anhängige Verfahren werden eingestellt, wenn die Tat vor dem 21. März 1933 begangen ist; neue Verfahren werden nicht eingleitet.

Nach einigen Regelungen von hier nicht wesentlichen Einzelheiten bei Gesamtstrafen usw. schließt die Verordnung mit den §§ 6 und 7:

§ 6

Die Verordnung findet auf die zur Zuständigkeit der Gerichte des Reichs und der Länder gehörenden Strafsachen Anwendung.

§ 7

Die Verordnung tritt mit dem auf die Verkündung folgenden Tage in Kraft.
Berlin, den 21. März 1933.

Der Reichspräsident
von Hindenburg
Der Reichskanzler
Adolf Hitler
Der Reichsminister des Innern
Frick
Für den Reichsminister der Justiz
Der Stellvertreter des Reichskanzlers
von Papen

Das war eine Verordnung, die an ganz konkrete und zwar in dem damaligen Bewußtsein dieses Landes gegenwärtige Straftaten, vor allem an Morde, anknüpfte, die vor 1933 in rechtsstaatlich korrekten Schwurgerichtsprozessen abgeurteilt worden waren. Es wurden also Morde nachträglich für erlaubt erklärt. Man muß in diesem Zusammenhang bedenken, daß hier ein Reichspräsident handelte, der damit erkennbar für alle, die das Geschehen bewußt beobachteten, seinen Reichspräsidenteneid gebrochen hat – allein schon durch diese Verordnung. Er hat den Eid noch mehrfach gebrochen, wie sich nachweisen läßt. Es ist aber vielleicht gut, daß gerade in diesem Zusammenhang einmal hingewiesen wird auf ein so kriminelles Verhalten, wie es der Erlaß dieser Straffreiheitsverordnung darstellt. Im Hinblick hierauf sollte man jedesmal Bedenken bekommen, wenn man auf eine der vielen Hindenburg-Straßen in unserem Lande trifft.

Alle Unterzeichner dieser Verordnung wußten, daß eine solche Straffreiheitsverordnung der Weimarer Verfassung widersprach, die eine exakt rechtsstaatliche Verfassung gewesen ist. Durch diesen Rechtssetzungsakt, der in Wahrheit Unrecht normierte, ist jenes schreckliche Tor aufgestoßen worden, das auf den Weg zu den tausend- und schließlich millionenfachen Morden führt, die von den Nationalsozialisten zu verantworten sind.

Diese Straffreiheits-Verordnung, die so schnell nach der ›Machtergreifung‹ erlassen wurde, war ein Dammbruch. Ihm folgten rasch weitere Ereignisse, die für den sich steigernden Rechtsverfall kennzeichnend sind. Da ist zunächst einmal hinzuweisen auf das *»Gesetz über den Neuaufbau des Reichs«* vom 30.1.1934 (RGBl I 75) mit seiner heuchlerischen Präambel und dem dramatischen Artikel 4. Es lautet kurz und drastisch:

Die Volksabstimmung und die Reichstagswahl vom 12. November 1933 haben bewiesen, daß das deutsche Volk über alle innenpolitischen Grenzen und Gegensätze hinweg zu einer unlöslichen, inneren Einheit verschmolzen ist.
Der Reichstag hat daher einstimmig das folgende Gesetz beschlossen, das mit einmütiger Zustimmung des Reichstags hiermit verkündet wird, nachdem festgestellt ist, daß die Erfordernisse verfassungsändernder Gesetzgebung erfüllt sind.

Artikel 1

Die Volksvertretungen der Länder werden aufgehoben.

Artikel 2

(1) Die Hoheitsrechte der Länder gehen auf das Reich über.
(2) Die Landesregierungen unterstehen der Reichsregierung.

Artikel 3

Die Reichsstatthalter unterstehen der Dienstaufsicht des Reichsministers des Innern.

Artikel 4

Die Reichsregierung kann neues Verfassungsrecht setzen.

Artikel 5

Der Reichsminister des Innern erläßt die zur Durchführung des Gesetzes erforderlichen Rechtsverordnungen und Verwaltungsvorschriften.

Artikel 6

Dieses Gesetz tritt mit dem Tage der Verkündung in Kraft.

Berlin, den 30. Januar 1934.

Der Reichspräsident
von Hindenburg
Der Reichskanzler
Adolf Hitler
Der Reichsminister des Innern
Frick

Auch dieses Gesetz hat Hindenburg zusammen mit Hitler unterschrieben. Eine so krasse Veränderung eines ehemaligen Rechtsstaats, wie sie vor allem im Artikel 4 mit seiner Globalermächtigung zur Verfassungsänderung zum Ausdruck kommt, ist in der modernen deutschen Rechtsgeschichte einmalig. Sie bahnte den Weg zu der historisch vielleicht auch unter Nichtjuristen bekannten Gesetzgebung nach jenen Morden, die von NS-Einheiten anläßlich einer innerparteilichen Auseinandersetzung vom 30. Juni 1934 begangen wurden, und unter deren Opfern sich auch demokratische Politiker befanden. Es wurde am 3. Juli 1934 (RGBl I 329) erlassen und lautete mit seinem »einzigen Artikel«:

Gesetz über Maßnahmen der Staatsnotwehr.
Vom 3. Juli 1934.

Die Reichsregierung hat das folgende Gesetz beschlossen, das hiermit verkündet wird:

Einziger Artikel

Die zur Niederschlagung hoch- und landesverräterischer Angriffe am 30. Juni, 1. und 2. Juli 1934 vollzogenen Maßnahmen sind als Staatsnotwehr rechtens.

Berlin, den 3. Juli 1934.

Der Reichskanzler
Adolf Hitler
Der Reichsminister des Innern
Frick
Der Reichsminister der Justiz
Dr. Gürtner

Dieses Gesetz ging davon aus, daß der Staatsdiktatur in ihren leitenden Persönlichkeiten ein unkontrolliertes Recht zusteht. Und daraus hat der führende Staatsrechtler der Nationalsozialisten, der in Berlin Professor war, Carl Schmitt – Staatsrat wurde er bei den Nazis, ihr Kronjurist war er – die These entwickelt: Grundlage des geltenden deutschen Rechts jener Jahre sei das Prinzip, daß der Führer immer recht habe und außerhalb einer übergeordneten rechtlichen Kontrolle steht. Zahlreiche Morde wurden damit erlaubt.[1]

Zur Erleichterung des Erreichens dieses Zieles war schon kurz zuvor durch ein *Gesetz vom 24. 4. 1934* (RGBl I 341) ein neuer Vernichtungsapparat – der *»Volksgerichtshof«* – geschaffen worden, weil das Reichsgericht – das höchste Strafgericht nach der Weimarer Justizstruktur – nach der Auffassung Hitlers und seiner Komplizen zu lasch war. Hinsichtlich der Erlaubnis zum Morden war also schon im Jahr 1934 alles erreicht, was die Pogrome 1938 und dann später den Holocaust ermöglichte. Das Verhängnisvolle an dieser Entwicklung ist, daß die Morde, die in der Nacht vom 9. zum 10. November 1938 begangen wurden, schon seit 1934 so vorgezeichnet waren, daß sie zwangsläufig kommen mußten. Ein Regime, das sich schon 1933 und 1934 so fest in der Kriminalitätsförderung verankerte, das hatte keine Hemmungen mehr, die Mordpraxis innerhalb und außerhalb der Konzentrationslager immer weiter auszubreiten. Ein willfähriges Instrument für diese Stoßrichtung war der Volksgerichtshof, der nach einer zutreffenden, aber viel zu späten *Entschließung des Deutschen Bundestages vom 25. 1. 1985* – übrigens einer Entschließung aller Parteien – als ein »Terrorinstrument zur Durchsetzung der nationalsozialistischen Willkürherrschaft« charakterisiert worden ist.

Der Volksgerichtshof war also nicht einfach ein neu eingerichtetes Gericht, sondern ein neues Werkzeug, um die Morderlaubnis unter der Maske angeblich ordentlicher Justiz intensiver praktizieren zu können. Zutreffend wurde im Nürnberger Juristenurteil in bezug auf die Nazi-Justiz, und zwar nicht nur hinsichtlich des Volksgerichtshofes, der oft zitierte, wichtige Satz geprägt: »Der Dolch des Mörders war unter der Robe des Juristen verborgen.«[2] Beschämend ist es, daß von den Mördern in der Robe des Volksgerichtshofes, die mehr als 5000 Todesurteile gefällt haben, kein Richter nach 1945 jemals verurteilt wurde. Lediglich ein Ankläger am Volksgerichtshof – der Oberreichsanwalt Ernst Lautz – ist bestraft worden – und dies durch ein amerikanisches Gericht in Nürnberg.

Ebenso zeichnete sich die Entwicklung des Modells der erlaubten Morde – wenn auch zunächst nur mittelbar – bereits drei Jahre vor den Pogromen von 1938 im Erlaß der Rassismusgesetze ab. Durch das *»Reichsbürgergesetz«* und durch das *»Gesetz zum Schutze des Deutschen Blutes«* – beide vom 15.9.1935 (RGBl I 1146) und beide oft als »Nürnberger Gesetze« zusammengefaßt –, in denen radikale Entrechtungen der Juden dekretiert worden waren, wurden Hemmschwellen abgebaut. Der entscheidende Paragraph 2 im »Reichsbürgergesetz« setzte fest, daß Reichsbürger nur Staatsangehörige »deutschen oder artverwandten Blutes« sein können. Und die Erlaubnis zum Mord geht dann in indirekter Weise insbesondere aus dem »Gesetz zum Schutze des deutschen Blutes und der deutschen Ehre« hervor. Man vergegenwärtige sich zunächst die Präambel des »Blutschutzgesetzes« mit ihren Formulierungen, die – teils mittelbar, teils unmittelbar – in primitive, vorgeschichtliche Hordenbilder zurückfallen:

> »Durchdrungen von der Erkenntnis, daß die Reinheit des deutschen Blutes die Voraussetzung für den Fortbestand des deutschen Volkes ist, und beseelt von dem unbeugsamen Willen, die Deutsche Nation für alle Zukunft zu sichern, hat der Reichstag einstimmig das folgende Gesetz beschlossen, das hiermit verkündet wird: ...«

Die gleiche Primitivität spiegelt sich dann im Straftatbestand der »Rassenschande« in § 5 des Gesetzes:

> »Der Mann, der dem Verbot des § 2 (sc. wo der außereheliche Verkehr zwischen Juden und ›Staatsangehörigen deutschen oder artverwandten Blutes‹ verboten worden ist) zuwiderhandelt, wird mit Gefängnis oder Zuchthaus bestraft.«

Die nationalsozialistische Literatur hat dann noch feine Unterschiede gefunden. Ein solcher Mann konnte ja auch ein im Sinne der Nazi-Terminologie arischer Mann sein. Und während man das Delikt des jüdischen Täters Rassen*schande* nannte, nannte man das Delikt des nicht-jüdischen Täters, denn immer sind nur die Männer gemeint nach diesem düsteren Konzept, Rassen*verrat*. Der arische Mann hatte seine Rasse verraten, und der jüdische Mann hatte die arische Rasse geschändet. Die Perversion solcher Regelungen wird durch solche »Sprachschöpfungen« besonders deutlich. Als Strafe war »nur« eine Freiheitsstrafe vorgesehen. Und dennoch führte von diesem Gesetz zum erlaubten Mord ein kurzer Weg, denn verurteilte Juden wurden aus dem normalen Vollzug – also aus den Gefängnissen oder Zuchthäusern – alsbald der SS »überstellt«, kamen in Konzentrationslager und wurden dort als besonders gehaßte Opfer in Kürze ermordet.

Zu den Pogromen im November 1938 war nach dieser Entwicklung der Schritt nicht mehr weit. Gedenkt man der Ereignisse am 9. und 10. November jenes Jahres, wird man zunächst an das barbarische Niederbrennen der Synagogen und das Zerstören jüdischer Geschäfte erinnert. Indessen waren der fanatische Rassenhaß und die Vorstellung, der Judenmord sei erlaubt, bereits so gefestigt, daß es im Zusammenhang mit den Pogromen jener Tage zu mehr als 90 Morden gekommen war, wie aus einem Bericht des »Obersten Parteirichters« Walter Buch vom 13. 2. 1939 an Hermann Göring hervorgeht. Dabei sind die Morde an den am 9. und 10. 11. 38 in die Konzentrationslager Verschleppten nicht mitgezählt. Bestraft wurden diese Morde nicht. Sie kamen nicht vor die Schranken der ordentlichen Gerichte, sondern vor die Parteigerichtsbarkeit.

Dadurch wurde die Straffreiheit sichergestellt. In dem erwähnten Bericht heißt es dann im letzten Absatz wörtlich:

»Der Bericht über das bisherige Ergebnis der Verfahren wird vorgelegt einmal, weil die polizeilichen Ermittlungen in den übrigen (insgesamt 91) Fällen von Tötungen noch nicht abgeschlossen sind, zum anderen, weil das bisherige Ergebnis – was insbesondere Beweggründe und Zusammenhänge betrifft – einen Ausschnitt und Überblick geben dürfte, in Sonderheit aber, weil der Senat künftig davon absehen möchte, Verfahren wegen Tötungen von Juden im Rahmen der Aktion vom 9. 11. 38 überhaupt durchzuführen, wenn nicht aufgrund der polizeilichen Ermittlungen der Verdacht besteht, daß eigennützige oder verbrecherische Beweggründe vorliegen. Der Inhalt dieses Berichts begründet diese Auffassung. Darüber hinaus hat die letzte Hauptverhandlung in der Sache Schenk ergeben, daß der erste bekanntgewordene Fall der Tötung eines Juden, und zwar des polnischen Staatsangehörigen, dem Reichspropagandaleiter Pg. Dr. Goebbels am 10. 11. 1938 etwa gegen 2 Uhr gemeldet und dabei der Auffassung Ausdruck gegeben wurde, daß etwas geschehen müsse, um zu verhindern, daß die ganze Aktion auf eine gefährliche Ebene abglitte. Pg. Dr. Goebbels hat nach der Aussage des stellvertretenden Gauleiters von München-Oberbayern sinngemäß darauf geantwortet, der Melder solle sich wegen eines toten Juden nicht aufregen, in den nächsten Tagen würden Tausende von Juden daran glauben müssen. In diesem Zeitpunkt hätten sich die meisten Tötungen durch eine ergänzende Anordnung noch verhindern lassen. Wenn dies nicht geschah, so muß aus dieser Tatsache wie aus der Äußerung an sich schon der Schluß gezogen werden, daß der schließliche Erfolg gewollt, mindestens aber als möglich und erwünscht in Rechnung gestellt wurde. Dann hat aber der einzelne Täter nicht nur den vermeintlichen, sondern den zwar unklar zum Ausdruck gebrachten, aber richtig erkannten Willen der Führung in die Tat umgesetzt. Dafür kann er nicht bestraft werden.«[3]

Um das immer wieder erneut abschreckende Bild der erlaubten Morde noch einmal überdeutlich zu vergegenwärtigen, seien abschließend Auszüge aus einem Bericht über einen besonders schwerwiegenden Pogrom-Mord, der in den Vormittagsstunden des 10. Novembers 1938 an der 81jährigen Jüdin Susanna Stern in Eberstadt begangen wurde, im Wortlaut wiedergegeben. Der Täter, ein Ortsgruppenleiter der NSDAP hat zu Protokoll des Amtsgerichts Buchen am 10. 11. 1938 u. a. ausgesagt, nachdem er zunächst geschildert hatte, wie er morgens um 6 Uhr von seinem Kreisleiter fernmündlich angewiesen worden sei, »eine Aktion gegen die Juden in Eberstadt durchzuführen«[4]:

> »Der Kreisleiter erklärte mir, ich könne mit den Juden machen, was ich wolle, nur dürfe es zu keinem Hausbrand und zu keinen Plünderungen kommen.«

Über die »Aktion« selbst berichtet der Täter sodann:

> »Hierauf begaben wir uns in das Haus der nunmehr getöteten Susanna Stern. In meiner Begleitung befanden sich der für dieses Haus zuständige Zellenleiter A. V., Landwirt in Eberstadt, der Kassenleiter C. D. in Eberstadt und der SA-Truppenführer E. F., Schreiner in Eberstadt.
> Ich habe zunächst an der Haustüre geklopft. Hierauf schaute die Witwe Stern zunächst durch das links neben der Haustüre liegende verschlossene Fenster. Ich habe der Stern dann gesagt, sie solle die Türe öffnen. Es dauerte etwa 3–4 Minuten, bis uns von der Frau Stern die Haustüre geöffnet wurde. Als mich Frau Stern dann vor der Türe stehen sah, lächelte sie mich herausfordernd an, indem sie sagte: »Schon hoher Besuch heute morgen.« Ich habe darauf nichts erwidert. Frau Stern drehte sich um und ging in ihr Zimmer. Ich bin ihr auf dem Fuß gefolgt bis zur Türschwelle. Ich habe nun die Stern aufgefordert, sich einmal anzuziehen. Sie ist zunächst aber nur im Zimmer herumgelaufen und hat meine Aufforderung lächelnd abgelehnt. Nach etwa 2 Minuten hat sie sich in die Mitte des rechts neben der Eingangstür zum Wohnzimmer stehenden Sofas ge-

setzt, worauf ich sie frug, ob sie sich nicht anziehen und meiner Aufforderung nicht Folge leisten wolle. Die Stern sagte mir darauf, sie ziehe sich nicht an und gehe auch nicht mit uns, wir könnten machen, was wir wollten. Wir haben nämlich beabsichtigt, die Stern mit ins Rathaus zu nehmen, wohin wir sie aber mitnehmen wollten, haben wir der Getöteten nicht gesagt.
Die Stern hat nun erklärt, wenn wir was von ihr wollten, sollten wir die Gendarmerie holen. Dabei hat sie aber wiederholt betont, daß sie sich nicht anziehe und nicht mitgehe. Ich habe ihr hierauf erklärt: »Ich sage Ihnen jetzt, ziehen Sie sich jetzt an und gehen Sie mit.« Sie hat darauf wieder erklärt: »Ich gehe nicht aus meinem Haus heraus, ich bin eine alte Frau.« Hierauf sagte ich ihr, mir sei bekannt, daß sie noch jeden Tag im Dorf herumlaufe und in ihren Krautgarten gehe. Ihre Weigerung, das Haus zu verlassen, sei unbegründet.
Ich habe nunmehr meine Dienstpistole aus der rechten Hosentasche genommen. Die Pistolentasche hatte ich dem Propagandaleiter N. O., hier, ausgehändigt, bevor wir in das Haus der Steinhardts gegangen sind. Von diesem Zeitpunkt ab trug ich die Pistole in der Hosentasche. Ich wollte nicht am frühen Morgen mit der Pistolentasche am Koppel herumlaufen und wollte jedes Aufsehen vermeiden. Insbesondere wollte ich auch nicht mit der umgeschnallten Pistolentasche zu Juden hingehen.
Nachdem ich die gesicherte Dienstpistole aus der Hosentasche genommen habe, habe ich die Frau noch 5–6 Mal aufgefordert, aufzustehen und sich anzuziehen. Darauf hat mir die Stern laut und frech und höhnisch ins Gesicht geschrien, ich stehe nicht auf und ziehe mich nicht an, machen Sie mit mir, was Sie wollen. In dem Augenblick, als die Frau Stern rief, machen Sie mit mir, was Sie wollen, habe ich den Sicherungsflügel der Pistole herumgedrückt und den ersten Schuß auf die Frau Stern abgegeben.
Bei der Abgabe des ersten Schusses stand ich ungefähr 10 cm von der Türschwelle entfernt. Ich habe die Pistole nach der Brust der Getöteten zielend gerichtet. Auf den er-

sten Schuß ist die Stern auf dem Sofa in sich zusammengesunken. Sie hat sich nach rückwärts gelehnt und mit beiden Händen an die Brust gegriffen. Ich habe nun unmittelbar danach den zweiten Schuß auf sie abgegeben, und zwar diesmal nach dem Kopf zielend. Die Stern ist darauf von dem Sofa gerutscht und hat sich dabei gedreht. Sie lag alsdann unmittelbar vor dem Sofa, und zwar den Kopf nach links, den Fenstern zugewandt. In diesem Augenblick hat die Stern noch Lebenszeichen von sich gegeben. Sie hat in kurzen Abständen geröchelt und wieder ausgesetzt. Geschrien und gesprochen hat die Stern nicht. Mein Kamerad C. D. hat nun den Kopf der vor dem Sofa liegenden Stern gedreht, um nachzuschauen, wo der Schuß getroffen hat....
Damit ich aber ganz sicher war, daß die Stern tot ist, habe ich auf die Daliegende in einer Entfernung von ungefähr 10 cm einen Schuß in die Mitte der Stirn abgefeuert.«

In der Meldung der Gendarmarie-Abteilung Buchen vom 10. 11. 38 heißt es, bei dem Täter handele es sich »um einen anständigen und arbeitssamen Burschen, der einen soliden Lebenswandel und einen guten Ruf in der Gemeinde genießt«. Zur Person der ermordeten Witwe Stern heißt es in diesem Bericht dagegen: »Bei der Jüdin Stern handelt es sich um eine vorlaute und als bekannt (sic!) freche Jüdin. Es erscheint absolut glaubhaft, daß sie dem Ansuchen des Ortsgruppenleiters (sc. des Täters), mitzukommen, in echt jüdischer Weise äußerst frech entgegengetreten ist.«[5]

Das zunächst eingeleitete Strafverfahren gegen den Mörder wurde eingestellt. – Erlaß des Reichsministers der Justiz – III g 10b–286/399 – vom 10. 10. 1940. Der Täter hat 1951 Selbstmord begangen.

An diesen und vielen anderen Fällen kann gezeigt werden, daß die Erlaubnis zum Morden im Bewußtsein fanatisierter Nationalsozialisten offensichtlich tief verankert war. Und sicherlich berechtigt ist die Feststellung, daß die Mitschuld der diese Morde nicht verfolgenden und sie damit erlaubenden Justiz unter Hitler unbestreitbar ist. Zu prüfen bleibt, zu welchen rechtlichen Folgerungen diese erschütternde Kumpanei führen kann und muß, – nicht aus damaliger, sondern aus heutiger Sicht.

Soviel zu diesem Thema. Es ist gedanklich fortzusetzen zu den späteren Millionenmorden. Aber diese Fortsetzung ist nicht mehr der Gegenstand dieses Textes.

WOLFGANG GERLACH

Als die Zeugen schwiegen

Bekennende Kirche und die Juden

I. Als die Zeugen schwiegen. Die Kirche vor der »Judenfrage« (1933–1945)

Die Fakten liegen auf dem Tisch. Die Zeitzeugen, die in den ersten 20 Jahren nach dem Kriege dafür sorgten, wenigstens die Bekennende Kirche (BK) mit heiler Haut und in guter Verfassung erscheinen zu lassen, sind tot. W. Niemöller notierte trotz hervorragender Kenntnis der Aktenlage: Die Bekennende Kirche habe in Sachen des »Arierparagraphen« »eine feste Stellung bezogen« und sei »an dieser Stelle niemals weichgeworden«.[1] In kritischer Betrachtung der nach dem Kriege gängigen Beurteilung und Selektion der Akten vermerkt Karl Kupisch, es sei »merkwürdig, daß auch die ersten Dokumentensammlungen nur den ›Widerstand‹ und die ›Stärke‹ (scil. der Bekennenden Kirche) bekräftigen«.[2]

An die Stelle der Zeitzeugen sind die Zeitgeschichtler getreten, die es leichter haben im Enthüllen auch der z. T. peinlichen Äußerungen von Professoren und Bischöfen in Synodalprotokollen und Briefliteratur.

Aus der Fülle vorliegender Dokumente zitiere ich einige Beispiele kirchlich-theologischer Verlautbarungen, die das Klima und den Geist des Protestantismus aller Couleur widerspiegeln. Katheder, Kanzeln und Synoden sind gerade im Jahre 1933 herausgefordert gewesen, Stellung zu beziehen zu den Juden aus Anlaß der von den Deutschen Christen geforderten Einführung des Arierparagraphen in die Kirche. So würzte der schwäbische Theologieprofessor Adolf Köberle 1933 eine Predigt mit allen Ingredienzien klassischer Hetze gegen den »säkularen Juden«:

> »Überall, wo es etwas zu zersetzen gibt, zu zerstören gilt, heiße es Ehe und Familie, Vaterlandsliebe oder christliche Kirche, Zucht und Ordnung, Keuschheit und Anstand, überall, wo es etwas zu gewinnen gibt, da ist er dabei, da ist er vorne dran mit geistreich witzelndem Spott, mit klug geschäftiger Begabung, mit zäh wühlender Energie. Ein atheistischer Mensch wirkt immer zerstörend; aber nirgends wirkt sich die verderbliche Kraft dieser Haltung so verheerend aus wie bei einem jüdischen Menschen, der sein reiches alttestamentliches Erbgut verschleudert hat und unter die Schweine gegangen ist.«[3]

Kirchenleitende Schützenhilfe bot das österliche Sendschreiben des Generalsuperintendenten Otto Dibelius an seine Pfarrer in der Kurmark – wenige Tage nach dem Boykott jüdischer Geschäfte vom 1. April 1933:

> »Für die letzten Motive, aus denen die völkische Bewegung hervorgegangen ist, werden wir alle nicht nur Verständnis, sondern volle Sympathie haben. Ich habe mich trotz des bösen Klanges, den das Wort vielfach angenommen hat, immer als Antisemiten gewußt. Man kann nicht verkennen, daß bei allen zersetzenden Erscheinungen der modernen Zivilisation das Judentum eine führende Rolle spielt.«[4]

Zwei berühmt gewordene Gutachten kennzeichnen die theologische Landschaft des Jahres 1933: Die Marburger evangelisch-theologische Fakultät (hier besonders durch Rudolf Bultmann und Hans v. Soden vertreten) argumentiert neutestamentlich: das Evangelium sei universal allen Völkern und Rassen zu predigen und mache im übrigen die Getauften zu Brüdern, die unausgrenzbar seien. Eine Rechtsungleichheit sei deshalb aus rassischen oder völkischen Begründungen ebenso auszuschließen wie eine Trennung. Gleichwohl haben selbst die Marburger nur die Judenchristen im Auge.

Die theologische Fakultät der Universität Erlangen, allein unterzeichnend durch die Professoren Althaus und Elert, räumte zwar ein, daß »kein Mensch aus der Kirche ausgeschlossen werden« dürfe angesichts der universalen Geltung des Evangeliums. Indes hebe »die allgemeine Gotteskindschaft die biologischen und gesellschaftlichen Unterschiede nicht auf. Die biologische Bindung an ein bestimmtes Volk, der wir schicksalhaft nicht entrinnen können, ist vom Christen mit Gesinnung auch anzuerkennen«.[4a]

In Rekurs auf das NS-Vokabular eines das »Volkstum« erst definierenden Rassismus reden die Erlanger einer arischen Herrenrasse das Wort und setzen damit nur fort, was sie bereits in den 20er Jahren »wissenschaftlich« erhoben hatten.

Dieses Gebiet theologischer und pseudowissenschaftlicher Diskussion kulminierte in glühenden Ergebenheitsadressen an den »Führer«, wie z. B.: »Zu dieser Wende der Geschichte sprechen wir ein dankbares Ja. Gott hat sie uns geschenkt«, formulierte das Drei-Männer-Kollegium Marahrens, Kapler, Hesse 1933. Und der Bischof Wurm schrieb: »Der Dank für Rettung aus schwerer Gefahr und die Freude darüber, daß der neue Staat in bezug auf die Volksgesundheit Aufgaben anpackt, zu denen wir den Staat der Vor- und Nachkriegszeit vergeblich mahnten, überbrückt auch die Besorgnis, ob nicht die Gleichschaltung ein allzu rasches Tempo anschlage.«[5] Allein Dietrich Bonhoeffer widerstand dieser Verführung. Bereits vor dem Boykott des 1. April 1933 beschäftigte ihn das Thema Kirche und Juden. Als er durch seinen Schwager, den Reichsgerichtsrat Hans v. Dohnanyi, erfuhr, daß für den 7. April eine Nichtariergesetzgebung geplant würde (Gesetz zur Wiederherstellung des Berufsbeamtentums), arbeitete Bonhoeffer seine Thesen noch einmal um. Selber noch stark befangen in einem lutherischen Staatsdenken, das dem Staat in seine Befugnisse nicht hineinzureden empfiehlt, erkannte er gleichwohl die Notwendigkeit zu sofortigem Handeln. Entgegen dem irritierten und verwirrenden Wortschwall, der im Jahre 1933 die evangelischen Kirchen durchzog, sah Bohnhoeffer bereits einen Unrechtsstaat am Werk und in den Juden eines seiner vornehmsten Opfer: »Die Kirche ist den Opfern jeder Gesellschaftsordnung in unbedingter Weise verpflichtet, auch wenn sie nicht der christlichen Gemeinde zugehören.« Sein Blick und Einstehen für *alle* Juden (und nicht nur für die Judenchristen) kann als einzigartig in dieser Zeit bezeichnet werden. Getreu dem urjüdischen Satz des Juden Jesus aus der Bergpredigt »Es werden nicht alle, die zu mir sagen: ›Herr, Herr!‹ in das Himmelreich kommen, sondern die den Willen meines Vaters im Himmel tun« (Mt 7,21), prägte er im Blick auf das christliche Einstehen für die Juden den berühmt gewordenen Satz: »Tut Gutes an jedermann.«

Aus seiner Feder stammt jener Satz, der in die vier bekenntnisartigen Statements der Pfarrernotbunderklärung aufgenommen wurde und der zugleich anzeigt, daß der Kirchenkampf mit der Frage an die Kirche beginnt: Wie hältst du's mit den Juden? Aus der sog. »Judenfrage« war eine Christenfrage geworden, die in der Pfarrernotbunderklärung die Antwort erhielt: »Ich bezeuge, daß eine Verletzung des Bekenntnisstandes mit der Anwendung des Arierparagraphen im Raum der Kirche geschaffen ist.«

Dieser Satz war das Resultat von Bonhoeffers Aufsatz »Die Kirche vor der Judenfrage«, auf den sich jeder Notbundpfarrer verpflichtete. Ein Satz, der bald nur noch Makulatur sein sollte, wiewohl er bis zum Ende des Krieges von der Bekennenden Kirche nicht widerrufen worden ist. Nachdem die »Braune Synode« vom 6.9.1933 Werner Krauses antijüdische Haßtiraden gefeiert und die Wittenbergener Nationalsynode der Deutschen Evangelischen Kirche am 27.9.1933 die von Bonhoeffer und Niemöller entworfene Eingabe vom Tisch gefegt hatte, war Bonhoeffer klar, daß der Widerstand gegen den Arierparagraphen, vor wenigen Wochen noch vollmundig in den status confessionis erhoben, keine Chance auf Akzeptanz hatte. Die angedrohten Amtsniederlegungen fanden nicht statt – man verschob sie »auf Termine, die dann nie kamen«.[6]

Bonhoeffer sah sich vor folgender Alternative: Entweder die Kirche zu verlassen – und von einem ernstlich erwogenen Austritt aus der Kirche hat ihn nicht zuletzt Karl Barth abgehalten, da gerade ein Mann wie er jetzt dringend in der Kirche gebraucht werde –, oder aber als letzte Möglichkeit »nicht nur die

Opfer unter dem Rad zu verbinden, sondern dem Rad selbst in die Speichen zu fallen« (GS II, 58). Er hat sich zu letzterem entschieden. Er ist dem Rad tatsächlich in die Speichen gefallen, kam dabei zugleich zwischen die Räder von Kirche und Staat und bezahlte sein politisch-konspiratives Mitwirken mit dem Leben.

Der Arierparagraph versackte schließlich in kirchlicher Bürokratie, die am 13. April 1934 im »Kirchengesetz zur Befriedung der Kirchlichen Lage« feststellte: »Die Außerkraftsetzung der Außerkraftsetzung wird außer Kraft gesetzt.«

Inzwischen liefen die Vorbereitungen für die Synode der Evangelischen Kirche in Barmen. Die Konzentration auf ein Einigungswerk von Reformierten und Lutheranern in der Absage an die Deutschen Christen ließ keinen Spielraum für eine Siebte These, die dem Einstehen für die Juden hätte gelten können. Karl Barth als der Schöpfer der Theologischen Erklärung von Barmen sah damals – so beschwört er brieflich Dietrich Bonhoeffer – den Arierparagraphen noch nicht als so »zentral« an. Das kircheneinigende Bekenntnis sei in diesem Augenblick wichtiger (vgl. GS II, 135). Erst 33 Jahre später, als Barth Bethges Bonhoeffer-Biographie gelesen hatte, schrieb er an Bethge: »Neu war mir vor allem die Tatsache, daß Bonhoeffer 1933ff. als Erster, ja fast Einziger die *Judenfrage* so zentral und energisch ins Auge gefaßt und in Angriff genommen hat. Ich empfinde es längst als eine Schuld meinerseits, daß ich sie im Kirchenkampf... nicht ebenfalls als entscheidend geltend gemacht habe.«[7] Barth erinnert sich sicherlich richtig, wenn er hinzufügt: »Ein Text, in dem ich das getan hätte, wäre freilich 1934 bei der damaligen Geistesverfassung auch der ›Bekenner‹ weder in der reformierten noch in der allgemeinen Synode akzeptabel geworden. Aber das entschuldigt nicht, daß ich damals – weil anders interessiert – in dieser Sache nicht wenigstens in aller Form gekämpft habe.«

Im Jahre 1935 erließ Hitler die Nürnberger Gesetze »zum Schutze des deutschen Blutes und der deutschen Ehre«, – »das teuflischste Gesetzeswerk, das die Geschichte Europas kennt«.[8] Zwei Wochen später schwieg die Bekenntnis-Synode von Steglitz zum Erschrecken von Bonhoeffer und seinen Finkenwalder Vikaren zu einer durchaus deutlichen Denkschrift, die Sup. Albertz zusammen mit seiner »nichtarischen« Mitarbeiterin Marga Meusel entworfen hatte. »Den Mund aufzutun für die Stummen« (Bonhoeffer), hatte die Bekennende Kirche auch hier – vielleicht der letzten Möglichkeit – unterlassen.

Danach wurden die Zeiten härter. Das Selbstbewußtsein von Staat und Partei wuchs mit der erfolgreichen Außenpolitik Hitlers. Seit 1. Juli 1937 saß Martin Niemöller als Hitlers persönlicher Häftling im Zuchthaus ein. Damit war der BK ein empfindlicher Schlag versetzt. Von nun an kämpfte die BK mehr und mehr verständlicherweise um ihren eigenen Bestand und hatte alle Mühe, sich in Einzelfällen der »nichtarischen« Christen anzunehmen.

Am 9. November 1938 brannten die Synagogen, und die Kirche verstummte aus Lähmung und verständlicher Angst. Die Parteizentralen waren erstaunt, wie gut die Generalprobe für den letzten, den endgültigen Schlag gegen die Juden klappte. Allerdings mußte der »Stürmer« einräumen, daß es mit dem »aufgebrachten und spontanen Volkszorn« nicht so weit her war: »Es gab so manche Frauen und Männer, die ganz plötzlich von einem unbegreiflichen Mitleid für das jüdische Verbrechervolk erfaßt wurden. Es gab so manche Männer und Frauen, die kein Verständnis aufbrachten für den gerechten Zorn des Volkes« (Nr. 48, Dez. 1938, S. 1 f.). Und auch dies gab es:

> »In einem Orte Westdeutschlands hat eine Gruppe von SS-Leuten mit ihrem Sturmführer sich geweigert, die Verbrechen gegen die Juden zu begehen, zu denen sie kommandiert waren. In dem betreffenden Ort blieben deshalb die Juden von dem Pogrom verschont.«[9]

Der »Reichskristallnacht« (eine Wortschöpfung der Berliner, die, das Werk der Nazis durchschauend, ein ironisches Wortungetüm erfanden, das die Lüge der Nazis ebenso enthält wie die decouvrierte Wahrheit. Wie gut gelungen diese Wortschöpfung war, zeigt, daß die meisten Menschen bis heute dieses Wort für eine Nazi-Kreation halten. Antisemitischer Zynismus wird hier sprachlich deckungsgleich mit enthüllender Erkenntnis. Das ist nach Ernst Bloch »Sklavensprache« in einem totalitären System) – dieser »Kristallnacht« folgten auf kirchlicher Seite höchst unterschiedliche Reaktionen. Ich wähle drei aus: bischöfliche Ergebenheitsadressen an den »Führer«, mutige Predigten einzelner Pfarrer am folgenden Buß- und Bettag und schließlich der Beginn persönlicher Hilfsmaßnahmen.

In einem Schreiben an den Justizminister Gürtner konnte Bischof Wurm nicht umhin, einerseits die Terrorakte vom November zu brandmarken, freilich unter ausdrücklichem Hinweis, »daß es kaum einen Stand geben dürfte, der vom spezifisch jüdischen Wesen sich so freigehalten hat... wie der evangelische Pfarrerstand«. Und im übrigen wollte der Bischof »mit keinem Wort dem Staat das Recht (bestreiten), das Judentum als gefährliches Element zu bekämpfen«.[10] Der deutschchristliche Bischof Martin Sasse, Thüringen, gab Ende November 1938 eine Broschüre an seine Pfarrer heraus mit dem Titel »Martin Luther über die Juden: Weg mit ihnen!« Darin pries er den Novemberpogrom als eine ganz besondere Art, Luthers Geburtstag, den 10. November, zu begehen. Sasse stellt den späten Luther als glühenden Antisemiten vor, als »Warner seines Volkes wider die Juden« und zitierte ausführlich aus Luthers Schrift »Von den Juden und ihren Lügen«. Darin empfiehlt Luther, von Zorn und Verzweiflung gepackt über den Widerstand der Juden, sich missionieren zu lassen,

> »daß man ihre Synagogen und Schulen mit Feuer anstecke, daß man auch ihre Häuser desgleichen zerbreche und zerstöre...«.

Und der Generalsekretär des Lutherischen Weltbundes, Dr. Hanns Lilje (späterer Bischof von Hannover) fertigte einen Bericht seiner Amerikareise in diesen Tagen für das Kirchliche Außenamt. Er habe in den USA eine Stellungnahme zu den Kristallnacht-Vorgängen in Deutschland abgelehnt, zumal die Protestveranstaltungen in den Staaten gegen die deutsche Judenpolitik eindeutig in den Händen einer geschickten jüdischen Regie lägen.[11]

An mutigen Predigten von Pfarrern der BK sind besonders

zwei berühmt geworden. Der schwäbische Pfarrer Julius v. Jan, Oberlenningen, bezahlte seine offenen Anprangerungen der NS-Terrorakte mit mehreren Monaten Haft, Mißhandlungen und schließlich Amtsverweis. Sein Bischof, Theophil Wurm, ließ ihn fallen. Helmut Gollwitzer fand eine Sprache, die jedes Mitglied der BK unter seiner Kanzel sofort verstand, ohne daß die Gestapo ihn belangte.[12]

Die später als »Büro Grüber« bekanntgewordene Einrichtung nahm ihren Anfang als Folge der Pogromnacht. In vielen Städten wurden 1942 derartige Hilfsbüros eingerichtet. Ihre Duldung erleichterte das Besorgen von Lebensmittelkarten, Fälschen von Pässen, die Bereitstellung von illegalen Unterkünften usw.

Es setzte jetzt genau die Phase ein, von der schon 1933 Gerhard Kittel in seinem Aufsatz »Die Judenfrage« gesprochen hatte: Kittel hatte dem Staate konzediert, die Juden im Rahmen staatlicher Gesetzgebung gleichsam in die Situation einer Apartheid zu entlassen; gleichzeitig aber forderte er die Christen auf, verfolgten Juden in der Nachfolge des barmherzigen Samariters zu helfen! Die Priorität gab er der staatlichen Judengesetzgebung zur Reinhaltung des deutschen Blutes *vor* aller christlichen Nächstenliebe.[13]

Die Hilfsmaßnahmen kleiner Gruppen, einzelner Christen, besonders von Frauen, sind, wiewohl ungezählt, bisher leider noch nicht genügend untersucht worden. Gleichwohl ändern sie nichts an der Tatsache, daß die Hilfe erst von dem Augenblick einsetzte, wo der staatlich verordnete Antisemitismus als eine den einzelnen Menschen entpersönlichende Ideologie verblaßte angesichts einzelner jüdischer Schicksale. Die wirksame Propaganda vom »zersetzenden Judentum« fiel in dem Augenblick in sich zusammen, als es darum ging, Sternträgern beizustehen, die neben einem im Gottesdienst saßen, Lebensmittelkarten zu stehlen »direkt bei den Bezirksämtern«. Gertrud Staewen organisierte in der Dahlemer Gemeinde eine illegale Fluchthilfe; sie verkleidete verfolgte Frauen in den Prototyp der »deutschen Frau«: sammelte Mutterkreuze. »Das war dann manchmal schon sehr komisch, wenn eine jüdische Jungfrau mit fünf Kindern um den Hals davonfuhr.«[14]

Ab Oktober 1941 rollten die Züge in Richtung Auschwitz, das am 23. September »eröffnet« worden war. Der politische Widerstand war von Anfang an über die Deportationen informiert; und damit hatten bekenntniskirchliche Kreise, soweit sie Kontakt zur Opposition unterhielten, ebenfalls volle Kenntnis. Kurt Gerstein hat (lt. Eberhard Bethge) ca. 100 Personen der BK informiert, auch Dibelius, und niemand wollte ihm über die Vergasungsaktionen Glauben schenken. Einen Monat vor der Wannsee-Konferenz (20. 1. 1942) verfaßten die nationalkirchlichen Kirchenführer (DC) von Sachsen, Nassau-Hessen, Mecklenburg, Schleswig-Holstein, Anhalt, Thüringen und Lübeck am 17. 12. 1941 eine Bekanntmachung über die kirchliche Stellung der evangelischen Juden, derzufolge »schärfste Maßnahmen gegen die Juden zu ergreifen und sie aus deutschen Landen auszuweisen« sind. »Rassejüdische Christen haben in ihr (scil. der Kirche) keinen Raum und kein Recht«.[15]

Dem setzte dann 2 Tage vor Weihnachten die DEK-Kanzlei noch die Krone auf durch ein Rundschreiben, das dem »Durchbruch des rassischen Bewußtseins in unserem Volk« mit der Folge der »Ausscheidung der Juden aus der Gemeinschaft mit uns Deutschen« das Wort redete. Die obersten kirchlichen Behörden wurden gebeten, »geeignete Vorkehrungen zu treffen, daß die getauften Nichtarier dem kirchlichen Leben der Deutschen Gemeinde fernbleiben«.[16]

Hier war kirchliche Predigt von der *Er*lösung vorweihnachtlich verkommen zur staatlich willkommenen Dienstleistung an der »*End*lösung«!

II. Warum die Zeugen schwiegen. Die Kirche und ihre Identität

Die Geschichte des kirchlichen Antijudaismus ist eine Geschichte des permanenten Ringens der Kirche um ihre Identität. Der Weg der Kirche begann mit einer jüdisch-messianischen Sekte, die sich für die »besseren Juden« hielt. Aus den «Besseren« wurden die »Wahren« und »Einzigen«, das »neue Israel«, das sich Kirche nannte. Der Alleinanspruch der Wahrheit wurde zum Stimulanz für den Judenhaß. »Es ist eine traurige Wahrheit der Religionsgeschichte, daß man die besondere Aggressivität, die bis zur Verteufelung und Verdammung geht, nur zwischen Gruppen findet, die rivalisierende Absolutheitsansprüche innerhalb desselben religiösen Systems stellen.«[17]

Die frühen Christen sahen in der Person des gekreuzigten Jesus und des auferstandenen Christus jene Gestalt von Prophet/Menschensohn/König, der als der von den Propheten verheißene Messias und Heilsbringer nunmehr gekommen sei. Die Juden hingegen konnten in dem Fortbestand menschlich-irdischer Grausamkeit keinerlei Anzeichen für ein bereits gekommenes Friedensreich erkennen und lehnten den Messiasanspruch, den die Christen dem jüdischen Mitbruder und Rabbi unterstellten, ab. Die Christen ihrerseits versuchten ihre Beweisnot angesichts der Inkongruenz von gekommenem Heil und noch nicht sichtbarem Friedensreich dadurch zu lösen, daß sie die durch den Nazarener erbrachte Erlösungstat als proleptisch, also die Heilszeit vorwegnehmend, deuteten, sozusagen als erste Rate, als Anzahlung dessen, was eigentlich noch kommt. Oder anders gesagt: »Gegenwärtiges Heil ist ein Aperitif, der dem Bankett am Ende der Tage vorangeht und uns mit dem Brot der Tränen ungeduldig werden läßt, das uns in diesen Tagen der Ungerechtigkeit gereicht wird.«[18]

War zu Beginn die christliche Mission eine Werbung allein gegenüber Israel gewesen (analog Jesu Wort, daß er zu den »verlorenen Schafen Israels gekommen« sei), so verursachte »der Ausschluß der Kirche aus der jüdischen Religionsgemeinschaft eine neue Krise der christlichen Identität«.[19]

Denn indem sich das Christentum somit seiner jüdischen Wurzeln beraubt sah oder selber beraubte, distanzierte es sich zugleich von seinen jüdischen Erinnerungen und den zugehörigen Geschichtstaten Gottes mit seinem erwählten Volk. Es hob die Kontinuität seiner jüdischen Herkunft auf, indem es die Erinnerung an die Heilsstätten Gottes ersetzte durch den Entwurf einer Zukunft, die schon begonnen hatte mit der Erlösungstat Jesu als des Christus. Nur wenn Juden diesem unjüdischen, eher hellenistischen Glaubensweg sich anschlossen, sollte ihnen Heil widerfahren, anderenfalls war mit Unheil zu rechnen.

Hier hatte – im Bilde gesprochen – der jüngere seinem älteren Bruder das Heimatrecht im Hause des gemeinsamen Vaters streitig gemacht, wiewohl es z. B. im Epheserbrief anders zu lesen ist. Dort werden die Christen als die »Miterben«, »Mitteilhaber«, »Mitgenossen«, bezeichnet. Der jüngere Bruder ging schon früh daran, das Miterbe als Alleinerbe zu postulieren und also den älteren Bruder zu enterben. Im Barnabasbrief des 2. Jh.s lesen wir: »Das Testament gehört in Wahrheit uns; sie (die Juden) haben das ehemals durch Mose empfangene Testament verloren.«[20] Eben diese Form der Enterbung geißelt Adolf v. Harnack, indem er die frühe heidenchristliche Kirche decouvriert als eine Gemeinschaft, die der Überzeugung war:

> »Das Alte Testament, dieses ganze Buch, geht die Juden überhaupt nichts an. Widerrechtlich und frech haben sie es an sich gerissen, mit Beschlag belegt und suchen es einem einzigen Eigentümer zu entziehen... Jeder Christ muß ihnen daher den Besitz des Alten Testaments absprechen; ein Christ, der sagen würde, dieses Buch gehört uns und den Juden, der sündigt; das Buch gehört von Anbeginn an, jetzt und immerdar, den Christen allein.«[21]

Man könnte das Christentum definieren als legitimes Kukkucksei, ins Nest jüdischer Tradition einst gelegt, das, einmal ausgebrütet, zu einem Vielfraß heranwächst, welches seine im Nest befindlichen »Urbewohner« allmählich einen nach dem anderen herauswirft. Mit Friedrich Heer wird auf dem »größten Raubzug der Weltgeschichte« das Alte Testament »zum Beutegut der Kirche« als des neuen Israel, »zum unantastbaren Erbgut der Kirche«.[22]

Diese Strategie ist inzwischen von christlichen Theologen als »Enterbungstheologie« decouvriert worden. Christliche Identität kann in einer Theologie nach der Shoa nur gefunden werden, wenn Kirche sich nicht mehr »vor der *Judenfrage*« sieht, »sondern vor der Frage des christlichen Verhältnisses zu den Juden und damit vor einer *Christenfrage*.«[23]

Die Antwort auf die Frage, warum die Zeugen, warum die Kirche, eben auch die Bekennende Kirche geschwiegen habe, muß – horrible dictu – lauten: Weil der Antijudaismus zur Identität der Kirche gehörte und – wahrscheinlich – noch immer gehört. Ein Volk, das sich nicht bekehren läßt, verdient nach Martin Luthers verhängnisvollem Rat, »daß man ihre Synagogen und Schulen mit Feuer anstecke, ... daß man auch ihre Häuser desgleichen zerbreche und zerstöre, ... daß man ihren Rabbinern bei Leib und Leben verbiete, hinfort zu lehren«... etc. Einem Volk, dem man entgegen allen historischen Quellen unterstellt, es habe den Gott der Christen ans Kreuz genagelt, wird die Würde der gerechten Strafe Gottes zugemessen, indem die Kirche sich als legitime Gerichts- und Strafvollstreckerin von Gottes Gnaden gegenüber den Juden proklamiert. Die Deutschen Christen haben nicht geschwiegen, sondern sich in diesem Sinne als diejenigen entdeckt, die das verruchte jüdische Volk seiner angemessenen Strafe zuführten. Und die Bekennende Kirche, in solcher Jahrhunderte lang kultivierten Theologie befangen, mag noch das Äußerste an Menschlichkeit in ihrem Schweigen gesehen haben, wo doch ihre Theologie ihr eigentlich gebot, sich an dem göttlichen Gericht gegenüber dem Volk Israel nach Kräften zu beteiligen!

Deshalb kann es nicht verwundern, daß auch nach dem Kriege sich erneut ähnliche christliche Stimmen vernehmen ließen: So hat z. B. Gerhard Kittel, der Neutestamentler von Weltrang, nach 1945 zwar seine *politische* Schuld eingestanden; »dagegen hat er darauf insistiert, daß seine Haltung in der Judenfrage während des Dritten Reiches durch einen ›christlichen Antijudaismus‹ bestimmt worden sei, wie er ihn im Neuen Testament und in der Tradition der christlichen Kirche vorfinde«.[24]

Aus dem gleichen Grunde konnte auch das Schuldbekenntnis der Kirche in Stuttgart 1945 nur so blaß ausfallen. Dort wird in hehren Komparativen generalisierend eine Schuld *be*kannt, ehe sie wirklich *er*kannt war. Daß die eigentliche Schuld gar nicht allein im Schweigen, sondern in der total verirrten theologischen Redeweise bestand, das sollte die Kirche erst Jahrzehnte später in einem mühevollen und schmerzlichen Prozeß entdecken. Erst in der Rückschau, bei der die Kirche erkannte, daß es ihr im Kirchenkampf vornehmlich um kirchliche Bestandssicherung gegangen war, ging ihr wohl die Schwere des Jesuswortes auf: »Wer sein Leben findet, der wird's verlieren; und wer sein Leben verliert um meinetwillen (scil.: also auch um meines Judeseins willen), der wird's finden« (Mt 10,34).

Auch 1947 fand die Kirche in ihrem im Ganzen beachtlichen »Darmstädter Wort« kein Sterbenswörtlein zu den Juden. Und 1948 wiederholte der Bruderrat der EKiD in Darmstadt die alten klassischen Stereotypen von der Verwerfung Israels und der Erwählung der Kirche, welche ihrerseits den »irrenden Kindern Israels« die Botschaft vom Heil in Christus zu bringen habe, wenn sie sich nicht vor Gott schuldig machen wolle!

1950 prägte die Synode der EKiD in Berlin-Weißensee ein »Wort zur Schuld an Israel«. »Wir sprechen es aus, daß wir durch Unterlassen und Schweigen vor dem Gott der Barmherzigkeit mitschuldig geworden sind an dem Frevel, der durch Menschen unseres Volkes an den Juden begangen worden ist.« Hier wird zwar schon eine erste Schneise der Erkenntnis durch den Begriff »mitschuldig« geschlagen. Aber die Kirche ist noch weit entfernt von der Einsicht, daß ihre eigene Verkündigung in Antijudaismen verwurzelt ist, daß also ihre Schuld nicht in ethischen Unterlassungssünden liegt, sondern in ihren dogmatischen Sprachsünden, deren Implikationen und Wirkungen sie noch nicht durchschaut hatte.

Wieviel weiter sah da schon Dietrich Bonhoeffer im Jahre 1940, unmittelbar nach Hitlers siegreichem Frankreichfeldzug, als er in seiner »Ethik« zum Kapitel Schuld schrieb: Die Kirche »war stumm, wo sie hätte schreien müssen, weil das Blut der Unschuldigen zum Himmel schrie. Sie hat das rechte Wort in rechter Weise zu rechter Stunde nicht gefunden«. Und da zum Schuldigwerden auch das tatenlose Hinsehen und Zuschauen gehöre, fährt er fort:

»Die Kirche bekennt, die willkürliche Anwendung brutaler Gewalt, das leibliche und seelische Leiden unzähliger Unschuldiger, Unterdrückung, Haß und Mord gesehen zu haben, ohne ihre Stimme für sie zu erheben, ohne Wege gefunden zu haben, ihnen zu Hilfe zu eilen. Sie ist schuldig geworden am Leben der schwächsten und wehrlosesten Brüder Jesu Christi.«[25] Daß die gesamte Judenheit zu den Brüdern Jesu Christi gehört (weil nach einem Wort Martin Bubers auch Jesus der Bruder der Juden war), ist eine in der Geschichte der Kirche neue, epochale Sicht.

Eine solche Erkenntnis hat nichts mit jener Tatsache zu tun, daß ein Antijudaist und auch ein Antisemit gleichwohl dem einzelnen Juden zu helfen in der Lage war und ist. Denn »solche persönliche Hilfe und Sympathiebezeugungen schlossen indes nicht grundsätzliche antisemitische Überzeugungen aus«.[26] Dafür seien 2 Beispiele genannt: Dibelius, der sich selber einen Antisemiten nannte[27], hat in einem persönlichen Schreiben vom 23. 1. 1965 mitgeteilt: »Es ist mir immer eine Genugtuung gewesen, daß es mir gelungen ist, zwei jüdische Familien die ganze Verfolgungszeit hindurchzuretten, und zwar unter Gefährdung meiner eigenen Freiheit.«[28]

Auch der Kieler Landeskirchenamtspräsident aus DC-Tagen beruft sich auf zwei »Renommier«juden, die er gerettet hat. Derselbe Ernst Kinder, der am 17. 12. 1941 eine Verfügung mitunterzeichnet hatte, die »schärfste Maßnahmen gegen Juden zu ergreifen« und »sie aus deutschen Landen auszuweisen« empfahl, hat die Stirn, nach dem Kriege apologetisch mit Verweis auf die BK seine moralische Weißwäsche zu betreiben, weil er nicht mit »Worten, Gesten und Protesten«, sondern »mit der Tat« den Juden geholfen habe.[29]

Die linke Hand lieferte tausende mit einem Federstrich dem Tode aus, und die Rechte bot sich zweien zur Hilfe an. Es handelt sich hier offensichtlich um zwei verschiedene Vorgänge: Zum einen kann ein Mensch, der sich der entpersönlichenden Ideologie des Antisemitismus verpflichtet weiß, im Angesicht eines Einzelschicksals von einer normal menschlichen Regung erfaßt werden. Zum anderen wächst nach besserer Einsicht in den Wahn einer Ideologie das Bedürfnis der Rechtfertigung, die – wie es wohl zuerst Carl Zuckmayer genannt hat – sich den »Gewissensjuden« schafft. Da sagt der General Harras zu seiner alten Freundin Olivia:

»Jetzt wollen wir mal in den Spiegel gucken und über uns selbst gerührt sein, was wir für edle Menschen sind. So schaun wir aus. Jeder hat seinen Gewissensjuden, oder mehrere, damit er nachts schlafen kann. Aber damit kauft man sich nicht frei. Das ist Selbstbetrug. An dem, was den tausend anderen geschieht, die wir nicht kennen und denen wir nicht helfen, sind wir deshalb doch schuldig. Schuldig und verdammt in alle Ewigkeit. Das Gemeine zulassen ist schlimmer, als es tun.«[30]

III. Ein Plädoyer für eine Theologie nach der Shoa oder: Die Kehre der Kirche

In den letzten 20 Jahren mehrt sich Erkenntnis über die Ursachen einer Theologie *vor* dem »Holocaust«. Sie wird entlarvt als eine Theologie, die geradewegs *zum* Holocaust führte. Sie ist als »Enterbungstheologie« all ihrer Verführbarkeiten und Verirrungen entkleidet worden. Man nennt sie »Substitutionstheologie« dort, wo die Kirche versucht hat, das eigentliche Israel als das alte abzutun und sich an die Stelle zu setzen mit dem Anspruch des »neuen Israel«.

Solchen Entdeckungen folgten dann auch weitere Erkenntnisse theologischer Irrtümer: nicht mehr gelten soll die These, das *Volk* Israel trage die Schuld am Tode Jesu am Kreuz; nicht mehr gelten soll die These, in der Verfolgung und dem Leiden der Juden offenbare sich das Strafgericht Gottes; und nicht mehr gelten soll die These, die Christen dürften nicht eher ruhen, bis sie alle Juden zu Christus bekehrt hätten.

Diese Erkenntnis hat Bekenntnischarakter gefunden in dem Jahrhundertbeschluß der Kirche, den die Rheinische Landessynode im Jahre 1980 gefaßt hat. Hier wurde eine Theologie der »Umkehr und Erneuerung« formuliert, die mit dem Auskehren klassischer Antijudaismen eine wirkliche KEHRE der Kirche anzeigt – nämlich:

- eine Abkehr von jener Lehre, die die Kirche ermächtigte, Israel zu enterben und zu ersetzen, und die Hinkehr zu einer gemeinsamen Hoffnungs- und Verheißungstheologie.

- Die Abkehr von kirchlichem Triumphalismus und die Hinkehr zur Einsicht, daß das Leiden Israels und das Leiden des Gekreuzigten untrennbar zusammengehören.
- Die Abkehr von antijüdischer Auslegung des Neuen Testaments und die Hinkehr zu paritätischer Glaubenszeugenschaft von Christen und Juden mit dem Ziel gemeinsamer Weltverantwortung.

Der Protest von verschiedenen Kanzeln und Kathedern gegen diesen Beschluß offenbahrte, daß für viele mit einer solchen Kehre die Identität der Kirche und des christlichen Glaubens auf dem Spiele zu stehen scheint, vor allem dann, wenn gefragt wird, ob der Antijudaismus zur Grundausrüstung kirchlichen Glaubensguts gehört. Und diese Frage erweist sich als rhetorisch, wenn man untersucht, wie groß nach wie vor die Gefahren für antijüdische Bibelauslegungen durch Christen sind. Ich gebe nur drei Beispiele:

- Ulrich Wilckens, Neutestamentler und Bischof von Lübeck, antwortet auf David Flussers Kritik an verschiedenen Antijudaismen, die Wilckens' Übersetzung zum Neuen Testament enthalte: »Weil sich so das Christentum nicht nur religionsgeschichtlich gesehen aus jüdischer Glaubensüberlieferung herausgebildet und gegen dieses sein eigenes Profil gewonnen hat, sind die ›antijudaistischen‹ Motive im Neuen Testament christlich-theologisch essentiell.«[31]
- Sigo Lehming legt als Militärbischof 1978 zum Israelsonntag einen Text von Apg. 13,42ff. aus: »Das von Paulus und Barnabas verkündete Gotteswort, das Evangelium, wird von den Juden aus Eifersucht verlästert, indem sie es durch ihren Widerspruch zum Diskussionsgegenstand machen: das ist eben Unglaube, und dem Unglauben wird das Evangelium zum Gericht.« (S. 24).

  »Bei der Wahl zwischen dem Wagnis des Glaubens und der Sicherheit der Religion entschieden sie sich (scil. die Juden) in aller Regel für die Religion – und das heißt: gegen das Leben. So drängt das Evangelium aus innerem Gesetz zu den anderen, den Heiden, die eher bereit sind, sich beschenken zu lassen.«[32]

  Im Unterschied zu Wilckens dürfte Sigo Lehming gar

nicht gemerkt haben, daß und wie antijudaistisch er hier formulierte. Eine Anfrage zu einer Stellungnahme blieb ohne Antwort.

- Ako Haarback, Landessuperintendent der Reformierten Lippischen Kirche, überschreibt eine Auslegung zu Kain und Abel unter Verweis auf Hebr. 12,24: »Das Blut Christi redet besser als Abels Blut.« Diesen Komparativ nimmt er später noch einmal auf mit der These: »Christen könnten ihre Konflikte und Lebensprobleme leichter lösen als andere Menschen.«[33] Solche Komparative beanspruchen, das bessere Teil erwählt zu haben, markieren Exklusivität und erniedrigen den Gesprächspartner, der anderen Glaubens ist.

Schließlich kann sich auch im Weglassen eine latente Distanzierung der Christen von ihrer jüdischen Wurzel aussprechen, bzw. der Text aus der hebräischen Bibel sich als christliches Diebesgut erweisen. Die Jahreslosung der Ev. Kirche in Deutschland lautete 1986: »Ich bin der Herr, dein Gott, du sollst nicht andere Götter haben neben mir.« Als Stelle wird Dt. 5,6f. angegeben. Dort aber steht vollständig zitiert: »Ich bin der Herr, dein Gott, der dich aus Ägyptenland geführt hat, aus der Knechtschaft. Du sollst keine anderen Götter neben mir haben.« Der Kurztext, wie wir ihn auch aus Luthers Kleinem Katechismus kennen, stellt Gott vor in seinem alleinigen Herrschaftsanspruch. Im Urtext stellt sich Gott – am Beginn des Zehntworts – vor als diejenige göttliche Kraft, die Israel aus der Knechtschaft befreit und als sein Volk erwählt hat. Er spricht zu einem ganzen Volk. Bei Luther hat es einen abendländisch individualistischen Klang. Schließlich kommt in der Kurzform nicht in den Blick, daß hier der Gott der hebräischen Bibel spricht. Und nur, weil durch den Juden Jesus diese hebräische Tradition auf uns mit überkommen ist, haben wir Anteil an diesem Glauben. Durch die Kurzformel wird bedacht oder unbedacht, auf jeden Fall unter Preisgabe verantwortlichen Umgangs mit biblischen Texten, das sog. Neue Testament vom Alten getrennt, die Nabelschnur zum jüdischen Volk von den Christen durchschnitten. Die scheinbare Harmlosigkeit solcher Beobachtungen täuscht sicherlich über gewichtige Implikationen hinweg, die mit solchen Textkürzeln verbunden sind.

So wie die Ev. Kirche im Rheinland ihre Kirchenordnung inzwischen dahingehend verändert hat, daß sie die Mission an Israel gestrichen hat und zum Dialog mit den Juden auffordert, so wäre auch das Ev. Kirchengesangbuch auf Sätze zu durchforsten, die nach Auschwitz nicht mehr gesungen werden können. In EKG 216 (Wach auf, du Geist der ersten Zeugen) heißt es in der 7. Strophe: »O beßre Zions wüste Stege«, und in der 6. Strophe: »Ja wecke doch auch Israel bald auf.« Die christliche Identität – so beginnt sich der Blick zu weiten oder auch zum Ursprung zurückzufinden (gemäß dem Pauluswort an die Christen: nicht du trägst die Wurzel, sondern die Wurzel – der jüdischen Tradition – trägt dich; zit. nach Röm 11,18) – ist mit dem Judentum untrennbar verbunden. Der ev. Theologe Wolfgang Huber sagt: »Indem sie (scil. die Christen) die Juden verfolgten, beschädigten sie die eigene Identität.«[34] Und der katholische Theologe Johann Baptist Metz formuliert: »Christliche Theologie nach Auschwitz muß endlich von der Einsicht geleitet sein, daß Christen ihre Identität nur bilden und hinreichend verstehen können im Angesichte der Juden.«[35]

Und was Dietrich Bonhoeffer 1940 als Stachel ins Fleisch einer selbstbewußten kirchlichen Theologie eingraviert hat mit dem Satz: »Der Jude hält die Christusfrage offen«[36], das hatte auf humorvolle Weise bereits das Breslauer Christliche Wochenblatt im Oktober 1933 provokativ in die Parodie gekleidet:

> »Vision
>
> Gottesdienst. Das Eingangslied ist verklungen. Der Pfarrer steht am Altar und beginnt:
> ›Nichtarier werden gebeten, die Kirche zu verlassen!‹
> Niemand rührt sich.
> ›Nichtarier werden gebeten, die Kirche zu verlassen!‹
> Alles bleibt still.
> ›Nichtarier werden gebeten, die Kirche zu verlassen!‹
> Da steigt Christus vom Kreuze des Altars herab und verläßt die Kirche.«[37]

Die »Vision« von einer richtigen Einschätzung der Gegenwart kommt in Ernst Lohmeyers Brief an Martin Buber zum Ausdruck, den der ev. Neutestamentler an den Juden geschrieben hat – nach der Lektüre des Briefwechsels zwischen Gerhard Kittel und Martin Buber. Ihn, Lohmeyer, befalle tiefe »Scham« darüber, »daß theologische Kollegen so denken und schreiben können, wie sie es tun, daß die ev. Kirche so schweigen kann, wie sie es tut, und wie ein führerloses Schiff von dem politischen Sturmwind einer noch flüchtigen Gegenwart sich aus ihrem Kurse treiben läßt.« Lohmeyer sieht die Beziehung von Juden und Christen in einem Geflecht von unauflöslicher «Verbundenheit und Geschiedenheit« und hofft sich einig mit Buber darin, »daß der christliche Glaube nur so lange christlich ist, als er den jüdischen in seinem Herzen trägt; ich weiß nicht, ob Sie auch der Umkehrung beistimmen werden, daß auch der jüdische Glaube nur so lange jüdisch ist, als er den christlichen in sich zu hegen vermag. Das soll zunächst nichts weiter sagen, als daß diese Frage von Judentum und Christentum nicht wie zwischen Part und Widerpart hin- und hergeworfen werden kann, sondern daß es eine innere, den eigenen Ernst und die eigene Wahrheit erschütternde Frage des Glaubens ist. Ich wüßte für einen christlichen Theologen fast nichts, wo das ›Tua res agitur‹ ihn so gefangennehmen sollte, wie diese Frage des Judentums.« Lohmeyers Vision enthält zudem eine Hoffnung, die die Ev. Kirche im Rheinland 47 Jahre später durch ihr theologisches Programm von »Umkehr und Erneuerung« eingelöst hat. Lohmeyer ist sich schmerzlich bewußt, »daß wir kaum jemals so weit vom christlichen Glauben entfernt waren wie eben jetzt, und es bleibt uns nur die leise Hoffnung auf eine Erneuerung des Christentums, wie Sie sie für die Erneuerung des Judentums hegen«.[38]

Manfred Messerschmidt

Harte Sühne am Judentum

Befehlslage und Wissen in der deutschen Wehrmacht

Hans Filbinger läßt sein Rechtfertigungsbuch »Die geschmähte Generation« mit einer – wie er es nennt – »Ermutigung zur Zukunft« ausklingen. Die Deutschen, so klagt er, den ›Economist‹ zitierend, »nehmen es schweigend hin, wenn sie fortgesetzt belastet und diffamiert werden«.[1] Es scheint ihn besonders zu stören, daß auch die Wehrmacht belastet worden ist, darum führt er eine Bemerkung des italienischen Historikers Rosario Romeo in der FAZ vom 12. April 1986 an: »Die Wehrmacht (hat) während des Zweiten Weltkrieges Dinge vollbracht, die zu den außergewöhnlichsten der Militärgeschichte gehören.« Sie konnte wohl nicht anders handeln, als ihre Pflicht zu tun, zumal ja auch das Ausland die wahren Absichten Hitlers nicht durchschaute. Filbinger läßt uns wissen, daß Lloyd George Hitler im Jahre 1936 für den »George Washington von Deutschland« hielt, für den »größten lebenden Deutschen«. Und ausländische Staatsmänner scheuten sich nicht, Hitler auch nach den Nürnberger Gesetzen gegen die Juden bei gegebenen Anlässen zu hofieren. Ja, die größte Gefahr für uns Deutsche seien nicht der Terrorismus und nicht die Philosophie der Gewalt, sondern »der Hang zur Selbstanklage, die Genugtuung in der maximalen Anhäufung der Schuld«. Filbinger begrüßt deshalb, »daß die deutschen Historiker im Begriffe sind, Remedur zu schaffen«.[2] Der »Historikerstreit« sah diese Recken fleißig am Werk. Für sie war klar, daß deutsche Historiker der Vergangenheit einen falschen Prozeß gemacht hatten. Die Geschichte, so zitiert der ehemalige Marinerichter den Historiker Thomas Nipperdey, sei politisch überfordert worden.[3] Insbesondere scheint die Geschichtsschreibung über die Wehrmacht an diesem Mangel zu leiden. Filbinger fordert daher, der Jugend die Kriegsgeneration so darzustellen, wie sie in Wirklichkeit war und nicht als eine hitlerhörige Masse, die mehr oder weniger willig die Verbrechen geduldet oder gar mitvollzogen hat.[4]

Nun hat ja bisher kein ernstzunehmender Historiker ein derartiges Bild »der Kriegsgeneration« entworfen. Ein sich in der Geschichte tummelnder Jurist, Erich Schwinge, den Filbinger eifrig zitiert, hat das genaue Gegenteil versucht, nämlich die Reinwaschung der Kriegsgeneration und die Abwälzung erheblicher Schuld und Mitverantwortung auf die Kriegsgegner Deutschlands. Hier haben wir es mit den plattesten Thesen zu tun, die auch im Historikerstreit benutzt worden sind, mit einem Absolutions-Fazit, das Schwinge unter die Überschrift »Bilanz der Kriegsgeneration« gestellt hat.[5] Das Buch ist eine Art Bibel der Wehrmacht-Apologetik geworden.

Die Beschäftigung mit Filbinger und Schwinge führt an ganz zentraler Stelle in unser Thema hinein. Nicht zufällig sprechen hier Juristen über die Rolle des Militärs, das sie häufig mit der gesamten Kriegsgeneration durcheinanderbringen. Diese Juristen sagen uns, es sei im Zweiten Weltkrieg, soweit die Wehrmacht in Frage steht, mit rechten Dingen zugegangen. Im großen und ganzen blieben deutsche Rechtsverletzungen vergleichbar mit denen anderer Nationen. Der deutsche Soldat hatte nach Schwinge überdies noch die Verpflichtung, Westeuropa vor dem Bolschewismus zu retten, dennoch handelte er nicht aufgrund einer bestimmten Einstellung oder Ideologie, sondern zur Verteidigung des Vaterlandes. Der Kreis der in Hitlers wahre Absichten Eingeweihten war nur klein.[6]

Alle diese Aussagen machen nur Sinn im Rahmen einer gezielten Rechtfertigungsstrategie. Sie sind im Prinzip durch die Forschung widerlegt. Der wesentliche Punkt ist ja nicht, ob etwa die Wehrmachtführung direkt über Hitlers Ziele im Osten informiert worden ist, sondern, was sie tatsächlich gewußt hat, in welchem Umfang sie zugeschaut, hingenommen oder mitgewirkt hat und welche Motive dabei kausal beteiligt waren.

Noch bedeutsamer ist darüber hinaus die Frage, wie viele Offiziere und Soldaten unterhalb der Befehlshaber-Ebene Einblicke gewannen und teilweise mitagierten. Diese Frage betrifft nicht allein Vernichtungsmaßnahmen gegen Juden, sondern den Gesamtkomplex des Vorgehens im Osten. Aber die gegen die jüdische Bevölkerung gerichteten Aktionen stellen die ideologisch und propagandistisch am längsten und gezieltesten vorbereiteten im sog. Weltanschauungskrieg dar.

Hitlers Rede vom 30. Januar 1939, die als Ergebnis eines neuen Weltkrieges »die Vernichtung der jüdischen Rasse in Europa« bezeichnete, wird von manchen Forschern als ein ganz wesentliches Dokument angesehen, das ein besonderes Licht auf seine Kriegsziele zu werfen geeignet ist. Von einer Diskussion der Aussagen in der Heeresführung ist nichts bekannt. Eine Bewertung dieses Schweigens ist schwer möglich, dagegen ist die Aufnahme, wenn auch in abgeschwächter Form, durch das OKW ein Dokument von erheblicher Tragweite. Damit war akzeptiert, daß sich im kommenden Krieg die Energie Deutschlands auch der Freimachung Europas von Juden widmen werde. Krieg gegen das Judentum wurde als künftiges Kriegsziel proklamiert. Während des Polenfeldzuges und noch einige Zeit danach erhoben dann einige Generale ihre Stimme gegen die Greuel von Polizei und SS. Aber an der Spitze, bei der Heeresführung, wird etwa Anfang 1940 der Umschlag in die Befürwortung rassepolitischer Vernichtungsaktionen im Osten sichtbar. Das ist umso augenfälliger, als verschiedene Befehlshaber im Winter 1939/40 ihre Gegnerschaft gegen die Eröffnung der Westoffensive mit Hinweisen auf die Praktiken von SS und Polizei in Polen verbunden hatten. Generaloberst von Leeb schrieb, dieses Vorgehen sei einer Kulturnation unwürdig, Generaloberst Blaskowitz, Oberbefehlshaber Ost, sprach vom Blutrausch der Polizei im Osten. Seine Denkschrift gelangte auf Hitlers Schreibtisch – aber seit der Manstein-Plan für den Westkrieg in der Diskussion war und das Urteil über die Erfolgschancen gegen Frankreich günstiger wurde, verloren derartige Proteste beim ObdH und beim Chef des Generalstabes ihre Wirkung. Brauchitsch erließ am 7. Februar 1940 jenen Befehl an die Oberbefehlshaber der Heeresgruppen und Armeen, der das Verhältnis von Heer und SS im Hinblick auf den »Volkstumskampf« im Osten in charakteristischer Weise regelte: Er bejahte diese brutale, jedem Völkerrecht hohnsprechende Vernichtungspolitik. Die Truppe habe sich da nicht einzumischen. Seine Forderung, so der ObdH, die im Zusammenhang mit diesem Volkstumskampf zu erwartenden, dem Geist und der Manneszucht des Heeres schädlichen Vorgänge und Handlungen von der Truppe fernzuhalten, sei anerkannt worden. Problemloser konnte sich in der Tat die Einstellung der Heeresführung zur Mord- und Totschlagspraxis im Osten für Hitler nicht gestalten. Disziplin als höchster Grundsatz, im übrigen: Augen zu.

Himmler wurde im März 1940 von Brauchitsch zu einem Vortrag vor Generalen und Offizieren über die Aufgaben der SS im Osten gebeten. General v. Tippelskirch, der die Einladung überbrachte, signalisierte dem SS-Chef, nicht die in Polen angewandte Härte mißfalle dem Heer, sondern »die Gefahr der Verrohung« der eingesetzten Leute. Heydrich hatte dem Generalstab schon im September 1939 eröffnet, wem die »Flurbereinigung« im Osten galt: Judentum, Intelligenz, Geistlichkeit, Adel. Der Generalstab wies einzelne Armeeoberkommandos an, die Organe des Reichsführers SS nicht zu behindern. Noch verharrte das Heer in der Rolle des eingeweihten Zuschauers, der durch seine Präsenz allerdings die SS-Aktionen erst ermöglichte. Zahlreiche Proteste liefen im OKH ein. Sie vermochten alle nichts bei der gegebenen Konstellation.

In Rußland und Serbien ereignete sich dann der nächste Schritt: die direkte Beteiligung an Vernichtungsaktionen. Der erste Heeresinspekteur der Bundeswehr, General Roettiger, 1942/43 Chef des Generalstabes der 4. Armee in Rußland, schrieb, wahrscheinlich im November 1945, für seine Verteidiger nieder, ihm sei damals klargeworden, daß das letzte Ziel des Partisanenkrieges im Osten darauf gerichtet war, das Heer bei der Vernichtung der Juden und anderer unerwünschter Elemente zu beteiligen. Offensichtlich hat Hitler, indem er das alte Feindbild vom jüdischen Bolschewismus beschwor, um den deutschen Kriegsvorbereitungen Sinn und Ziel zu geben, die militärische Führung von der Notwendigkeit dieses Krieges und der Art seiner Durchführung überzeugt. Noch während die Vorbereitung ihre entscheidende ideologische Phase mit den

Entwürfen der Oberkommandos für verbrecherische Befehle erreichte, befahl Halder, der Chef des Generalstabs und zeitweiliges Haupt der Opposition 1938/39, am 2. April 1941 für die Zusammenarbeit des Heeres mit der Sicherheitspolizei und dem SD im Balkanfeldzug, als zu bekämpfende Gegnergruppen Kommunisten und Juden vorzusehen.[7]

Damit ging Halder noch über die Vereinbarung hinaus, die Generalquartiermeister General Wagner mit Heydrich am 26. März 1941 getroffen hatte und Brauchitsch am 28.4.1941 als Befehl erlassen sollte.[8]

Das Verhältnis beider Befehle zueinander ist nicht so zu verstehen, daß der Generalstabschef für Jugoslawien und Griechenland ein energischeres Vorgehen gegen Juden für angebracht hielt. Anfang Juni 1941, kurz vor dem Angriff auf die Sowjetunion, wurde den Chefs der Generalstäbe der Heeresgruppen, Armeen und Panzergruppen mitgeteilt, Brauchitsch und Himmler hätten sich darüber verständigt, den über die Morde in Polen entbrannten Streit zwischen Heer und SS »endgültig zu begraben«. Die Entrüstung zahlreicher Kommandeure und die Versuche, durch kriegsgerichtliches Eingreifen gegen Exzesse vorzugehen, wurden damit von oben nachträglich desavouiert.

Diese Vereinbarung enthält im Kern die grundsätzliche Einstellung der Heeresführung zum Vorgehen der Sicherheitspolizei und des SD gegen die jüdische Bevölkerung. Der ObdH beurteilte die voraussehbare Mordpraxis vom Standpunkt seines erwähnten Befehls vom 7. Februar 1940. Solange sichergestellt blieb, daß die Soldaten nicht zu disziplinlosen Mördern wurden, erlaubte sich die Heeresführung keine Kritik an dem, was nach dem Willen des Führers zu geschehen hatte.

Aber im Juni 1941 bedeutete eine solche Einstellung nicht bloß den freiwilligen Rückzug auf die Zuschauerrolle. Hitler forderte spätestens seit März 1941 die aktive Mitwirkung des Heeres bei dem ins Auge gefaßten Vernichtungswerk.

Die vom OKH und OKW vor der Eröffnung des Krieges formulierten einschlägigen Befehle, vor allem der »Erlaß über die Ausübung der Kriegsgerichsbarkeit im Gebiet ›Barbarossa‹ und über besondere Maßnahmen der Truppe« vom 13. Mai

1941 und die »Richtlinien für die Behandlung politischer Kommissare« (der sog. Kommissarbefehl) vom 6. Juni 1941 sind wesentliche Zeugnisse der Mitwirkungsbereitschaft der Heeresführung. Sie haben, auch wenn in ihnen über die Behandlung von Juden speziell nichts gesagt war, die Möglichkeit geboten, Verbrechen an Juden ungesühnt zu lassen. Die vielen Hinweise auf den zu erwartenden Hauptfeind, nämlich den jüdischen Bolschewisten, ordneten Juden von vornherein in die Gruppe der Verdächtigen ein. So muß der Passus des Gerichtsbarkeitserlasses gelesen werden, der die Feststellung von Verbrechen deutscher Soldaten an Landeseinwohnern regelte: »Bei der Beurteilung solcher Taten ist in jeder Verfahrenslage zu berücksichtigen, daß der Zusammenbruch im Jahre 1918, die spätere Leidenszeit des deutschen Volkes und der Kampf gegen den Nationalsozialismus mit den zahllosen Blutopfern der Bewegung entscheidend auf bolschewistischen Einfluß zurückzuführen war und kein Deutscher dies vergessen hat.«[9]

Im Sinne der Brauchitsch-Weisung vom Februar 1940 wurde verfügt, daß kriegsgerichtliches Einschreiten nur dann zu erfolgen habe, »wenn es die Aufrechterhaltung der Manneszucht oder die Sicherung der Truppe erfordert«. Als ein solcher Fall wurden »Anzeichen dafür« angeführt, »daß die Truppe zu verwildern droht«. Dieser Passus macht sehr anschaulich klar, mit welchen Methoden die Heeresführung schon vor dem Angriff rechnete, Mord an Juden galt dann im allgemeinen als eine bestenfalls disziplinarisch zu behandelnde Gehorsamsverletzung.

Hitler hatte am 30.3.1941 der versammelten Generalität die Aufgabe der Wehrmacht umrissen: es handle sich um den Kampf zweier Weltanschauungen gegeneinander. Nationalsozialismus gegen das asoziale Verbrechertum des Bolschewismus. Der Kampf richte sich gegen »das Gift der Zersetzung«. Das sei keine Frage der Kriegsgerichte. Deshalb brauche die Truppe nicht aus der Hand der Führer zu kommen, die von sich selbst das Opfer verlangen müßten, ihre Bedenken zu überwinden.[10] Das hieß im Klartext: ihr habt jetzt mitzumachen, die Disziplinwahrung wird kein allzugroßes Problem werden.

Auf diese Aufgabe hat sich das Heer entsprechend eingestellt. Brauchitsch machte mit seinem Zusatzbefehl zum Gerichtsbarkeitserlaß klar, daß der Soldat nicht auf eigene Rechnung gegen Zivilisten vorgehen dürfe. Das Vorgehen gegen Landeseinwohner sollte in der Hand der Offiziere bleiben. Insgesamt aber ordnete der ObdH an, daß der »Gesamteinstellung« der Bevölkerung »und dem Maße ihrer Verhetzung« Rechnung getragen werden müsse.[11]

Alle diese Formeln boten passende Grundlagen für ein Vorgehen gegen Juden, die ohne Schwierigkeiten mit Vorwürfen wie »Zersetzer« und »Verhetzung« in Verbindung gebracht werden konnten. Daß sie Kommunisten waren, schien keines Beweises zu bedürfen. So erklärte bezeichnenderweise der leitende Jurist beim General z. b. V. ObdH, Lattmann, im Mai 1941 vor Ic-Offizieren, denen der Kommissar- und Gerichtsbarkeitserlaß zu erläutern war, »viele der nichtjüdischen Kommissare sind zweifellos nur Mitläufer und nicht von der kommunistischen Idee überzeugt«.[12] Lattmann war in der Rechtsabteilung des ObdH unter Generalleutnant Eugen Müller der entscheidende Mann für die Formulierung der OKH-Vorschläge für verbrecherische Befehle. Die Hauptverantwortung für die vom OKH kommenden Vorschläge trug indes der Chef des Generalstabes selbst, dem Müller in Rechtsfragen unmittelbar unterstellt war.

Es ist ein Faktum, daß von hier besonders gravierende Vorschläge kamen, Vorschläge, die insbesondere gegen Juden gerichtet waren. So wurde dem am 6. Mai dem OKW vorgelegten Entwurf des Gerichtsbarkeitserlasses eine deutliche Begründung vorangestellt, wo es hieß: Im Gegensatz zu früheren Feldzügen würden der Truppe nicht nur Freischärler entgegentreten, sondern »als besonders gefährliches und jede Ordnung zersetzendes Element aus der Zivilbevölkerung der Träger der jüdisch-bolschewistischen Weltanschauung«.[13]

Neben der Zusammenarbeit mit den Einsatzgruppen und -kommandos der Sicherheitspolizei und des SD, die nach den »Richtlinien auf Sondergebieten zur Weisung Nr. 21 (Fall Barbarossa)« und dem Brauchitsch-Befehl vom 28. 4. 1941[14] auch im Operationsgebiet des Heeres zu erfolgen hatte, waren damit auch eine direkte Bekämpfung des jüdischen Bevölkerungsteils durch das Heer sowie die großzügige Duldung von Ausschreitungen vorprogrammiert.

Das Heer hat sich damit zur eisernen Spitze dieser Art Kriegführung sowohl machen lassen als auch selbst gemacht. Seine Sorge um die Disziplin der Truppe stellte keine Abwehrreaktion dar. Damit ist eher noch die Effizienz des gesamten Procedere befördert worden, was Hitler nur recht sein konnte.

Der Soldat wurde mit der ins Auge gefaßten Methode der Kriegführung zunächst nur summarisch bekannt gemacht, nämlich durch die »Richtlinien für das Verhalten der Truppe in Rußland«.[15] Dies allerdings in einer Weise, die den kommenden Krieg von vornherein als eine Auseinandersetzung jenseits der Regeln des Völkerrechts, als Weltanschauungskrieg kennzeichnete. Die gewählten Formulierungen sind im Hinblick auf die Juden aufschlußreich:

1. Der Bolschewismus ist der Todfeind des nationalsozialistischen deutschen Volkes.
   Dieser zersetzenden Weltanschauung und ihren Trägern gilt Deutschlands Kampf.
2. Dieser Kampf verlangt rücksichtsloses und energisches Durchgreifen gegen bolschewistische Hetzer, Freischärler, Saboteure, Juden und restlose Beseitigung jedes aktiven und passiven Widerstandes.

Abgesehen von den Juden verlangten die Richtlinien ein gegen die Wehrmacht gerichtetes Handeln der genannten Gruppen. Der Jude dagegen wurde als zu bekämpfender Feind an sich herausgehoben. Damit suchte das OKW sowohl Verständnis für die Praktiken der Einsatzkommandos zu wecken als auch auf den direkten Einsatz des Heeres im Rahmen des Weltanschauungskrieges vorzubereiten. Armee- und Heeresgruppenbefehlshaber ließen es sich nicht nehmen, ihre Soldaten entsprechend einzustimmen. Zu erinnern ist an den schon Anfang Mai 1941 formulierten Befehl des Befehlshabers der Panzergruppe 4, Generaloberst Hoepner, also eines Offiziers, der zur Militäropposition gehörte. Er spricht in diesem Befehl über die Kampfführung im Osten vom 2. Mai 1941[16] über die »Verteidigung europäischer Kultur gegen moskowitisch-asiatische Überschwemmung« und »die Abwehr des jüdischen Bolschewismus«. Die OKW-Formel von der notwendigen Berücksichtigung des Sühnegedankens taucht dann im Herbst 1941 in Befehlen verschiedener Befehlshaber auf, die ihre Soldaten gegen die jüdische Bevölkerung einstimmen mußten.

Reichenau spricht am 10. Oktober vom Feldzug »gegen das jüdisch-bolschewistische System«, in welchem der Soldat »Träger einer unerbittlichen völkischen Idee« sein müsse und Rächer für alle Bestialitäten, die deutschem und artverwandtem Volkstum zugefügt worden seien. Reichenau forderte die »erbarmungslose Ausrottung artfremder Heimtücke und Grausamkeit«, nur so sei das deutsche Volk »von der asiatisch-jüdischen Gefahr ein für allemal zu befreien«. Dies bezeichnete er seinen Soldaten als die geschichtliche Aufgabe der Wehrmacht.[17] Der Generalquartiermeister ließ auf Anordnung des ObdH diesen von Hitler für ausgezeichnet befundenen Befehl als Muster an die Kommandobehörden verteilen.

Generaloberst Hoth, OB der 17. Armee, sprach in einem Befehl vom 17.10.1941 davon, daß die »Notwendigkeit harter Maßnahmen gegen volks- und artfremde Elemente« gerade vom Soldaten verstanden werden müsse.[18] Generaloberst v. Manstein wurde am 20.11.1941 noch deutlicher: »Das Judentum bildet den Mittelsmann zwischen dem Feind im Rücken und den noch kämpfenden Resten der Roten Wehrmacht und der Roten Führung.«[19] Damit wurde den Juden eine zentrale Rolle in der Partisanenbewegung zugeschrieben, was nicht ohne Folgen bleiben sollte. Vom Soldaten verlangte Manstein Verständnis »für die Notwendigkeit der harten Sühne am Judentum«.

Nach all diesen und weiteren Befehlen bestanden für Juden, die in Kontakt mit der Truppe kamen, wenig Chancen, davonzukommen. Dennoch gerieten viele, vielleicht unerkannt, in Gefangenschaft. Um auch diese der Sicherheitspolizei und dem SD zuzuführen, sahen die von Heydrich mit dem OKW vereinbarten Richtlinien für die in die Stalags und Dulags abzustellenden SIPO und SD Kommandos vom 17. Juli 1941 vor, neben verschiedenen zum Teil näher bezeichneten Personengruppen *alle* Juden ausfindig zu machen.[20]

Dies war auch gemäß OKW-Befehl vom 21.7.1941 für die Kriegsgefangenenlager im Operationsgebiet vorgesehen.[21] Das Heer war aber zunächst nicht bereit, Heydrichs Organen hierbei freie Hand zu lassen. Generalquartiermeister Wagner untersagte mit Befehl vom 24. Juli 1941 ein selbständiges Tätigwerden der Einsatzkommandos in den Kriegsgefangenenlagern des Operationsgebietes. Wagner rechnete die Juden offenbar nicht zu den politisch untragbaren und grundsätzlich verdächtigen Elementen und wollte sie deshalb zu Arbeiten heranziehen lassen. Das OKH hat sich hiermit schließlich nicht bei der Truppe durchgesetzt, wie sich später zeigen sollte. Es kam nämlich durchaus zur Zusammenarbeit mit den Kommandos, die vielfach Zugang zu den Lagern erhielten.[22]

In den »Ereignismeldungen UdSSR« des Reichssicherheitshauptamtes[23] ist entsprechend wiederholt auf die gute Zusammenarbeit mit Heeres-Kommandobehörden Bezug genommen worden. Die zwischen Wagner und Heydrich vereinbarten Einzelheiten über die Funktionen der Kommandos in den rückwärtigen Armee- und Heeresgebieten wurden immer stärker in Richtung einer großzügigen Öffnung des Gesamtgebietes hinter der kämpfenden Truppe für die Kommandos beiseite geschoben. Bei der Heeresgruppe Süd bestand schon im Juli 1941 Einigkeit darüber, daß sich sämtliche Einsatzkommandos »möglichst in der Nähe der kämpfenden Truppen bewegen«.[24]

Das Gesamtpanorama der Aktivitäten dieser Kommandos ist umfassend von Krausnick-Wilhelm behandelt worden. Es ist die Dokumentation des beginnenden Vernichtungsprozesses an den Juden. Dieser Prozeß lief unter den Augen der Wehrmacht ab, von ihr vielfach unterstützt. Nicht selten wurden Kommandokräfte von Wehrmachtstellen angefordert. Häufig rückten sie mit der kämpfenden Truppe in die Ortschaften ein. Längst war keine Rede mehr davon, daß die Sonderkommandos im rückwärtigen Armeegebiet lediglich Material und Objekte reichsfeindlicher Organisationen und »besonders wichtige Einzelpersonen (führende Emigranten, Saboteure, Terroristen usw.)« sicherstellen sollten, wie es im OKH-Befehl vom 28.4.1941 hieß, aber damals schon von den Beteiligten auf Heeresseite als nicht einziges Ziel der Kommandos zu erkennen war.

Einzelne Berichte in den »Ereignismeldungen« sprechen vom mangelnden Verständnis von Heeresstellen für die Maßnahmen gegen Juden. Insgesamt aber ist mit Helmut Krausnick festzustellen, daß »Oberbefehlshaber von Armeen, Befehlshaber des rückwärtigen Heeresgebietes und Kommandeure der mittleren und unteren Truppenebene die Zusammenarbeit ... in der ›Judenfrage‹ über das ursprüngliche Maß hinaus, ohne Wahrung ihrer eigenen Kompetenzen mehr und mehr intensivierten«. Heeresdienststellen waren nicht nur über Einzelaktionen informiert, sondern auch über Massaker großen Ausmaßes, so über das Vorgehen der Einsatzgruppe C bei Kamenez–Podolsk, wo innerhalb weniger Tage über 20000 Juden liquidiert wurden.[25]

Die direkte Zusammenarbeit mit Heeresstellen funktionierte sowohl auf der Ebene Einsatzgruppe – Armee – beispielsweise berichtete Stahlecker erfreut über die gute Kooperation seiner Einsatzgruppe A mit den Armeen der Heeresgruppe Nord – als auch weiter unten. Für den Bereich der HGr Mitte hat Major v. Gersdorff in seinem Frontreisebericht vom 9. Dezember 1941[26] mitgeteilt, daß das Frontoffizierkorps über die Tatsache der Judenerschießungen in vollem Umfang informiert gewesen sei.

Verschiedene Kommandeure untersagten ihren Offizieren Kritik an solchen Aktionen, andere kooperierten eng mit den Einsatzkommandos bei der Liquidierung von Juden. Es half wenig, daß einzelne Befehlshaber Verbote gegen selbständige Mordtaten von Soldaten und Offizieren erließen, wie etwa General v. Roques, Befehlshaber des rückwärtigen Heeresgebietes Süd, der die Offiziere aufforderte, einzuschreiten, damit die Truppe nicht zu einer »Horde« degeneriere.[27] Derartige Exekutionsmaßnahmen, so Roques, seien ausdrücklich den Kräften des Höheren SS- und Polizeiführers vorbehalten. Damit hat dieser General die Position der militärischen Führung sehr genau umschrieben: grundsätzliches Einverständnis einerseits, aber möglichste Beschränkung des Heeres auf passives Zuschauen.

Diese Rolle war nicht durchzuhalten. Im Grunde unterliefen Manstein, Reichenau, Hoth, Hoepner und andere hohe Befehlshaber das Rezept mit ihren weltanschaulichen Liebedienerei-Befehlen, worauf einzelne Einsatzkommandoführer mit Genugtuung verwiesen haben.

Die faktische Kooperation, angeheizt durch weitere Befehle von oben, etwa Keitels Forderung, »vor allem gegen Juden, die Hauptträger des Bolschewismus« vorzugehen[28], ferner durch maßlose Hetzpropaganda der Truppenzeitungen[29], ereignete sich in den verschiedensten Formen. Zugestanden war ohnehin von oben die Gestellung von Absperrdiensten für Liquidierungsaktionen, ferner die Übergabe von jüdischen Zivilisten an SD-Stellen. Hier wirkten insbesondere Ortskommandanturen mit. In Luck wurden 1160 Juden unter Hinzuziehung eines Zuges Infanterie erschossen, in Slibomir wirkten Wehrmachtsoldaten an der Erschießung von über 500 Juden mit.[30] Liquidierungsaktionen wurden gemeinsam von Sonderkommandos und Feldkommandanturen geplant. Das Heer stellte Transportkapazitäten zur Verfügung. Dem Massenmord an mehr als 33000 Juden in Babi Jar bei Kiew ging eine Vereinbarung der Einsatzgruppe C mit dem Stadtkommandanten voraus. Zur vorbereitenden Erfassung der Juden stellte die Propagandakompanie der 6. Armee in ihrer Druckerei 2000 Maueranschläge her. Nach Abschluß des Massakers sorgte eine Pioniereinheit mit Sprengmaßnahmen für die Kaschierung der Aktion. In Belaja Zerkow ersuchte ein bei der 6. Armee eingesetzter Feldkommandant, nachdem er zahlreiche jüdische Frauen und Männer hatte registrieren und zusammentreiben lassen, das Sonderkommando 4a um die Liquidierung dieser Menschen.[31]

Schon dieser kleine Ausschnitt aus den Kooperationsaktivitäten von Heeresdienststellen zeigt, daß die Heeresführung ihr Konzept der Disziplinwahrung jedenfalls nicht in der Weise realisieren konnte, daß sie, wie gewünscht, den Soldaten von den Mordaktionen fernhielt und möglichst jede Einmischung und Anschauung unterband. Die erlaubte logistische Förderung der Kommandos mündete in planmäßige und wilde Beteiligungsformen der verschiedensten Art.[32]

So mußte es in bezug auf den Gerichtsbarkeitserlaß zur Probe aufs Exempel kommen. Sogenannte wilde Beteiligungen an Massakern und Morde auf eigene Faust betrachtete das

OKH bekanntlich als disziplingefährdende Handlungsweisen, die kriegsgerichtlich abzuurteilen waren. Wie aber und mit welcher Absicht konnte dies geschehen seitens einer militärischen Führung, die planmäßige Mordaktionen zu fördern bereit war und dem Grundsatz zustimmte, daß die Kommandos die berufenen Vollstrecker der sog. Flurbereinigung seien? Mord ist Mord. Diese Gleichung ging für die Schizophrenie der Haltung des OKH und zahlreicher Befehlshaber nicht auf. Daher wurden Morde seitens einzelner Soldaten in den meisten Fällen zu Disziplinwidrigkeiten herabgestuft und gelangten so gar nicht erst vor die Kriegsgerichte. General v. Roques lieferte hierfür mit einer Verfügung am 1. September 1941 eine passende Handhabe:[33]

»Jedes eigenmächtige Erschießen von Landeseinwohnern, auch von Juden, durch einzelne Soldaten sowie jede Beteiligung an Exekutionsmaßnahmen der SS- und Polizeikräfte sind daher als Ungehorsam mindestens disziplinarisch zu ahnden, sofern nicht gerichtliches Einschreiten notwendig ist.«

Mord = Ungehorsam, diese Formel umschreibt die Anwendungspraxis des Gerichtsbarkeitserlasses. Bezeichnend, daß Roques in der Verfügung noch einen Unterschied zwischen Juden und anderen Landeseinwohnern zu machen für nötig hielt. Entsprechend war die Praxis der Militärgerichte, falls sie doch einmal einen Judenmörder abzuurteilen hatten. Als Beispiel mag der Fall des OT-Hauptgruppenführers Karl Schu vor dem Gericht der Division Nr. 187 erwähnt sein. Trotz seines Geständnisses veranlaßte der untersuchungsführende Kriegsrichter nicht einmal eine Anklageverfügung. Der OT-Mann hatte zu Protokoll gegeben:

»Die Berechtigung, den Juden erschießen zu lassen, schloß ich... daraus, daß alle Juden im Osten umgelegt worden sind, soweit mir bekannt ist. In allen größeren Städten sind 10000 und mehr Juden umgelegt worden. Wenn der Mann dreimal behauptete, er sei ein Jude, dann gehörte er weg.

Wenn ich ihn zur zuständigen Stelle gebracht hätte, wäre er dort umgelegt worden.«[34]

Ein Einzelfällen sind minimale Strafen – nie wegen Mordes – verhängt worden, die meist nicht einmal entsprechend vollstreckt wurden.

Das Heer nahm seine eigenen schwächlichen Rezepte zur Eindämmung der Verwilderung von Soldaten offensichtlich nicht ernst. Kriegsgerichte redeten mit skurrilen Beweiswürdigungen um Tatsachen herum.

Nicht anders sah die Situation auf dem Balkan aus. In Serbien vollzog sich in direkter Verantwortung des Heeres ein Kapitel des Holocaust. Heer, SS und Auswärtiges Amt arbeiteten hier 1941 eng in einem Programm der Judenvernichtung zusammen. An den männlichen Juden ist hier um diese Zeit die »Endlösung« vorgenommen worden.[35] Unter den Augen des Heeres wurden 1942 Juden in Kroatien in das KZ Jasenovac verbracht, in Griechenland ermöglichten Heeres- und Marinekommandobehörden die Erfassung und den Abtransport der Juden auf dem Festland und auf den Inseln. Einzelne Versuche, diesen Prozeß aufzuhalten, wurden schnell auf dem Funkwege unwirksam gemacht. Meist genügte ein Anruf von der Heeresgruppe E, die laut KTB-Eintrag vom 12.5.1944 keine Einwände etwa gegen den Abtransport der Juden von Korfu und Kreta hatte. Das Zusammenspiel mit dem Admiral Ägäis funktionierte perfekt.[36] Auf Korfu ergriff die Korpsgruppe Joannina die Initiative mit einem Bericht an HGr E[37]: »Zwecks Regelung der Judenfrage bittet Korpsgruppe Durchführungsmaßnahmen beim SD erwirken zu wollen.« Auf Rhodos bezeichneten die Italiener die Maßnahmen des Heeres als Methoden von Barbaren.

Von 1941 bis 1944 war das Heer in den Vernichtungsprozeß verwickelt. Im Januar dieses Jahres sprach Himmler auf einer NSFO-Tagung in Posen vor etwa 300 Generalen und Stabsoffizieren über die »totale Lösung« der Judenfrage im Generalgouvernement.[38] Er hat hier Beifall ernten können. Man wird fragen müssen, ob nicht das Bewußtsein der Komplizenschaft hierbei beteiligt gewesen ist. Gibt es über die Antwort auf diese

Frage hinausgehend eine allgemeine Erklärung für diese Komplizenschaft? Wir müssen gewiß bei einzelnen Offizieren und Befehlshabern eine verschiedene Gemengelage von Motiven unterstellen. Viele waren überzeugt, daß *die Judenfrage* gelöst werden müsse, was ja auch zivile Angehörige der Opposition für richtig hielten. Viele glaubten auch an die Gleichsetzung Bolschewismus – Judentum. Andere waren bloß Konformisten. Bei vielen mischten sich derartige Motive und Überzeugungen. Am nachhaltigsten wirkte aber wohl die Überzeugungskraft des Feindbildes – seit der Dolchstoßlegende ohnehin ein vertrautes Konstrukt. Ein solches Bild trug auch der konservative ehemalige ObdH v. Fritsch mit sich herum, der bekanntlich 1938 den Kampf gegen die Juden als die schwerste noch bevorstehende Schlacht ansah.[39] Der Wehrmachtführungsstab sprach nur aus, was viele dachten, wenn er den sog. Existenzkampf des deutschen Volkes als gerecht und notwendig bezeichnete und dem Offizierkorps klarzumachen suchte, daß die »Gerechtigkeit« des Krieges im Osten »in der Zielsetzung« liege und in »der großen Linie«, die Hitler befehle.[40]

Zweifellos war die Haltung des Heeres im Osten auch ein Produkt politisch-gesellschaftlicher Überzeugungen konservativer und bürgerlicher Observanz. Aber die Überschreitung der Grenze zum Verbrechen, das Mitmachen im finstersten Kapitel der deutschen Geschichte ist damit allein nicht erklärt.

Es bleibt ein unvergleichbares Herausfallen aus den Traditionen des vielberufenen Abendlandes, die diese Gefolgsleute Hitlers zu retten vorgaben. Der Historikerstreit hat gezeigt, wie wenig auch Historiker dies verstanden haben. Wundert es da, daß ein Generalstabschef Hitlers, der Generaloberst Zeitzler, etwa 1950 in Erwartung einer westdeutschen Aufrüstung folgendes zu bedenken gab: »Wir dürfen uns unserer Pflicht gegenüber Europa und der westlichen Welt zur Erhaltung der abendländischen Kultur und Zivilisation auf die Dauer nicht entziehen«, weil wir »auf Grund unserer engen Berührung mit dem Bolschewismus heute wahrscheinlich von allen europäischen Völkern noch oder wieder die stärkste Kampfmoral haben...«[41]

Verdrängung der Wehrmacht-Komplizenschaft, kombiniert

mit neuem Kraftbewußtsein, wem kommt das nicht bekannt vor? Diese Art neuen Selbstbewußtseins ist auf Vergessen, Beschönigung und neue »Sinnstiftung« angewiesen. Der Historikerstreit hat dies erneut offenkundig gemacht. Wir haben noch den Satz Noltes im Ohr, wonach Katyn als Symbol der Strategie der Vernichtung bezeichnender sei als Auschwitz.

Dagegen muß wohl nichts gesagt werden. Ich möchte nur darauf hinweisen, daß die Wehrmacht an nicht nur einem »Katyn« beteiligt war, zu nennen wären u. a. die Massaker von Kraljevo, Kragujevac, Kozara, Kefalonia und Kalavrita.

Hitler hatte einst die Wehrmacht zusammen mit der Partei als tragende Säule des NS-Staates bezeichnet. Wer will bestreiten, daß sie diese Aussage bis zuletzt bestätigt hat?

Ernst Piper

Nationalsozialistische Kulturpolitik und ihre Profiteure

Das Beispiel München

Für Martina Petrik

»Max Liebermann, der größte Feind des deutschen Wesens, hat es vermöge seiner Beziehung zur Presse, besonders aber als Präsident der preußischen Akademie der bildenden Künste bewußt verstanden, eine Vergiftung des deutschen Kunstlebens in solchem Maß durchzuführen, daß es ohne die nationalsozialistische Erneuerung mit Deutscher Eigenart und Deutschem Wesen schnell zu Ende gegangen wäre. Liebermann, die leibhaftige Verkörperung der unheimlichsten Internationale, wußte, wie man ein Volk am tödlichsten trifft. Danach richteten sich alle seine Maßnahmen. Zuerst wurde die Künstlerschaft selber immer wieder durch die Sezessionen gespalten, nach dem Grundsatz: Entzweie und herrsche! Dann wurden in alle einflußreichen Stellen an den Kunstschulen, an den Museen, auf die Lehrstühle für Kunstgeschichte an den Universitäten und in alle staatliche Stellen, die Einfluß auf Ankäufe, Aufträge und Stipendien hatten, willfährige, innerlich und äußerlich abhängige Helfershelfer eingesetzt.«

So schrieb Hans Adolf Bühler 1937 in seinem Aufsatz »Die bildende Kunst im Dritten Reich«[1]. Gleich mehrere Topoi nationalsozialistischer Kunst- und Kulturpolitik sind hier artikuliert. Da ist zum einen die Überzeugung von der Undeutschheit alles Jüdischen, die der nationalsozialistischen Rassenlehre entsprang. Es wird ein grundsätzlicher Gegensatz zwischen der arischen deutschen und der jüdischen Rasse konstruiert. In dem halbamtlichen Handbuch »Weltentscheidung in der Judenfrage« hieß es, »der Jude (kann) sich seiner ererbten Art nicht entziehen, er mag sich noch so sehr zu assimilieren oder als Deutscher zu tarnen suchen«.[2] Dem Jüdischen wurden die Begriffe deutsch, national und volksbewußt entgegengestellt. Ein zweiter Topos ist die Internationalität. Der Jude war nicht nur undeutsch, sondern ein Agent finsterer Mächte, ein Vertreter des mit aller Macht gegen alles Rechtschaffene arbeitenden Weltjudentums. So war es nicht überraschend – dies der dritte Topos –, daß er überall in heimtückischer Weise Einfluß zu nehmen versuchte. Bühlers Stichworte sind Presse, Akademien, Museen, Lehrstühle und Ankäufe, Aufträge und Stipendien sowie Helfershelfer. Anzumerken ist, daß auch Hans Adolf Bühler Maler war und sogar zweiter Vorsitzender einer »Deutschen Kunstgesellschaft«, nur – sein Ruhm blieb hinter dem Liebermanns merklich zurück. Doch die Nazis dankten ihm sein Engagement und machten ihn sofort nach der sogenannten Machtergreifung zum Akademie- und Galeriedirektor in Karlsruhe.

Gegen einen derart gefährlichen Feind, wie den von Bühler beschriebenen, sind natürlich härteste Abwehrmaßnahmen erlaubt, ja geboten. Das zentrale Stichwort lautete »Entjudung«. Die »Entjudung des deutschen Kulturlebens« war »eine Arbeit, die unter Leitung des Reichsministers für Volksaufklärung und Propaganda von der Kulturkammer mit der Gründlichkeit und Sorgfalt, die der großen Verantwortung für unsere deutsche Kultur entspricht, im wesentlichen in wenigen Jahren durchgeführt wurde«.[3] So Erich Kochanowski, Referent im Propagandaministerium, im Jahre 1939. Diese »Entjudung des deutschen Kulturlebens«, Teil der kulturpolitischen Formierung des nationalsozialistischen Staates, und ihre Folgen sind unser Thema.

1932 hatte Hitler Goebbels gegenüber geäußert:

»Goebbels, überlegen Sie sich, wenn Sie einmal in der Reichsregierung die gesamte Propaganda zu bearbeiten haben, wie wir diesem Unwesen ein Ende machen. Zwar hat

Kunst nichts mit Propaganda zu tun, sondern ist der tiefste Ausdruck der wahrsten Seele eines Volkes. Diese Seele ist aber durch jüdische und sezessionistische Propaganda beschmutzt, irregemacht und haltlos geworden... Insofern ist es Aufgabe der Propaganda, dem gesunden Volksempfinden wieder zur Freiheit und zum Recht zu verhelfen.«[4]

Am 15. März 1933, zehn Tage nach den letzten relativ freien Reichstagswahlen, wurde Goebbels zum Reichsminister für Volksaufklärung und Propaganda ernannt. Dies war damals zugleich das einzige von den Nazis neugeschaffene Ministerium. Der Propagandaminister war aufgrund seines Amtes auch Präsident der ebenfalls neuerrichteten Reichskulturkammer mit ihren sieben Einzelkammern. Außerdem unterstanden ihm alle Genehmigungs- und Kontrollinstanzen für den kulturellen Bereich. Entscheidend war die erste Durchführungsverordnung zum Reichskulturkammergesetz vom 1. 11. 1933, die die Zwangsmitgliedschaft in den Einzelkammern festlegte. Dies bedeutete Berufsverbot für alle, deren Aufnahme abgelehnt worden war oder die später ausgeschlossen wurden. Ein förmliches Aufnahmeverbot für Juden gab es zunächst nicht. Angesichts der starken Stellung der Juden in bestimmten Kultursektoren, z. B. dem Kunsthandel, wären sonst wirtschaftliche Einbußen zu befürchten gewesen. Der Reichswirtschaftsminister war daher auch der einzige, der ein gesetzlich verankertes Mitwirkungsrecht bei den Maßnahmen der Reichskulturkammer hatte. Den »Geistes- und den Kapitaleinfluß des Judentums« wollte man ausschalten, die »Vernichtung wirtschaftlicher Werte« aber vermeiden.[5] Ein Argument, das nach den Zerstörungen der »Kristallnacht« von Kritikern des Pogroms innerhalb der NSDAP-Führung wieder vorgebracht wurde.

Ziel der Nationalsozialisten war die »Liquidation der folgenschweren Judenemanzipation«[6]; deshalb war die erste Etappe der antijüdischen Politik vorwiegend legalistischer Natur. Schon am 7. April 1933 wurde das »Gesetz zur Wiederherstellung des Berufsbeamtentums« verabschiedet, das einen förmlichen Ariernachweis für alle Beamten verlangte und natürlich auch für die staatlichen und städtischen Kultureinrichtungen galt. Es folgten noch im selben Jahr das Reichskulturkammergesetz und das Schriftleitergesetz, und die Nürnberger Gesetze im Herbst 1935 »verankerten schließlich die in der Praxis bewährten rassenpolitischen Maßnahmen zur Lösung der Judenfrage im deutschen Reichsgebiet mit endgültiger Wirkung«.[7] Hatte Goebbels im Februar 1935 erklärt: »Grundsätzlich sollen alle Nichtarier (Juden) aus den Einzelverbänden der Kammer heraus«[8], so war man ein gutes Jahr später so weit, auch von Mitgliedern der Kulturkammer den förmlichen Ariernachweis zu verlangen.[9] Das betraf indessen nur noch wenige. Aus der Reichsschrifttumskammer z.B. waren bis Ende Januar 1936 bereits 447 jüdische und 4 »jüdisch versippte« Autoren ausgeschlossen worden, denen nur 8 jüdische und 35 »jüdisch versippte« Autoren gegenüberstanden, die noch Mitglieder der Kammer waren.

Gerade auf kulturellem Gebiet setzte die Formierung des nationalsozialistischen Staates besonders rasch ein. Die Künstler waren nur eine kleine Gruppe ohne mächtige Lobby, und bei ihrem Vorgehen gegen die Moderne konnten die Nazis mit breiter Zustimmung in der Bevölkerung rechnen. Bereits am 11. April 1933 wurde das Bauhaus geschlossen, am 10. Mai kam es zu den berüchtigten Bücherverbrennungen, und sechs Tage später wurde die erste »Verbotsliste Schöne Literatur« veröffentlicht. Diese Verbotslisten des »schädlichen und unerwünschten Schrifttums«, ergänzt um Empfehlungslisten, wurden periodisch publiziert. Es gab drei Gründe für das Verbot eines Autors: Rasse, Emigration und politische Gesinnung. Am 24.7.1936 fand erstmals die »Kulturpolitische Pressekonferenz« statt, die von da an einheitliche Sprachregelungen für die Kulturberichterstattung ausgab.[10] Am 27.11.1936 erging der »Erlaß zur Neuformung des deutschen Kulturlebens«,[11] der die Kunstkritik generell verbot und nur noch die »positive Kunstbetrachtung« zuließ. Zur Begründung führte Ministerialrat Alfred-Ingemar Berndt vor dem Reichskultursenat aus,

»der jüdische Kritiker sei sozusagen der preisbildende Mittler für den Geschäftsmann gewesen, der emporlobte, was verkauft, in Grund und Boden verdammte, was billig gekauft werden sollte. So seien denn bis 1933 die tollsten Bilder jüdischer Maler zu wahnsinnigen Preisen an die Museen des Reiches, der Länder, der Gemeinden usw. verkauft worden. Der gute deutsche Künstler verhungerte, während für kubistische Schmierereien Preise gezahlt wurden, die in die Zehntausende gingen.«[12]

Hier wird ein weiterer Vorwurf gegen die Juden im Kultursektor artikuliert, nämlich, daß sie sich an den sauer erarbeiteten deutschen Steuergroschen bereichert hätten. In der Ausstellung »Entartete Kunst« wurde dieser Vorwurf später in billigster Propagandamanier wiederholt, indem Ankaufspreise von Gemälden aus öffentlichen Sammlungen aus der Inflationszeit angegeben wurden und dabei suggeriert wurde, es handle sich um reale Reichsmarkbeträge.

Der durch listige jüdische Machenschaften von Wirken und Erfolg abgehaltene deutsche Künstler war einer der wichtigsten Topoi nationalsozialistischer Propaganda. So hoffte man, die vielen, die sich zu kurz gekommen fühlten, für sich zu gewinnen. Schon 1930 hatte Hans Severus Ziegler in seinem Leitfaden »Kulturarbeit im Dritten Reich« betont, daß es nur darauf ankomme, die Museen von »bolschewistisch-jüdische(m) Nichtskönnertum und Minderrassentum« zu befreien. Der Staat, die Gemeinden und auch die Kirchen sollten regelmäßig Werke deutscher Maler und Bildhauer ankaufen, ein Vorschlag, dem die Betroffenen nur zu gerne zustimmten. Neun Jahre später konnte der schon zitierte Referent im Propagandaministerium befriedigt feststellen:

»Die kulturelle Auswirkung dieser erfolgreichen Entjudungsarbeit war verblüffend. Schneller als man es erwarten konnte, entfaltete sich das deutsche Kulturleben zu neuer Blüte. Die deutschen Künstler erhielten Engagements und Aufträge, die Theater- und Konzertsäle füllten sich wieder, der deutsche Film – früher völlig in jüdischer Hand – errang internationale Preise und Auszeichnungen, die Ausstellungen im Haus der Deutschen Kunst, die erhabenen Bauten des Dritten Reiches und viele andere große Leistungen zeugen davon, wie segensreich sich die Befreiung der deutschen Kultur von dem Alpdruck jüdischer Überfremdung bereits in 6 Jahren nationalsozialistischer Führung auswirkte.«[13]

Schamloser ist wohl selbst von Nazis nicht oft gelogen worden. Darin offenbarte sich zugleich der hohe Stellenwert, den die Nazis für ihre Selbstdarstellung dem Kultursektor beimaßen.

Im September 1933, auf dem ersten Parteitag der NSDAP nach der »Machtergreifung«, gab es eine eigene Kulturtagung, auf der – wie auch in den folgenden Jahren – Adolf Hitler die Hauptrede hielt. Im Mittelpunkt dieses ersten Parteitags im Zeichen der errungenen Staatsmacht stand das Thema Weltanschauung, und auch Hitlers Rede auf der Kulturtagung hieß »Nationalsozialismus als Weltanschauung«.[14] In ihr findet sich der Satz, der später über dem Eingang zum Haus der Deutschen Kunst stehen sollte: »Kunst ist eine erhabene und zum Fanatismus verpflichtende Mission.« Hitler kam in seiner Rede auch auf die in »Mein Kampf« entwickelte Theorie zurück, daß die Menschheit in Kulturbegründer, Kulturträger und Kulturzerstörer einzuteilen sei. Die einzigen Kulturbegründer seien die Arier, während die Juden natürlich den Zerstörern zuzurechnen waren:[15]

»Jede klar ausgeprägte Rasse hat ihre eigene Handschrift im Buche der Kunst, sofern sie nicht, wie z. B. das Judentum, überhaupt ohne eigene künstlerisch produktive Fähigkeit ist.«[16]

Beschränkte sich Hitler bei dieser Rede auf allgemeine Überlegungen und Andeutungen, so wurde er auf der Kulturtagung im Herbst 1936, nach der erfolgreichen Absolvierung der Olympischen Spiele, die bis dahin das Motiv für mancherlei kalkulierte Zurückhaltung gewesen waren, wesentlich deutlicher. Diesmal trug Hitlers Rede die Überschrift »Die Kräfte der Ordnung wider den Geist des Chaos«. Hitler verkündete jetzt, daß, was durch Kampf und Härte an die Macht gekommen sei, auch nur so erhalten werden könne. Der Hauptfeind war für ihn das Judentum, der Bolschewismus eine jüdische Erfindung, dessen Ziel es sei,

> »die vorhandenen blutsmäßigen organischen Volksführungen auszurotten und durch das den arischen Völkern fremde jüdische Element zu ersetzen«.[17]

Das Judentum stehe gegen jede staatliche Gemeinschaft, sei stets ein »Ferment der Dekomposition« gewesen. Seine Tätigkeit auf wirtschaftlichem und kulturellem Gebiet sei in gleicher Weise destruktiv. Da, wo das Judentum scheinbar kulturbejahend auftrete, handle es sich in Wirklichkeit um die »gerissene geschäftliche Auswertung«.

Nun gab es unter den Galeristen, die sich für moderne Kunst einsetzten, tatsächlich eine ganze Reihe von Juden. Dagegen gab es nur relativ wenige bedeutende jüdische Maler wie Max Liebermann, Lesser Ury, Jankel Adler und Felix Nussbaum. Das hing zum einen mit dem traditionellen jüdischen Bilderverbot zusammen, über das die jüdischen Künstler sich erst nach der Aufklärung hinwegsetzten. Zum anderen aber wurden viele jüdische Unternehmer durch den Ausschluß von den meisten Produktionssektoren in den Handel gedrängt. Es gab eine Reihe von Kaufhäusern in jüdischem Besitz, aber auch Textil- und Juweliergeschäfte und eben Galerien und auch einige Verlage, von denen die letzten nach der »Kristallnacht« arisiert bzw. aufgelöst wurden. Daß diese Galeristen dem Postkartenmaler Hitler, der alles Moderne in der Malerei mit äußerster Radikalität ablehnte, ein besonderer Dorn im Auge waren, versteht sich von selbst. Hitler stellte deshalb unmißverständlich fest, daß anstelle des Spiels der freien Kräfte nunmehr »die Zeit der gemeinsamen Leistung und des gemeinsamen Wiederaufbaus«[18] angebrochen sei. Die Epoche der »bolschewistischen Kunstvernarrung« war abgeschlossen:

»Daher kann diese nationalsozialistische Kunst auch nicht mehr die Erscheinungen der hinter uns liegenden dekadenten Welt dulden, deren demokratische Zerstörungen sich in sichtbarer Deutlichkeit auch auf kulturelle Gebiete übertrugen. Wir lieben das Gesunde. Der beste Kern unseres Volkes an Leib und Seele gemessen, soll den bestimmenden Maßstab heben. Wir wünschen in unserer Kunst nur dessen Verherrlichung.«[19]

Das Ziel war der Stil »einer sich gegenseitig ergänzenden und steigernden Gemeinschaftsarbeit«. In diesem Zusammenhang verwies Hitler zum Schluß auf die großen Bauvorhaben, das »Nürnberg der Reichsparteitage«, die »Umgestaltung der Hauptstadt der Bewegung« und den »Neuaufbau von Berlin«.

München, jener »am meisten geliebte Fleck der Erde«[20], wie Hitler in »Mein Kampf« geschrieben hatte, war nicht nur »Hauptstadt der Bewegung«. Sein anderer nationalsozialistischer Ehrentitel war »Hauptstadt der deutschen Kunst«. Er wurde der Stadt von Hitler am 15. Oktober 1933, bei der Grundsteinlegung für das »Haus der Deutschen Kunst«, verliehen. Dieses Ausstellungsgebäude, nach Meinung der Nazis das größte und schönste der Welt[21], war der einzige repräsentative Museumsbau, der in der Nazizeit entstand. Am 18. Juli 1937 wurde er mit der ersten »Großen Deutschen Kunstausstellung« eingeweiht, die von nun an jährlich einen repräsentativen Überblick über die von den Nazis geduldete Kunst bot. Einen Tag später wurde, nur wenige hundert Meter entfernt, in den Hofgartenarkaden die zur Abschreckung gedachte Ausstellung »Entartete Kunst« eröffnet.[22] Generalprobe für die erstere war die Ausstellung »Große Deutsche in Bildnissen unserer Zeit«, die werbewirksam während der Olympischen Spiele in Berlin gezeigt worden war.[23] Auch die Gegenausstellung hatte Vorläufer, die bis 1933 zurückreichten. Der erste war die schon im April 1933 von dem frischgebackenen Galeriedirektor Bühler inszenierte Schau »Regierungskunst 1918 bis 1933« in Karlsruhe. Doch die Schreckenskammer des Jahres 1937 stellte alles Bisherige weit in den Schatten und beraubte die deutschen Museen in einem Bildersturm ohnegleichen der bedeutendsten

Werke der Kunst des 20. Jahrhunderts. Insgesamt wurde der Fundus der öffentlichen Sammlungen um etwa 17000 Werke geschädigt. Ziel dieses Ikonoklasmus war die »deutsche Verfallskunst seit 1910«[24], wie es in Goebbels' Vollmacht für die Raubkommission hieß, die in wenigen Wochen 14 Museen ausräumte. Dieser Kommission, die einen wichtigen Beitrag zu dem von Hitler angekündigten »unerbittlichen Säuberungskrieg... gegen die letzten Elemente unserer Kulturersetzung«[25] leistete, gehörten unter dem Vorsitz des Präsidenten der Reichskammer der bildenden Künste, des Malers Adolf Ziegler, unter anderem der Direktor des Folkwang-Museums, Klaus Graf Baudissin, der Reichsbeauftragte für künstlerische Formgebung Hans Schweitzer (Künstlername Mjölnir), Wolfgang Willrich und Franz Hofmann an.

Die Ausstellung »Entartete Kunst« hatte das erklärte Ziel, die Gefährlichkeit einer »von ein paar jüdischen und politisch eindeutig bolschewistischen Wortführern gelenkte(n) Entwicklung«[26] aufzuzeigen. Sie war in neun Abschnitte untergliedert:

1 Barbarei in der Darstellung
2 Religiöse Inhalte
3 Der politische Hintergrund der Kunstentartung
4 Politische Tendenz
5 Die moralische Seite
6 Planmäßige Abtötung der letzten Reste jedes Rassebewußtseins
7 Der Idiot, der Kretin und der Paralytiker als geistiges Ideal
8 Eine kleine Auswahl aus den zahlreichen jüdischen Machwerken
9 Vollendeter Wahnsinn

Dem Ausstellungsführer war ein auf blutrotes Papier gedrucktes Flugblatt beigelegt, in dem zum Besuch der Ausstellung aufgerufen wurde:

»Gequälte Leinwand – Seelische Verwesung – Krankhafte Phantasten – Geisteskranke Nichtskönner von Judencliquen preisgekrönt, von Literaten gepriesen, waren Produkte und

Produzenten einer ›Kunst‹, für die Staatliche und Städtische Institute gewissenlos Millionenbeträge deutschen Volksvermögens verschleuderten, während deutsche Künstler zur gleichen Zeit verhungerten. So, wie jener ›Staat‹, war seine ›Kunst‹.«[27]

Hier begegnen uns wieder die inzwischen bekannten nationalsozialistischen Schlagworte von der jüdischen Lenkung des Kunstmarktes, der Verschleuderung von Steuergeldern und der Unterdrückung deutscher Künstler. Die Ausstellung »Entartete Kunst« wurde in München bis Ende November gezeigt, im Februar 1938 dann in Berlin, im Juli des gleichen Jahres in Düsseldorf und im Juli 1939 in Frankfurt am Main. Insgesamt hatte sie über zwei Millionen Besucher. Daneben gab es auch direkte politische Propagandaaktionen, so wurde im Sommer 1936 eine »Antibolschewistische Schau« eröffnet, die von München aus durchs Deutsche Reich wanderte. Die dritte große Wanderausstellung hieß »Der ewige Jude – Große politische Schau«. Sie wurde, fast auf den Tag genau ein Jahr vor der »Kristallnacht«, am 8. November 1937 im Bibliotheksbau des Deutschen Museums eröffnet und wollte demonstrieren, daß »in allen Ländern und zu allen Zeiten ein Abwehrkampf gegen das Judentum und die Judenplage geführt werden mußte«.[28]

München war nicht nur, weil Adolf Hitler hier wohnte, zur »Hauptstadt der Deutschen Kunst« erkoren worden. Nachdem sich im Laufe des Ersten Weltkriegs eine sehr starke antipreußische Stimmung entwickelt hatte, war München, die Hauptstadt der »Ordnungszelle Bayern«, nach der Niederschlagung der Revolution von 1918/19 nicht nur der Hort antipreußischer und antisemitischer Stimmungen, sondern auch Sammelpunkt für nationalistische Desperados, Freikorps, Einwohnerwehren und völkische Umstürzler. Ein antidemokratisch-antirepublikanisch-reaktionäres Bürgertum, wie Lion Feuchtwanger es in seinem Roman »Erfolg« so großartig beschrieben hat, prägte das öffentliche Leben. Der gescheiterte Hitlerputsch änderte daran nichts. Die NSDAP wurde zwar vorübergehend verboten, doch der von ihr beherrschte Völkische Block erreichte bei den Landtagswahlen vom April 1924 in München 50% der

Stimmen.[29] Wenige Monate später wurde Hitlers Haftstrafe zur Bewährung ausgesetzt. 1933 konnte der nationalsozialistische Kunstideologe Hans Kiener zufrieden konstatieren:

> »München hat sich in den letzten Jahrzehnten in erbitterten und zähen Kämpfen gegen das Einströmen des zersetzenden Geistes gewehrt; nicht immer, aber häufig siegreich; und das Geschrei vom Niedergang Münchens als Kunststadt war die Quittung, die ihm aus dem linken Lager dafür zuteil wurde.«[30]

Schon im »Jahrbuch der Münchner Kunst«, bezeichnenderweise während des zu Ende gehenden Ersten Weltkriegs gegründet, hatte Rudolf Oldenbourg mit deutlicher Befriedigung geschrieben, daß »gerade die eigentliche Münchener Tradition – im Gegensatz zu Berlin – dem Eindringen des Impressionismus zähen Widerstand geboten hat«.[31] Ende des 19. Jahrhunderts war der Einfluß auf die deutsche Kunst durch den französischen Impressionismus besonders stark. Daß der bedeutendste deutsche Impressionist Max Liebermann war, von dessen Gefährlichkeit wir zu Beginn gehört haben, machte die Sache gewiß nicht besser. Oldenbourg sah den Grund für die Ablehnung des Impressionismus natürlich nicht im Futterneid der schon mehrfach zitierten unterdrückten und um ihren Erfolg betrogenen deutschen Künstler, sondern in dessen »artistische(m) Charakter«, der das »künstlerische Ausdrucksbedürfnis unserer Rasse« nicht befriedigen konnte. Mehr entspreche der Expressionismus »mit seiner stärkere(n) Betonung des idealen Gehaltes den natürlichen Anlagen der Deutschen«.[32] Damit berührte Oldenbourg zweifellos einen richtigen Punkt. Der Expressionismus, mit seiner Tendenz zum idealischen Wahn, zur Hochgesteiltheit, zum Superlativismus und zur Brachialität, hätte sich, so wie der Futurismus bei den italienischen Faschisten Beifall gefunden hatte, durchaus dazu geeignet, die Renommierkunst der Nazis zu werden. Der nationalrevolutionäre »Aufstand« (1931) hatte zum Beispiel die »visionären ekstatischen Künstler« Ernst Barlach und Emil Nolde als Hauptillustratoren. Der Expressionismusstreit wogte lange innerhalb der NSDAP und wurde erst durch die ablehnende Haltung des Postkartenmalers gegenüber jeder nicht absolut naturalistischen Malerei entschieden. Die zu antisemitischen Kundgebungen allzeit bereiten Nolde, Kirchner, Pechstein usw. waren zutiefst enttäuscht, sich später in der Ausstellung »Entartete Kunst« wiederzufinden. Als Kirchner im Juli 1937 aufgefordert worden war, seinen Platz in der Preußischen Akademie der Künste zu räumen, antwortete er:

> »Ich wünsche von Herzen, daß Deutschland eine neue, schöne und gesunde Kunst erwachse. Ich und mancher andere ältere haben ehrlich und treu daran gearbeitet, das wird man früher oder später einsehen.«[33]

Dennoch war Kirchner in der Ausstellung »Entartete Kunst« mit 32 Werken vertreten. Darüber schrieb er:

> »Ich hoffte immer, daß Hitler für alle Deutschen wäre, und nun hat er so viele und wirklich ernsthafte und gute Künstler deutschen Blutes diffamiert.«[34]

Nolde war nach der sogenannten Machtergreifung sogar in die NSDAP eingetreten, sein Aufnahmeantrag in den »Kampfbund für deutsche Kultur« wurde dagegen bezeichnenderweise abgelehnt. Er sah sich, wie er im Juli 1938 an Goebbels schrieb, »als fast einzigster deutscher Künstler im offenen Kampf gegen die Überfremdung der deutschen Kunst«.[35] Um so mehr mußte es ihn schmerzen, daß sein Werk einen zentralen Platz in der Ausstellung »Entartete Kunst« einnahm.

Die Anhänger der deutschtümelnden Richtung, die gegen den Expressionismus standen, versammelten sich vor allem im »Kampfbund für deutsche Kultur«, der aus der 1927 gegründeten »Nationalsozialistischen Gesellschaft für deutsche Kultur« hervorgegangen war. Anführer dieses Kampfbundes war Alfred Rosenberg, gewissermaßen der Chefideologe der Nazis und zugleich Chefredakteur des »Völkischen Beobachters«. Der Architekt und spätere Präsident der Reichskammer der bildenden Künste, Eugen Hönig, vertrat den Bund Deutscher

Architekten in der Reichsleitung des Kampfbundes. Andere prominente Mitglieder der Reichsleitung waren Baldur von Schirach und Robert Ley. Der Kampfbund wollte alle »nationalen Kräfte« gegen »Entartung, Zersetzung und Verjudung des deutschen Kulturlebens« sammeln und hetzte, wo er konnte. Hatte die Organisation es bis 1933 nur auf etwa 6000 Mitglieder gebracht, so schwoll sie, da der Drang zu den siegreichen Bataillonen schon immer besonders stark war, Ende desselben Jahres schon auf weit über 30000 an. Einer der Mitgründer und Hauptredner des Kampfbundes war Paul Schultze-Naumburg. Die Titel seiner Bücher sprechen für sich: »Kunst und Rasse« 1928 und »Kunst aus Blut und Boden« 1934. Aber schon zuvor, in »Das flache und das geneigte Dach« (1927), hatte er dem »bolschewistisch-jüdischen Flachdach« den Kampf angesagt.[36] Nur ein Böswilliger wird dahinter die schlechte Auftragslage eines dem Neubiedermeier verpflichteten Architekten als Motiv erkennen wollen. Jedenfalls ließen die Nazis die Ihren nicht verkommen und machten Schultze-Naumburg 1930, als sie in Thüringen erstmals in der Regierung saßen, zum Direktor der Staatlichen Kunsthochschule Weimar.

Ein anderer Glücksritter der staatlich organisierten Barbarei war Wolfgang Willrich. Willrich war ursprünglich Maler:

> »Als Künstler hat Willrich schon seit 1920 versucht, den Rassegedanken künstlerisch zu formen, und zwar in schroffem Gegensatz zu der damals üblichen Auffassung vom Menschen als jämmerliche Kreatur, wie sie uns sattsam aus den Schilderungen der Kunstbolschewisten Schmidt-Rottluff, Heckel, Kirchner, Kokoschka, Dix, Grosz und Hofer bekanntgeworden sind. Derartige Versuche, den gesunden Menschen nordischer Rasse als künstlerisch wertvolles Ziel des gesamten Kunstschaffens herauszustellen, sind während der finsteren marxistisch-liberalistischen, jüdisch vollständig verseuchten Systemzeit von 1918–33 keineswegs häufig gemacht worden ...«[37]

Nach 1933 trat Willrich zwar auch als Porträtist von SS-Männern (»Vom Lebensbaum deutscher Art«, Vorwort Heinrich Himmler), vor allem aber als Autor zahlreicher Hetzschriften hervor. 1934 wurde er vom Reichsbauernführer Darré »zur künstlerischen Gestaltung des Staatsgedankens von Blut und Boden« nach Berlin berufen. 1937 erschien sein Pamphlet »Säuberung des Kunsttempels«, das die Konzeption der Ausstellung »Entartete Kunst« geprägt hat. Ziegler machte den »halb scherzhaften« Vorschlag, aus der Ausstellung ein Museum und Willrich zu dessen Direktor zu machen. Dann sei er versorgt und die Reichskammer der bildenden Künste ihn los.[38]

Ein anderes Mitglied der Ausstellungskommission »Entartete Kunst« war Franz Hofmann. Seit 1931 war er hauptamtlich Kunstkritiker beim »Völkischen Beobachter« gewesen. Im Juni 1934 wurde er zum neuen Leiter der Städtischen Galerie im Lenbach-Haus berufen. Da er selbst für nationalsozialistische Verhältnisse ungewöhnlich schwach als Kunstfachmann ausgewiesen war, billigte ihm die Stadt nur eng begrenzte Kompetenzen zu. Seine Freiheit bei Ankaufsentscheidungen endete bei 200 Reichsmark. Er selbst hatte sich vor allem als »alter Kämpfer« empfohlen. Der »Angriff« würdigte am 11.1.1939 den Künstler Hofmann durch die Wiedergabe einer Zeichnung und ließ ihn auch selbst zu Wort kommen:

> »Nach dem faulen Frieden machte ich im Freikorps Epp den Sturm auf meine Vaterstadt München mit. (...) So stand ich am 9. November am rechten Platz. Dies erscheint mir heute als das Symbol einer eigenen inneren Revolution; ich wurde Journalist und führte mehrere Jahre die Klinge im ›VB‹ auf dem Kunstgebiet, auf dem die junge Bewegung den Kampf mit der gerissensten Gegnerschaft zu führen hatte! Die städtische Galerie München ließ mich als ihr Leiter die Gegenwartskunst in eine organische Einheit mit der Kunst der Vergangenheit bringen. Daraus ergab sich die Ausscheidung von Verfallskunst von selbst, und die große Säuberungsaktion, die vom Führer 1937 veranlaßt wurde, traf deshalb meine Galerie nicht.«[39]

Tatsächlich hatte Kammerpräsident Ziegler bei einer Bestandsaufnahme vor dem großen Bildersturm festgestellt, daß von allen deutschen Museen die Galerie im Lenbach-Haus die »tadelloseste« sei. Darin kommt natürlich auch die Ankaufspolitik Eberhard Hanfstaengls zum Ausdruck, der die Galerie von 1925 bis 1933 geleitet hatte und in dessen Konzept die Moderne keinen Platz gehabt hatte.[40] Jedenfalls qualifizierte der Befund Hofmann für die Raubkommission. Er wurde dafür für drei Monate beurlaubt und nach getaner Arbeit, zum 1. 1. 1938, zum Leiter der Abteilung Bildende Kunst im Propagandaministerium befördert.

Auch auf dem Gebiet der Architektur war das Jahr 1933 ein entscheidender Schnittpunkt für Karrieren. Einer der renommiertesten modernen Architekten war Robert Vorhoelzer, der zunächst für die Reichsbahn und ab 1920 für die Post tätig war. 1930 wurde er Professor an der Technischen Hochschule München. Die von Vorhoelzer erbauten Postämter und das Paketzustellamt wurden 1933 kurzerhand zu »kommunistischen Postbauten« erklärt[41] und Vorhoelzer nach einer intensiven Hetzkampagne im Oktober 1933 aus seiner Professur vertrieben, da seine Kunstgesinnung, wie das Bayerische Kultusministerium verlauten ließ, »im Widerspruch zu den Grundsätzen, die im neuen Deutschland allein Geltung haben können und die bekanntlich durch den Mund des Führers selbst festgelegt worden sind«[42], stehe. Noch im gleichen Jahr, erfahren wir von Kunstreferent Lösche des Ministeriums, erwies es sich auch als notwendig, den Bildhauer Karl Knappe, der einen Lehrauftrag für Plastik an der TH hatte, »auszumerzen«.[43] Dafür wurden bewährte konservative Architekten und Gegner des »neuen Bauens« wie Roderich Fick, Friedrich Gablonsky, Alexander von Senger und – auf besonderen Wunsch Hitlers – Julius Schulte-Frolinde, zum Teil ohne ordentliches Verfahren, zu Professoren gemacht. Diese personalpolitischen Entscheidungen fanden vor dem Hintergrund der Auseinandersetzungen zwischen dem »Münchner Bund«, der die Position des Deutschen Werkbunds in Bayern vertrat, und dem »Kampfbund deutscher Architekten und Ingenieure« statt, die mit der Auflösung des »Münchner Bundes« im Februar 1934 endeten. Nur noch 14 der mehr als 260 Mitglieder hatten sich zur letzten Mitgliederversammlung gewagt.[44]

Im selben Jahr 1934 wurde ein selbständiges, direkt dem neuen Oberbürgermeister Karl Fiehler unterstehendes städtisches Kulturamt geschaffen. Dieses Amt sollte bei der Nationalsozialisierung des Kulturbetriebs helfen. Fiehler erklärte in aller Offenheit:

> »Es ist mir im gegenwärtigen Augenblick viel wichtiger, absolut innerlich überzeugte Nationalsozialisten an diesen Stellen zu haben als irgendwelche Koryphäen, die vielleicht einen großen Namen als Künstler haben.«[45]

Leiter des Kulturamtes wurde Hans Zöberlein, der eine ähnliche Parteikarriere wie Franz Hofmann vorzuweisen hatte. Er war Schriftsteller und erhielt für sein Buch »Ein Glaube an Deutschland« sofort nach der »Machtergreifung« den Literaturpreis der Stadt München. Leiter der Abteilungen für Literatur und Theater, Bildende Kunst und Musik und Film wurden der ehemalige Offizier Max Reinhard, der Maler Hans Flüggen und der arbeitslose Kapellmeister Franz Adam. Daneben wurde als städtischer Musikbeauftragter Götz Mayerhofer bestellt, der Leiter der Musikbücherei und Fachwart des Arbeitskreises nationalsozialistischer Komponisten war, aber gleichwohl nicht reüssierte.

Insgesamt operierte das städtische Kulturamt nicht sehr glücklich, wie auch das Beispiel der Kammerspiele zeigen sollte.[46] Zwar bedeutete das Jahr 1933 einen entschiedenen Einbruch für das Ensemble dieser angesehenen Bühne. Einige der bedeutendsten Mitglieder, vor allem die jüdischen, wie z. B. Julius Gellner, Therese Giese, Kurt Horwitz, emigrierten sofort. Auch konnte man sich der Forderung, keine Juden mehr zu beschäftigen, auf die Dauer kaum entziehen. Zwar war das weiterhin unter der Leitung Otto Falckenbergs stehende Theater schon vor 1933 von der konservativen Presse immer wieder angegriffen worden, doch erwiesen sich die Kammerspiele als unentbehrlich, wenn die »Hauptstadt der deutschen Kunst« auf dem Theatersektor einen Stich gegen

Berlin machen wollte. Man rettete sich bei der Spielplangestaltung zunehmend in die unpolitische Unterhaltung, ausgesprochene NS-Dramatiker wurden kaum gespielt. Selbst der Forderung, zum 70. Geburtstag von Dietrich Eckart ein Stück von ihm auf den Spielplan zu setzen, entzog man sich halbwegs, indem man lediglich seine »Peer Gynt«-Bearbeitung inszenierte. Weitaus stärker in den Dienst des Regimes stellte sich das Bayerische Staatsschauspiel, dessen Intendant ab 1938, Alexander Golling, sich schon früh zum Nationalsozialismus bekannt hatte. Gefährdet wurde die relativ ruhige Position der Kammerspiele erst 1938, als auf Druck Fiehlers der notorische Radaubruder Christian Weber, »Kaufmann und Viehhändler«, Nazi der ersten Stunde und Inhaber zahlreicher Parteiämter, Präsident des Verwaltungsrates wurde und den SS-Sturmbannführer Paul Wolfrum zum Geschäftsführer machte. Das Wirken der neuen Herren war aber derart dilettantisch, daß sie schon bald, auf persönliche Initiative Hitlers, wieder abgelöst wurden. Die Kammerspiel-GmbH wurde überhaupt aufgelöst und das Theater im Januar 1939 den »Bühnen der Hauptstadt der Bewegung« eingegliedert. Der auch von Goebbels für Berlin umworbene Falckenberg hatte weiterhin einen gewissen Handlungsspielraum, zu Hitlers 50. Geburtstag wurde er zum Staatsschauspieldirektor ernannt. Trotz dieser Anerkennung blieben die Kammerspiele nationalsozialistischer Programmatik vergleichsweise fern. Dramatiker, die nach 1933 für ihre nationalsozialistische Gesinnung mit Direktionsposten, Aufführungen und Nationalen Buchpreisen belohnt wurden, traten im Spielplan der Kammerspiele kaum in Erscheinung. Friedrich Bethge, der noch schnell am 1.5.1932 Mitglied der NSDAP geworden war und sofort nach der »Machtergreifung« Chefdramaturg am Frankfurter Schauspiel wurde und diese Position nutzte, um seinen Dramen endlich die ihnen zukommende Geltung zu verschaffen, reüssierte an den Kammerspielen nicht. Auch der Präsident der Reichsschrifttumskammer Hanns Johst und Curt Langenbeck, ab 1938 Chefdramaturg am Bayerischen Staatsschauspiel, tauchten nur je einmal im Spielplan auf. Das notwendige Quantum an »Blubo« und »Brausi« gedachte man eher mit Autoren wie Alois Johannes Lippl und Richard Billinger abzuleisten, die viermal bzw. dreimal inszeniert wurden. Der Österreicher Billinger, der 1932 für sein Stück »Rauhnacht« den renommiertesten deutschen Literaturpreis, den Kleist-Preis, bekommen hatte, fand auch nach 1933 hohe Anerkennung. Dem ultraorthodoxen Rosenberg, dem im Gegensatz zur übrigen NS-Führung an einer entschiedenen Ideologisierung des Theaters gelegen war, galt Billinger als »zwiespältige Erscheinung«: »Seine Mischung von derber triebhafter Bäuerlichkeit und raffiniert städtischem Literatentum ist nicht erfreulich.«[47] Aber mit dieser Position standen Rosenberg und sein »Kampfbund«, wie manches Mal, allein, denn Billingers bäuerliche Dramen paßten den Nazis gut ins Konzept. Er erhielt den Literaturpreis der Stadt München, den Grillparzer-Preis und schließlich 1943 den Raimund-Preis der Stadt Wien.

Joseph Goebbels hatte mit Brutalität und Geschick den Propagandaapparat erst der Partei, dann des Staates organisiert. Er war ein wirklicher Politiker und wußte, daß es für die Neutralisierung des Bürgertums und das Ansehen des Regimes im Ausland von großer Bedeutung war, bekannte Künstler für eine Mitarbeit im nationalsozialistischen Deutschland zu gewinnen. Besonders erfolgreich war er auf dem Feld der Musik. Präsident der Reichsmusikkammer wurde Richard Strauss, der unbestritten bedeutendste Opernkomponist jener Tage, sein Stellvertreter Wilhelm Furtwängler, der sich nach einer Zeit des Schwankens im Frühjahr 1935 gegen die Emigration und für ein aktives Wirken im Deutschen Reich entschied. Diese Entscheidung war angesichts von Furtwänglers internationalem Ansehen ein bedeutender Prestigegewinn für die Nazis. Das galt in noch stärkerem Maße für Strauss, der bei Hitlers Ernennung zum Reichskanzler bereits 68 Jahre alt und seit 1925 nur noch als freischaffender Komponist und Dirigent tätig war. Politik war ihm zutiefst gleichgültig, ihn interessierten nur sein Ruhm und die Geltung seines Werkes und seiner Person. Als Arturo Toscanini das Dirigat des »Parsifal« für die Bayreuther Festspiele 1933 aus Protest gegen die antijüdische Politik der Nazis absagte, zögerte Strauss nicht, an seiner Stelle anzutreten. Am 13.2.1934 hielt er die Eröffnungsansprache bei der ersten Tagung der Reichsmusikkammer. Einmal mehr hören wir das bekannte Lied von der »Verschlechterung der wirtschaftlichen Lage der deutschen Musikerschaft« in der jüngsten Vergangenheit und der Hoffnung auf die ordnende Hand Adolf Hitlers.[48] Als die Gestapo einen Brief von Richard Strauss abfing, in dem er bekannte, sich nur aus Opportunismus dem Naziregime zur Verfügung gestellt zu haben, mußte er die Kammerpräsidentschaft niederlegen, was ihn zu einer Ergebenheitsadresse an Hitler, den »großen Gestalter des deutschen Gesamtlebens«[49], veranlaßte. Strauss blieb auch in der Folge gänzlich unbehelligt und durfte z. B. weiterhin dem »Ständigen Rat für internationale Zusammenarbeit der Komponisten« präsidieren, der 1934 nach Deutschlands Austritt aus der Internationalen Gesellschaft für Neue Musik gegründet worden war. Strauss blieb der Opportunist, der er war, und im Mai 1935 konnte der Geschäftsführer der Reichsmusikkammer dem Geschäftsführer der Reichskulturkammer in einem vertraulichen Spitzelbericht über die Strauss'sche »Hauspolitik« mitteilen, daß dieser gegenüber Furtwängler Clemens Krauss bevorzuge, einfach, weil dieser mehr für die Aufführung seiner Opern tue.[50]

Der Dirigent Clemens Krauss, 1893 geboren, hatte schon früh Sympathien für die Nazis erkennen lassen. 1933 übernahm er anstelle des vertriebenen Dirigenten Fritz Busch die Leitung der Premiere der Strauss-Oper »Arabella« in Dresden. 1935 wechselte er von der Staatsoper Wien nach Berlin und kam 1936 nach München. Sowohl in Berlin als auch in München profitierte Krauss von der politisch bzw. rassistisch motivierten Ausschaltung seiner Vorgänger Kleiber und Knappertsbusch. Nach Furtwänglers Rücktritt wurde er stellvertretender Kammerpräsident, und nach dem sogenannten Anschluß wurde er Leiter der Salzburger Festspiele und Direktor des Mozarteums, wofür er mit den Worten dankte:

> »Ich gelobe an dieser Stelle, das mir anvertraute Gut als eine hohe Schule der Kunst zu führen mit all der Ehrfurcht, die uns Künstler in dieser Stadt befällt, wo Mozart als Schüler gelernt, mit tiefer Demut vor dem Genius Mozart und vor dem vorwärtsstürmenden und erhabenen Meisters und Künstlers Adolf Hitler!«[51]

Clemens Krauss erfreute sich bei dem vorwärtsstürmenden Meister hoher Wertschätzung, und 1941 wurde das Münchner Staatsopernorchester auf dessen Wunsch in die »Sonderklasse der deutschen Kulturorchester« eingestuft. Der folgende Brief Martin Bormanns an den Münchner Oberbürgermeister vom 1.4.1942 spricht für sich:

»Lieber Parteigenosse Fiehler!
Gemäß einem Auftrag des Führers wendet sich Generalintendant Clemens Krauss, wenn er bezüglich der Oper Wünsche hat, an mich. Unter dem 24.2.1942 schrieb Clemens Krauss, es sei ihm nicht mehr möglich, für neuverpflichtete Mitglieder der Bayerischen Staatsoper Wohnungen in München zu erhalten. Mich wundert das nicht, denn durch die zur Parteikanzlei kommandierten Beamten und Politischen Leiter bin ich hinreichend über die Münchner Wohnungsnot unterrichtet. Vom Schreiben des Generalintendanten Krauss habe ich nun heute dem Führer berichtet. Dieser wünscht, daß Sie doch noch einmal prüfen, ob nicht eine Anzahl weiterer Judenwohnungen für die neuverpflichteten Mitglieder der Bayrischen Staatsoper geräumt werden könne.«[52]

Der Oberbürgermeister antwortete Bormann umgehend, daß die wenigen »Judenwohnungen« leider schwer vermietbar seien und außerdem seinem eigenen Ersuchen zufolge nur in Fällen ganz besonderen öffentlichen Interesses oder an Angehörige der Parteikanzlei zur Verteilung kommen sollten. Als besonders vordringlich habe er erst vor wenigen Wochen auf Wunsch der Generalintendanz sechs arisierte Wohnungen an drei Chorsänger, zwei Orchestermusiker und eine Solotänzerin verteilt.

Auch bei der »Entjudungsarbeit« spielte Krauss im Bereich der Musik eine führende Rolle.[53] Massenweise wurden damals Libretti von Juden gereinigt, ja manchmal ganze Opern umgeschrieben. Aus Nedbals »Polenblut« wurde eine »Erntebraut«, Richard Wagners Kaisermarsch erhielt einen neuen Schlußchor mit einer Hymne auf den Führer usw. usf. Als diese Tätigkeit immer seltsamere Blüten trieb, wurde sie 1940 in der

Reichsstelle für Musikbearbeitungen zentralisiert. Den Vorsitz des Arbeitsausschusses übernahm Clemens Krauss. Auch wenn die Auslandspropaganda-Stäbe riefen, war er zur Stelle. So trat er z. B. bei Wehrmachtskonzerten im besetzten Polen und in Paris auf.

Nach dem »Endsieg« wurde Clemens Krauss, ebenso wie Karl Böhm, von den Alliierten mit Berufsverbot belegt. Böhm, ein Jahr jünger und Österreicher wie Krauss, hatte seit 1934 die Dresdner Oper geleitet, bevor er 1943 nach Wien ging. Der Wechsel von Hamburg nach Dresden war auf »persönliches Eingreifen unseres Führers«[54] hin erfolgt. Böhm revanchierte sich, indem er zur Farce einer Reichstagswahl am 29. 3. 1936 unter der Überschrift »Die Musikkrise beseitigt!« erklärte:

»Die Neugliederung und straffe Zusammenfassung aller Stände und Berufsgruppen, die seit der Machtergreifung Adolf Hitlers durchgeführt worden ist, hat sich für den kulturellen Wiederanstieg Deutschlands als äußerst segensreich erwiesen. (...) Ihm verdankt der Musiker, sei er nun freischaffender oder reproduzierender Künstler, Musikerzieher oder Orchestermusiker, unendlich viel. Und das sowohl in sozialer und wirtschaftlicher Beziehung – indem den vielen arbeitslosen Musikern neue Arbeitsmöglichkeiten gegeben worden sind – wie in ideeller Hinsicht!«[55]

Ein deutliches Beispiel dafür, wie die Zurücksetzung des einen das Fortkommen des anderen fördern konnte, sind auch die Salzburger Festspiele. Bis zum sogenannten Anschluß waren die Festspiele wegen des »internationalen jüdischen Einflusses« und wegen der Konkurrenz zu Bayreuth, dessen weihevoller Ernst Salzburg ohnehin fehlte, von den Nazis boykottiert worden. Hitler gestattete ganzen zwei »reichsdeutschen Künstlern« pro Jahr die Teilnahme. Nach dem Einmarsch der deutschen Truppen in Österreich vollzog sich auch künstlerisch ein Machtwechsel. Toscanini und Bruno Walter konnten nicht mehr dirigieren. Furtwängler, Böhm und Krauss traten an ihre Stelle. Böhm hatte zum »Anschluß« erklärt:

»Wer dieser Tat unseres Führers nicht mit einem hundertprozentigen Ja zustimmt, verdient nicht, den Ehrennamen Deutscher zu tragen!«[56]

Auch Hans Pfitzner gehörte zu den Profiteuren der neuen Verhältnisse. Er durfte eine Ouvertüre zu Kleists »Käthchen von Heilbronn« zu den Festspielen beisteuern. Der Fall Pfitzners ist besonders interessant, denn seine Kompositionen unterlagen in der Weimarer Zeit einem Boykott, der freilich nur in seiner Phantasie und der seiner Anhänger existierte. Dem stand nach 1933 eine Renaissance gegenüber, die allerdings über vollmundige Lippenbekenntnisse nicht hinausging. Auch Pfitzner kämpfte, so wie Nolde, für die »deutsche Kunst«, für die »deutsche Musik«, gegen die »Neutöner« und gegen das Eindringen »artfremder, zersetzender« Elemente. Er sah sich und seinen Abwehrkampf in der Nachfolge Richard Wagners. Pfitzner ist ein einprägsames Beispiel für die Verbrämung ästhetischer Positionen mit politischen Parolen.

Bereits frühzeitig bastelte Pfitzner an der Legende von der eigenen Unterdrückung, an der in diesem Fall der Musikkritiker Paul Bekker schuld hatte, der »zusammen mit seiner mächtigen ›Frankfurter Zeitung‹ die international-jüdische Bewegung in der Kunst leitet«, wie Pfitzner schon 1919 schrieb.[58] Als die »Zeitschrift für Musik« im Mai 1933 erste Bilanz zog, durfte Pfitzner nicht fehlen:

> »Im Aprilheft kennzeichneten wir die unhaltbare Situation der Staatsoper Berlin... in dem Aufsatz ›Hans Pfitzner-Boykott in Berlin‹. Inzwischen hat der ›Kampfbund für deutsche Kultur‹ dafür Sorge getragen, daß Pfitzner während der Frühjahrs-Kunstwochen als Gast-Dirigent an die Berliner Staatsoper berufen wird und daß Pfitzners ›Palestrina‹ wieder auf den Spielplan gesetzt wird. Generalmusikdirektor Otto Klemperer hat dagegen seine Entlassung erhalten.«[59]

Otto Klemperer war Jude.

1934 erhielt Pfitzner als erster Komponist überhaupt den Goethe-Preis der Stadt Frankfurt, 1936 wurde er in den Reichskultursenat berufen, 1942 erhielt er trotz sehr guter Einnahmen vom Propagandaministerium einen Staatszuschuß mit der Höchstsumme von 6000 Reichsmark und im Jahr darauf den

Beethoven-Preis der Stadt Wien. Als »Botschafter deutscher Musikkultur«[60] reiste er in die besetzten Gebiete, nach Polen, Frankreich und in die Tschechoslowakei. Zum Dank erhielt der »dem Nationalsozialismus wesensverwandte(n) deutsche(n) Kämpfer und Mahner der Musik«[61] 1942 bei der dritten Posener Kriegs-Musikwoche den Wartheländischen Kulturpreis, wofür er sich mit der dem Generalgouverneur gewidmeten Komposition »Krakauer Begrüßung« bedankte.

Schließlich muß noch der »Simplicissimus« erwähnt werden. Die Zeitschrift war 1896 in München gegründet worden und schon bald das angesehenste satirische deutsche Wochenblatt, beliebt vor allem wegen seiner Kritik an bestimmten Erscheinungen des Wilhelminismus. Nach dem Ausbruch des Ersten Weltkriegs ging die Redaktion, nachdem sogar die Einstellung der Zeitschrift diskutiert worden war, allerdings auf einen betont nationalen Kurs, fand aber in der Weimarer Zeit zu einer eher kritischen Position zurück, wenn auch eine Distanz zu der neuen Demokratie unverkennbar blieb. In vielen Karikaturen wurde der Nationalsozialismus, ebenso wie der Kommunismus, scharf kritisiert, um so mehr erstaunte später die geschwinde Anpasssung. In einer ganzseitigen Karikatur Karl Arnolds wurden schon am 12. 2. 1933 die neuen Verhältnisse – »1933: endlich freie Aussicht!« – begrüßt.[63] Trotzdem wurde die Redaktion der Zeitschrift im März von SA-Leuten besetzt und verwüstet. Zwei Nummern fielen aus, in der Ausgabe vom 1. April 1933 war dann zu lesen,

> »daß die Zurücknahme des zeitweiligen Verbots unseres Blattes erfolgt ist, nachdem wir der Regierung gegenüber loyales Verhalten zugesagt haben. Hand in Hand mit dieser Zusage ging eine Umstellung der Redaktion.«[63]

Hinter dem Euphemismus »Umstellung« verbargen sich v. a. die Flucht von Schoenberner und Th. Th. Heine. Heine war zwar der berühmteste Zeichner des Blattes, aber als Jude nicht länger tragbar. Dafür paßten Arnold und Gulbransson sich um so wirkungsvoller den neuen Bedingungen an, ebenso wie auch Thöny, Schulz und Schilling.

Karl Arnold diente sich dem Regime so sehr an, daß er Anfang 1934 vorübergehend Chefredakteur der Zeitschrift wurde und 1939 eine Professur erhielt. Schon 1934 wurde Thöny von der Akademie zum Professor h. c. ernannt.

Der »Simplicissimus« sah es nun als seine »vaterländische Pflicht« an, Deutschland und »seinen großen Zielen im Innern wie nach außen auf seine Art zu dienen«.[64] Mit der Zeit wurde die regimetreue Haltung immer penetranter, sie verstärkte sich noch einmal nach Ausbruch des Zweiten Weltkrieges. Antisemitische Karikaturen, die es gelegentlich auch schon vor 1933 gegeben hatte[65], hatten nun ihren festen Platz. Im September 1944 setzte der Papiermangel dem unrühmlichen Tun ein Ende.

Ziehen wir Bilanz: Es ist deutlich geworden, was die »Machtergreifung« bedeutete: den rücksichtslosen Kampf gegen die Avantgarde, die »Ausmerzung« der Künstler, die die internationale Anerkennung der deutschen Gegenwartskultur begründet hatten, und vor allem die »Entjudung«. Auf der anderen Seite machten mediokre Talente nun Karriere, wenn sie nur die richtigen Phrasen im Munde führten, und es wurde ein gigantischer Apparat von Verbänden, Kammern und Instanzen geschaffen, die, wenn irgend möglich, immer die Partikel »Reich« im Namen führten. Die Reichskulturkammer organisierte etwa 100000 in der einen oder anderen Weise kulturell Tätige. Gleich im März 1933 trat der »Führerrat« der völkischen Kulturverbände mit der Denkschrift »Was die deutschen Künstler von der neuen Regierung erwarten!« hervor. Die Programmpunkte kennen wir inzwischen alle:

- Entfernung aller »Erzeugnisse mit weltbürgerlichen und bolschewistischen Vorzeichen«
- Entlassung der Museumsleiter, die sich der »gewissenlosen Vergeudung öffentlicher Mittel« für den Ankauf moderner Kunst sowie der Magazinierung »wahrhaft deutscher Kunstwerke« schuldig gemacht hatten
- Ausstellung der entfernten Kunstwerke unter Nennung der Ankaufsummen und anschließende Verbrennung[66]

Formuliert war ein solches Programm schnell und auch, die nötigen Machtmittel vorausgesetzt, durchführbar. Und es wurde auch durchgeführt. Nur, was sollte das entstandene Vakuum füllen? Nur mit Künstlern der dritten und vierten Kategorie, auch wenn diese sich das noch so sehr wünschen mochten, war ein international beachtliches Kulturleben nicht zu bestreiten. Niemand erkannte das klarer als Goebbels. Er wirkte darauf hin, daß man über die jüdischen Librettisten Hofmannsthal und Zweig zunächst hinwegsah, denn der Arbeitskreis nationalsozialistischer Komponisten hatten bei allem Fleiß den Strauss-Opern Vergleichbares nun mal nicht zu bieten. Auch die Ausnahmegenehmigungen für einige jüdische Filmschauspieler, Olympiakämpfer u. a. sind bekannt. Bezeichnend genug wurde 1939, aus Gründen der Kriegswirtschaft, nicht etwa der weltbekannte »Simplicissimus«, sondern die parteieigene »Brennessel« eingestellt. Goebbels war es denn auch, der Einhalt gebot, als parteifromme Fanatiker darangingen, Mozart als Freimaurer zu entlarven, Wagner wegen seiner jüdischen Interpreten anzugreifen und sogar Bedenkliches an Goethe entdeckten. Auf der kulturpolitischen Pressekonferenz vom 17.10.1936 erklärte er:

> »Von jetzt ab stehen die großen Deutschen ... unter dem besonderen Schutz des Staates. (...) (Denn) die Neuzeit seit 1933 hat diesen großen Werken tatsächlich in der Kunst nichts Vergleichbares an die Seite zu setzen.«[67]

Doch der Rückgriff auf das »kulturelle Erbe«, wie man heute in der DDR sagen würde, konnte nur bedingt über das Dilemma hinwegtäuschen, daß es allenthalben an bedeutender nationalsozialistischer Gegenwartskunst fehlte. An den Wänden der Museen hingen nun nicht mehr die »entarteten« Werke von Picasso, Beckmann, Chagall, Liebermann, Klee, Kokoschka, Kirchner, Nolde und Kandinsky. Und die Ziegler, Padua, Bühler, Willrich, Kampf, Eber und Kriegel taten sich schwer, einen den Verlust vergessen zu lassen. Bezeichnend ist der Bericht, den Reinhard Piper in einem Brief an Ernst Barlach über die Große Deutsche Kunstausstellung von 1937 gab:

»Was nun die Ausstellung im ›Haus der Deutschen Kunst‹ anbelangt, so bin ich mit dem besten Willen hineingegangen, um dort alles wirklich Wertvolle mit Freuden zu begrüßen. Es kann aber gar nicht die Rede davon sein, daß hier nun wirklich eine bedeutende Ausstellung hervorragender deutscher Kunst zustande gekommen wäre oder als ob hier irgend etwas geboten wäre, was nicht seit 20 Jahren auf jeder Kunstausstellung zu sehen und von der Kritik nicht auch nach Gebühr anerkannt worden wäre. Man glaubt, in einer Ausstellung zu sein, wie sie seit langem alljährlich im Glaspalast zu sehen war. Dreiviertel der Bilder sind fleißig und brav, aber künstlerisch belanglos. Sie stammen von Dutzendtalenten, wie es solche immer gegeben hat. Man bräuchte sie nicht erst zu befreien.«[68]

Der Versuch, dem traditionellen »bürgerlichen« Theaterbetrieb etwas ganz eigenes entgegenzusetzen, war ebenfalls kläglich gescheitert. Die dafür vorgesehenen Thing-Spielstätten waren leichter errichtet, als die dafür nötigen Stücke geschrieben. Auch die neuen Opern erwiesen sich als unbrauchbar, wie Goebbels 1937 auf einer der kulturpolitischen Pressekonferenzen eingestehen mußte.[69]

Weithin mußte man sich mit einer Mischung aus Althergebrachtem und zeitgenössischer Ödnis begnügen. Als am 30. 1. 1937 Deutschen die Entgegennahme des Nobelpreises gesetzlich verboten und dafür ein Deutscher Nationalpreis für Kunst und Wissenschaft gestiftet wurde, war dies vor allem Ausdruck eines trotzigen Selbstbehauptungswillens in der zunehmenden internationalen Isolation. Doch die intelligenteren Männer des Regimes konnten sich mit Martin Bormanns Diktum, für Kulturpolitik brauche man lediglich ein »ehrliches Herz« und den »gesunden Hausverstand eines alten Nazi«, nicht wirklich zufriedengeben. Doch viele rechtschaffene, aber unbedeutende, völkischen Idealen verpflichtete Künstler mochten sich mit einer solchen Haltung, die ihren eigenen Horizont für allgemeinverbindlich erklärte, identifizieren.

Die reaktionäre Grundströmung, die schon seit Beginn des Jahrhunderts gegen alles Neue in der Kunst stand, und die ihr verbundenen Künstler hatten sich durchgesetzt. Für einige Jahre konnten sie triumphieren und die offiziellen Ausstellungsflächen beherrschen. Das änderte nichts an ihrer Mediokrität, und so blieb nach 1945 kaum etwas von ihnen, als das von Hitler verdammte Spiel der freien Kräfte wieder einsetzte.

1911 war die berühmteste der reaktionären Kampfschriften erschienen – »Ein Protest deutscher Künstler«. Der Landschaftsmaler Carl Vinnen hatte ihn organisiert. Vinnen hatte ursprünglich der Künstlerkolonie Worpswede angehört, 1903 war er nach München übersiedelt. In den folgenden Jahren wuchs in ihm die Überzeugung, daß seine Erfolglosigkeit ihren Grund in den Machenschaften des Kunsthandels hatte. Anstoß für die Protestschrift gab der Erwerb eines van Gogh durch die Bremer Kunsthalle. Der erste Satz des Pamphlets lautet:

> »Angesichts der großen Invasion französischer Kunst, die sich seit einigen Jahren in den sogenannten fortgeschrittenen deutschen Kunstkreisen vollzieht, scheint es mir ein Gebot der Notwendigkeit zu sein, daß deutsche Künstler ihre warnende Stimme erheben und daß sie vor dem Einwande, sie triebe dazu nur der Neid, nicht zurückschrecken.«[70]

Durch die »französische Überschwemmung« gingen jährlich Millionen der »vaterländischen Kunst« verloren. Ziel sei es, »unserer Kunst ideell und materiell wieder den Platz an der Sonne zu erobern«.[71]

118 Künstler gaben diesem Protest Vinnens ihre Zustimmung. Das weitaus größte Kontingent stellten mit 53 Unterschriften die Münchner. Die bekanntesten Unterzeichner waren Th. Th. Heine, Friedrich August von Kaulbach, Carl von Marr, Adolf Oberländer, Leo Samberger, Paul Schultze-Naumburg, Franz von Stuck und Wilhelm Trübner. Mit von der Partie war auch Heinrich von Zügel, ein unbedeutender Genremaler, der vor allem Haustiere porträtierte und Professor an der Akademie war. Oldenbourg sah in ihm, in dem früher schon zitierten Aufsatz, das Oberhaupt der positiv gewürdigten, spezifisch Münchner Richtung des Impressionismus. 1937 war Zügel mit vier Werken in der Großen Deutschen Kunstaus-

stellung vertreten. 1940 wurde ihm zum 90. Geburtstag für seine außerordentlichen Verdienste die Goethe-Medaille verliehen. Heute gehört Zügel zu den am höchsten bezahlten Malern der sogenannten Münchner Schule.

Ich kann und will hier nicht auf die zahllosen Aufrufe und Erklärungen reaktionärer und nationalistischer Kreise eingehen, die sich natürlich vor allem nach der »Machtergreifung« häuften. Nur einer muß noch erwähnt werden, der »Protest der Richard Wagner-Stadt München« vom 16. April 1933. Aus Anlaß einer Wagner-Gedenkrede von Thomas Mann protestierte man gegen »Herr(n) Mann, der das Unglück erlitten hat, seine früher nationale Gesinnung bei der Errichtung der Republik einzubüßen und mit einer kosmopolitisch-demokratischen Auffassung zu vertauschen«.[72] Die Akademie der bildenden Künste war bei der Unterschriftenliste vollständig vertreten: der Präsident German Bestelmeyer, die Professoren Bernhard Bleeker, Max Doerner, Hermann Groeber, Olaf Gulbransson, Hermann Hahn, Julius Heß, Angelo Jank, Franz Klemmer, Carl von Marr, Karl Miller und Adolf Schinnerer – dieselben Herren, die wir später in der Großen Deutschen Kunstausstellung wiederfinden. Nur einer fehlte, und das sollte ihn teuer zu stehen kommen – der bedeutendste Vertreter der christlich inspirierten Malerei, Karl Caspar. Er hatte 1922 gegen erbitterten Widerstand aus den Reihen der Akademie die Nachfolge Heinrich von Zügels angetreten. Nun verweigerte er als einziger die Unterschrift. 1937 war er der einzige Münchner Maler, dessen Bilder nicht im Haus der Deutschen Kunst, sondern einige hundert Meter weiter nördlich, in der Ausstellung »Entartete Kunst« hingen. Im selben Jahr wurde er auch gezwungen, um seine vorzeitige Pensionierung nachzusuchen. Aus Angst um sein Leben verließ er München und zog sich aufs Land zurück.[73]

Dieselbe Akademie der bildenden Künste, die gemeinsam mit Oberbürgermeister Fiehler, dem Generalintendanten der Bayerischen Staatstheater Clemens Franckenstein, dem Vorstand der Musikalischen Akademie, dem Staatsoperndirektor Hans Knappertsbusch, dem 1930 an die Akademie der Tonkunst berufenen Hans Pfitzner, Richard Strauss und anderen den »Protest der Richard Wagner-Stadt München« trug, diese Akademie hatte nichts Eiligeres zu tun, als 1933 ihre Ehrengabe Adolf Hitler zu verleihen, der »den nationalen Gedanken als Brennpunkt des geistigen Lebens und Richtschnur der Künste in sein altes Recht einsetzte und in weitschauenden Plänen der Kunst ihre eigene Aufgabe, Sprache des Volkes zu sein, erneut zuweist«.[74]

Ich hoffe, es ist deutlich geworden, daß München nicht zu Unrecht in den strategischen Überlegungen der Nazis einen besonderen Stellenwert hatte. Natürlich gab es auch andernorts Opportunisten und begeisterte Nazis – wer möchte entscheiden, was schlimmer ist –, aber München war ein Ort, an dem reaktionäre Traditionen, nationalsozialistisches Engagement, bürgerlicher Opportunismus und die Mobilisierung dumpfer antimoderner Ressentiments in besonderer Weise kulminierten. So unrecht hatte Adolf Dreßler wohl leider nicht, als er 1937 schrieb:

> »Das Volksleben Münchens wird nicht vom Verstand, sondern vom Gemüt beherrscht, und so konnte München am besten den Nährboden für eine Bewegung abgeben, die sich in erster Linie an das Gemüt und an den Glauben wendet.«[75]

Jörg Wollenberg

Enteignung des »raffenden« Kapitals durch das »schaffende« Kapital

Zur Arisierung am Beispiel von Nürnberg

1. Von der Diskriminierung über das Berufsverbot zur »Entjudung der deutschen Wirtschaft«

> »Wo es sich um etwas moralisch so Tiefstehendes wie einen Kollektivhaß handelt, verträgt sich der Heilscharakter des ›erlösenden‹ Mordes auch gut mit dem Heilscharakter des ›erlösenden‹ Raubes. Es verhält sich nicht einfach bloß so, daß das den Juden weggenommene Geld keineswegs stinkt, es ist auch ›erlöstes‹ Geld, das erst im Säckel des Räubers – sei es der Staat oder wer auch immer – sozusagen aus der Macht des Bösen befreit wird.«[1]

Mit dieser Beschreibung von H. G. Adler erfassen wir den Prozeß der nationalsozialistischen »Entjudungs«- und Vernichtungspolitik, die der ehemalige jüdische KZ-Häftling aus Theresienstadt in seinem Lebenswerk dokumentiert und analysiert hat.

Neben Raul Hilbergs in Deutschland ebenfalls noch zuwenig verbreitetem Jahrhundertwerk über die Gesamtgeschichte des Holocaust[2] bleibt die unermüdliche Forschungsarbeit Adlers bislang unübertroffen. Der von H. G. Adler beschriebene Kollektivhaß diente auch zur Begründung und Durchführung des größten Enteignungsfeldzuges deutscher Geschichte, dem Verdrängen der Juden aus allen Wirtschaftspositionen. Im Nazijargon hieß dieser Vorgang »Entjudung der deutschen Wirtschaft«. Mit den Nürnberger Gesetzen von 1935 setzte sich dafür der Begriff »Arisierung« durch, der nach Genschel zunächst im engeren Sinn die Besitzübertragung eines jüdischen Unternehmens in »arische« Hände meinte, spätestens aber ab 1938 jeden jüdischen Einfluß in der Wirtschaft durch die »Arisierung« aller Firmen, Verbände, Grundstücke und ganzer Wirtschaftszweige beseitigen will.[3] Nach der Ideologie des Nationalsozialismus gehörten die Juden nicht zum deutschen »Volk«. Mit den Nürnberger Gesetzen wurden die Juden deshalb formal-»rechtlich« von der »Volksgemeinschaft« ausgeschlossen. Sie hatten damit kein Recht auf das »Volksvermögen«. Ihr Besitz und ihr Vermögen galt als betrügerisches, »errafftes« und »raffendes« Kapital. Dieses mußte dem Volk oder den »Volksgenossen« als den rechtmäßigen Besitzern zurückgegeben werden. Dieser in der Nazizeit von 430 Verordnungen und Ausführungsbestimmungen begleitete Prozeß einer unter Druck vorgenommenen Übertragung des »raffenden« Kapitals auf das »schaffende« Kapital, also der Eigentumsübertragung jüdischen Vermögens an »Arier«, vollzog sich in zwei Phasen mit insgesamt 170 »Sonderrechten« für Juden in Wirtschaftsfragen:[4]

1. Die sogenannten freiwilligen Arisierungen vom Januar 1933 bis zum November 1938. Sie bestanden darin, daß teilweise unter massivem Druck und Boykott jüdische »Verkäufer« ihren Besitz arischen deutschen Käufern über »freiwillige« Verträge veräußerten und zur Auswanderung gezwungen wurden.
2. Die »Zwangsarisierungen«, d. h. jene Veräußerungen, die nach dem Judenpogrom vom November 1938 aufgrund staatlicher Verordnungen stattfanden und mit denen Juden zum Verkauf ihres Eigentums gezwungen wurden. Die »Verordnung zur Ausschaltung der Juden aus dem deutschen Wirtschaftsleben« vom 12. 11. 1938 legte dazu fest:

§ 1

»Juden ist vom 1. Januar 1939 ab der Betrieb von Einzelhandelsverkaufsstellen, Versandgeschäften oder Bestellkontoren sowie der selbständige Betrieb eines Handwerks untersagt.

Ferner ist ihnen mit Wirkung vom gleichen Tage verboten, auf Märkten aller Art, Messen oder Ausstellungen Waren oder gewerbliche Leistungen anzubieten, dafür zu werben oder Bestellungen darauf anzunehmen.
Jüdische Gewerbebetriebe, die entgegen diesem Verbot geführt werden, sind polizeilich zu schließen.
Ein Jude kann vom 1. Januar 1939 ab nicht mehr als Betriebsführer im Sinne des Gesetzes zur Ordnung der nationalen Arbeit tätig sein.
Ist ein Jude als leitender Angestellter in einem Wirtschaftsunternehmen tätig, so kann ihm mit einer Frist von sechs Wochen gekündigt werden. Mit Ablauf der Kündigungsfrist erlöschen alle Ansprüche.«

Der Ausschaltungs- und Arisierungsprozeß führte dazu, daß der »arische« Wirtschaftssektor die überwiegende Anzahl jüdischer Unternehmen übernahm oder von einer beachtlichen Zahl erzwungener Liquidationen profitierte. Wir besitzen bis heute keine Gesamtzahlen über das Ausmaß dieser Gewinne; sicher ist nur, daß der Käufer eines jüdischen Unternehmens kaum mehr als 75 % und häufig weniger als 50 % von dessen Wert bezahlen mußte. In der Regel brauchten die deutschen Nutznießer jüdischer Liquidationen wenig oder gar nichts zu investieren. Der Gewinn für den Wirtschaftssektor beläuft sich daher mit Sicherheit auf viele Millionen Reichsmark. Der verantwortliche Minister für den Vierjahresplan, Hermann Göring, und die Reichsregierung sicherten sich einen nicht unerheblichen Anteil der jüdischen Vermögenswerte. Sie kassierten die Beträge an Bargeld und sonstigen liquiden Mitteln, welche die Juden im Verlauf der Arisierungen als Bezahlung für ihre Firmen erhalten hatten. Dieses Geld trieb das Finanzministerium mit Hilfe zweier Vermögenssteuern ein: der »Reichsfluchtsteuer«, die erstmals schon 1931 erhoben wurde und mit der Verordnung vom 26. April 1938 eine Verschärfung dadurch erfuhr, daß alle in Deutschland lebenden Juden aufgefordert wurden, ihr in- und ausländisches Vermögen, das mehr als 5000 Reichsmark betrug, »anzumelden«. Das war zugleich eine der wirkungsvollsten Vorbereitungsmaßnahmen für den bevorstehenden Arisierungsprozeß. Die am 12. November 1938 von Göring verkündete »Sühneleistung« für die Ermordung des Gesandtschaftsrats vom Rath in Paris belastete die Juden als zweite Vermögenssteuer mit einer abgabepflichtigen »Sühneleistung« von 20 % des angemeldeten Vermögens, zahlbar in vier Raten vom 15. Dezember 1938 bis zum 15. August 1939.

Die beiden Steuern brachten einen Gesamtbetrag von 2 Milliarden Reichsmark. Das bedeutete den größten Gewinn, den das Dritte Reich aus dem gesamten europäischen Vernichtungskrieg zog. Die mit Wirkung vom 12. November 1938 von Hermann Göring erlassenen Pogromverordnungen zielten insgesamt darauf ab, die »Juden aus dem deutschen Wirtschaftsleben« endgültig auszuschalten, sie mit einer Kontribution von 1 Million Reichsmark an das Deutsche Reich zu belasten und ihnen mit der »Verordnung zur Wiederherstellung des Straßenbildes« die Beseitigung aller Schäden vom 8. bis 10. November 1938 aufzuerlegen. Zusätzlich fielen die Versicherungsansprüche der Juden deutscher Staatsangehörigkeit dem Deutschen Reich anheim.

Die mit solchen Verordnungen verknüpfte »Zwangsentjudung für gewerbliche Betriebe und dazugehörige Betriebs- und Wohngrundstücke« lief auf eine Enteignung hinaus. Der bei dem Zwangsverkauf erlöste »Entjudungs-Gewinn« mußte den Behörden gemeldet und hoch versteuert werden. Der Gegenwert, den die Juden nach 1938 für ihr arisiertes Vermögen erhielten, reichte in vielen Fällen nicht mehr aus, um die Vermögenssteuer zahlen zu können. Dazu kam die Sperrung der Ausfuhr von Zahlungsmitteln. Da viele Juden jetzt so arm gemacht worden waren, daß sie nicht einmal mehr ihre Ausreise bezahlen konnten, bestand für sie kaum noch eine Chance, dem bevorstehenden systematischen Vernichtungsprozeß zu entgehen.

Im Januar 1933 hatte es im Deutschen Reich noch rund 100000 Betriebe in jüdischem Besitz gegeben, darunter neben Privatbanken, Warenhäusern und Betrieben vor allem Arzt- und Anwaltspraxen, Handwerksbetriebe und Einzelhandelsgeschäfte. Nach den Boykottmaßnahmen zählte man im April 1938 nur noch 39532 jüdische Betriebe. Fast 60 % waren also schon vor dem Judenpogrom »arisiert« oder liquidiert worden – auch in Nürnberg.[5]

Hatten die Boykottaktionen vom 1. April 1933 vor allem den Einzelhandel getroffen, so zielten die Verdrängungsmaßnahmen nach der »Illusion der Schonzeit« (Barkai) von 1934 bis 1937 auf die größeren Unternehmen. Wer von den Besitzern zu lange abwartete und zögerte, wurde nach dem November 1938 – bei dem »Endspurt« im Wettlauf um die jüdischen Betriebe – ausgeplündert und war froh, wenn er, nach »Schutzhaft« und KZ, mit dem nackten Leben davonkam. Im Grunde handelten die distinguierten und wohlerzogenen »arischen« Großunternehmer nicht anders als die mittelständischen kleinen Nazis. Wenn es darum ging, jüdisches Vermögen an sich zu »raffen«, waren sie in der Wahl ihrer Mittel letztlich nicht zimperlich. Sie versuchten lediglich, sich die eigenen Hände nicht allzu dreckig zu machen. So begann z. B. der Einkäufer Georg Karg seine steile Karriere als Kaufhausbesitzer von »Hertie« durch die Übernahme des jüdischen Besitzes von Hermann Tietz, den schon 1933 ein Bankenkonsortium »arisiert« hatte. Der Leonhard Tietz-Lehrling und spätere Einkäufer Helmut Horten »kaufte« sich 1936 mit Bankenhilfe beim jüdischen Kaufhaus Alsberg in Duisburg ein, bevor er später seinen Kaufhaus-Konzern mit der Übernahme von Schocken ausbaute. Josef Nekkermann begann seine Karriere mit der »Arisierung« des Nürnberger Kaufhauses Carl Joel.[6] Und Friedrich Flick, der mit dem Kauf der Simsonschen Fabrik zu lange gewartet hatte, wurde bei der »Arisierung« des Petschek-Konzerns im Sudetenland mit einem Neun-Millionen-Dollar-Verdienst »entschädigt«.[7]

Viele der vom Berufsverbot und »Arisierungswettlauf« betroffenen jüdischen Unternehmer, Ärzte, Rechtsanwälte und leitenden Angestellten mußten sich als Hausierer durchschlagen. Nur wenige hatten Deutschland rechtzeitig verlassen können.[8]

Die Pauperisierung der deutschen Judenheit führte über die »Ausschaltung der Juden aus der Wirtschaft« in die Arbeitslosigkeit, von dort über die Zwangsarbeit und die Deportation in die Konzentrations- und Vernichtungslager. Lebten Anfang 1933 ca. 525000 Juden in Deutschland, so waren es im Mai 1939 214000. Von ihnen waren noch 34000 erwerbstätig. Der größte Teil der Juden lebte in Großstädten, knapp ein Drittel von ihnen allein in Berlin. Über 60 % aller jüdischen Erwerbstätigen waren vor 1933 in Handel und Verkehr tätig. Der Anteil der Selbständigen lag mit 46 % ebenfalls deutlich höher als in der Gesamtbevölkerung (16 %). Die Konzentration auf bestimmte Branchen beflügelte seit jeher die antisemitische Propaganda, da sie die kleine jüdische Bevölkerungsgruppe als übermächtig erscheinen ließ. So stellten die Juden rd. 11 % aller praktizierenden Ärzte und 16 % aller selbständigen Rechtsanwälte.[9] Weitere Branchen mit überproportionalem jüdischem Anteil waren der Viehhandel, die Bekleidungs- und Schuhbranche, einzelne Zweige des Metallhandels und die Warenhauskonzerne. Alles in allem beschränkte sich der jüdische Einfluß auf wenige, jedoch besonders auffallende oder krisenanfällige Wirtschaftszweige.

Die Juden waren vor allem in den Berufen stark repräsentiert, die »Lücken und Spalten der mittelalterlichen Ordnung« offengelassen hatten. In seinen Lebenserinnerungen sagt der jüdische Soziologe Franz Oppenheimer dazu:

> »Kein Zweifel, daß Juden in einem im Verhältnis zu ihrer Zahl auffällig starken Prozentsatz an der Entwicklung des deutschen Kapitalismus und seiner Hilfsgewerbe, namentlich auch der Presse, beteiligt waren. Aber man hätte billigerweise denken müssen, daß sie von jeher in den Stand der Kaufleute und Bankiers geradezu zwangsmäßig hineingedrängt worden waren, weil ihnen nicht nur alle vom Staate verliehenem Ämter: der Staatsdienst in Heer und Verwaltung, die Richterstellung, das Lehramt an Schulen und Hochschulen usw., sondern auch das Handwerk gesperrt waren. Sie konnten sich, wie Sombart richtig sah, nur in Lücken und Spalten der mittelalterlichen Ordnung festsetzen; hier erwarben sie die Schulung für die neuen Dinge, erwarben sie eher und gründlicher als die anderen, weil sie durch keine Tradition behindert waren: ›Pionierpsychologie‹ nennt das der Soziologe.«[10]

2. *»Franken voran«: »Entjudungs«-Politik und Arisierungsskandal in Nürnberg*

»Nürnberg gehört zu den wenigen Städten, deren radikale Lösung der Judenfrage bis heute vorbildlich ist. Nicht nur, daß dieses ›Schatzkästlein des heiligen römischen Reiches deutscher Nation‹ schon seit 1499... die Juden aus seinen Mauern verbannen konnte, sondern es blieb auch fast 400 Jahre lang judenrein«.

So beginnt die 539 Seiten starke Publikation von Richard Wilhelm Stock über die »Judenfrage durch fünf Jahrhunderte«, die Anfang 1939 im Stürmer-Verlag erschien. Und Stock beschreibt den Prozeß einer in der Geschichte beispiellosen Verfolgung und Vernichtung der Juden in Nürnberg weiter:

»Und wie Nürnbergs Lösung der Judenfrage am Beginn der Neuzeit für das ganze Volk vorbildlich war, so darf es sich auch heute rühmen, in dem Endkampf des deutschen Volkes gegen die Juden das Sturmbanner vorangetragen zu haben nach der alten Parole: Franken voran. Mit gutem Recht tragen daher die Gesetze des Führers zum Schutz und zur Reinerhaltung des deutschen Blutes den Namen ›Nürnberger Gesetze‹.« In der Tat gingen die Franken beispielhaft voran. Dafür sorgten vor allem Julius Streicher und seine vielen Helfershelfer um den stellvertretenden Gauleiter Karl Holz, den Oberbürgermeister Liebel und den Polizeipräsidenten und Gestapochef Benno Martin. Streicher hatte schon im August 1923 den »Stürmer« gegründet, der zum Inbegriff des nationalsozialistischen Antisemitismus wurde. Mit Auflagen von 500000 Exemplaren streute der 1924 aus dem Schuldienst entlassene Nürnberger Volksschullehrer Woche für Woche die Hetzschrift als »Deutsches Wochenblatt zum Kampfe um die Wahrheit« mit der ständig wiederholten Parole: »Die Juden sind unser Unglück!« unter die »Volksgemeinschaft«. Wer den »Stürmer« nicht anfassen mochte, der begegnete diesem pornographischen Antisemitismus seit 1933 in zahlreichen Schaukästen, die in Stadt und Land angebracht wurden. Dem fanatischen selbsternannten »Frankenführer« ist es auch anzulasten, daß schon vor 1933 eine massive Judenhetze in Nürnberg einsetzte. Dazu kamen nach 1933 zahlreiche Boykottaktionen gegen jüdische Geschäfte. Von psychischem Terror, von Diskriminierungen und Berufsverboten waren frühzeitig Nürnberger jüdischen Glaubens betroffen, so daß für die Juden Mittelfranken als einer der schlimmsten Bezirke in Deutschland galt.[11]

Bereits drei Monate vor dem organisierten Novemberpogrom veranlaßte Streicher im August 1938 die Zerstörung der im maurischen Stil errichteten Hauptsynagoge der Israelitischen Kultusgemeinde auf dem Hans-Sachs-Platz. Vor 100000 Nürnbergern hielt der Gauleiter aus diesem Anlaß am 10. 8. 1938 eine »richtungsweisende Ansprache«:

> »Es kommt die Zeit, in der einmal die Judenfrage in der ganzen Welt radikal gelöst werden wird, weil die Menschheit keinen anderen Ausweg mehr findet. Heute brechen wir hier eine Synagoge ab, und niemals wieder wird sie errichtet werden. In dieser Stadt wollen wir arbeiten und darüber wachen, daß das deutsche Blut und die deutsche Seele rein erhalten bleiben; denn wenn der Jude in Deutschland noch einmal die Macht erringen würde, dann wäre es mit dem deutschen Volke für immer vorbei. Wir leben in einer großen Zeit. Die Saat, die wir gesät haben, geht auf. Die Würfel sind gefallen. Die Zeit der Juden ist für immer vorbei. Ihr Nürnberger Arbeiter, die ihr einst Sklaven der Juden gewesen seid und die ihr jetzt freudig mithelft, das neue Reich Adolf Hitlers zu bauen, nun gebe ich euch den geschichtlichen Befehl: Fanget an!«[12]

Die Pogromnacht selbst wurde in Nürnberg mit besonders großer Brutalität durchgeführt. Von den insgesamt 111 ermordeten Juden in Deutschland starben in dieser Nacht allein 11 Nürnberger Juden eines gewaltsamen Todes. 10 begingen im Gefolge dieses Ereignisses Selbstmord. Der Nazi-Oberbürgermeister Liebel »meldete« dem Rat der Stadt 26 jüdische Opfer der Pogromnacht. Diese Episode fortschreitender Rechtlosigkeit wollten die Nürnberger wie viele Deutsche nicht gewollt, ihr Endergebnis nicht gewußt haben. Deren Vorstufen, die zahlreichen gesetzlichen Regelungen und Boykott-Aktionen, die

Juden aus dem bürgerlichen Leben und den staatlichen und beruflichen Stellungen verdrängten, verschweigen allen voran die Arisierungsgewinner. Vor diesem Hintergrund wird verständlich, warum sich die Verdrängung der Juden aus dem Kulturleben und der Wirtschaft in Franken schon so frühzeitig vollzog. Von den 120 jüdischen Ärzten von 1930 praktizierten 1938 lediglich noch 60 in Nürnberg. Und während am 16. Juni 1933 noch 7506 Juden 1,8 % der 410300 Einwohner Nürnbergs ausmachten, lebten Ende 1939 2628 Juden in Nürnberg. Von den 1941 noch in Nürnberg ansässigen Juden wurden 1631 nach Theresienstadt und Auschwitz deportiert. Nur 72 Nürnberger Juden überlebten den Holocaust. Und dennoch sollen noch 1935 in Nürnberg rund 21 % der im Handelsregister eingetragenen Firmen in jüdischem Besitz gewesen sein.[13] Diese Zahlen verlangen nach einer Überprüfung, die zunächst voraussetzt, den Anteil jüdischer Unternehmen bis 1933 exakt angeben zu können. Schneider und Müller haben den jüdischen Anteil am Nürnberger Wirtschaftsleben für das Jahr 1930 berechnet, ohne jeweils die Größe der einzelnen Firmen und ihren Marktanteil zu berücksichtigen.[14] Ein Vergleich für jene Branchen, in denen der jüdische Anteil mindestens 10 % ausmachte, ergibt für 1930 folgende Bilanz: 583 von 2374 Unternehmen waren in Nürnberg in jüdischem Besitz. Von diesen 583 Firmen wurden nach den Wiedergutmachungsakten mindestens 230 arisiert. Von den weiteren 350 Firmen und ihren »Arisierungsgewinnern« fehlen dokumentarische Materialien. Die Akten der Gauleitung und die der Industrie- und Handelskammer sind kurz vor Kriegsschluß verbrannt oder durch Bomben vernichtet worden. Da der Rest der vorhandenen Akten nach 1945 auf eine Vielzahl von Ämtern und Archiven verteilt wurde und bis heute nur zum Teil gesichtet und ausgewertet worden ist, wird der komplexe Zusammenhang der Arisierung in Nürnberg – wie auch im gesamten Deutschen Reich – noch von einem hohen Grad an Unwägbarkeiten bestimmt. Den 50. Jahrestag ihrer Gründung haben deutsche Unternehmen aus einsichtigen Gründen nicht zum Anlaß genommen, ihre Firmenarchive endlich zu öffnen und über die »Entjudung«, die »Arisierung« jüdischen Unternehmens, forschen und berichten zu lassen.[15]

Einige der einst in Nürnberg von Juden geprägten und später arisierten Branchen haben inzwischen an Bedeutung verloren. Der Hopfenhandel lag zum Beispiel fast ausschließlich in jüdischen Händen und konzentrierte sich auf Nürnberg als Umschlagplatz für den Export nach Übersee und als Stapelplatz des deutschen und böhmischen Hopfens. Gab es im Jahre 1895 noch 364 Hopfenhandelshäuser, so waren 1930 von insgesamt 141 Nürnberger Firmen noch 99 in jüdischem Besitz. Ihre bedeutendsten und überregional bekanntesten Repräsentanten waren Ludwig Gerngros und Berthold Bing. Der Freund und Förderer des Erfinders des Dieselmotors gehörte wiederum zur Fabrikanten-Familie Bing[16], die in der Blumenstraße und in Gleishammer moderne Fabrikationsstätten im Bereich der metallverarbeitenden Industrie aufbaute (»Nürnberger Metallfabrik Gebrüder Bing«).

Und die von Juden mitgeprägte, überregional bedeutende Fahrradindustrie in Nürnberg ist ohne die Juden Karl Marschütz, dem die Hercules-Werke bis 1938 gehörten, oder die Frankenburger und Ottenstein, die 1895 die Victoria-Werke übernehmen, undenkbar. Hohe Wertschätzung genossen auch zahlreiche Einzelhandelsgeschäfte und Kaufhäuser. Ihren Anteil und den anderer Betriebe aus Nürnbergs Wirtschaftsleben halten wir im folgenden für 12 Branchen im Jahre 1930 als Erinnerung an das später verdrängte und doch so öffentlich vollzogene Kapitel der Arisierung fest:[17]

Jüdischer Anteil an Nürnbergs Wirtschaftsleben um 1930

1. *Banken:*
   Von 35 Bankgeschäften befanden sich 12 in jüdischer Hand, darunter das Bankhaus Anton Kohn am Lorenzer Platz, die größte Privatbank Bayerns,
   weiter: Hopf & Co., A. H. Meyer, Max Spaeth, Oskar Marcus, Louis Schwab
2. *Motorräder- und Fahrräder-Fabriken:*
   Von 45 Betrieben befanden sich 6 in jüdischem Besitz, darunter die Mars-Werke (Jacobowitz), die auch Werkzeugmaschinen herstellten,
   die Hercules-Werke (Marschütz)

Triumpf-Werke (Adelung-Riegelmann)
Victoria-Werke (Ottenstein)
Ardi-Werk (Bendit)
Heilo (Heilbrunn)
Die Triumpf-Werke begannen zusätzlich 1909 mit der Schreibmaschinenherstellung.

3. *Eisen, Stahl und Metallwaren:*
   11 von 93 Betrieben, darunter S. Guldmann, Adolf Rosenfelder, Gebr. Sämann Nachf. (die Nürnberger Schraubenfabrik), Leo Reichsthaler, die Nürnberger Metallwarenfabrik der Gebrüder Bing
4. *Hopfenhandlungen:*
   99 von 141 Nürnberger Betrieben in jüdischem Besitz, darunter: L. Gerngros-Frauenfeld, A. Bamberger, Bernhard Bing, J. Dessauer, S. Kohnstamm, Hermann Lust, Hermann Strauss, S. Silbermann, Gebr. Tuchmann, A. Ullmann & Co., S. Weil Söhne, Hermann Rosenzweig, Anton Prager
5. *Kaufhäuser:*
   5 von 10 Kaufhäusern waren in jüdischem Besitz:
   Hermann Gerson, Moritz Schmuckler, Kaufhaus Schocken, Warenhaus z. Strauss, Hermann Tietz & Co. (Kaufhaus Weißer Turm, heute Wöhrl).
6. *Versandgeschäfte:*
   2 von 11 in jüdischer Hand: Karl Joel (von Neckermann übernommen) und Ignatz Meier
7. *Spielwaren:*
   20 von 273 Nürnberger Betrieben in jüdischem Besitz, davon: Adolf Aal, C. Abel-Klinger (Thurnauer), Bing-Werke, Johann Distler (Braun/Mayer), Kuno & Otto Dressel (Ullmann), J. G. Drossel (Strauss), Josef Falk, J. Fischer & Co. (Adelsberger), Georg Herz, Josef Krauss & Co., Georg Künast (Schwab), Theodor Lebrecht, Georg Levy, Max Moschkowitz, Leo Prager, Tipp & Co. (Ullmann), Eugen Reis, Schuko, Trix-Spielwaren
8. *Manufakturwaren:*
   17 von 27 Geschäften jüdisch, davon u. a.: L. Gold-

baum, Max Jacoby, W. B. Schloss, Oppenheimer & Friedmann, Moritz Salomon

9. *Textilwaren:*
   18 von 61 Geschäften in jüdischem Besitz, darunter: Isaak Berger, Kalman Berliner, M. Edelstein, J. Gerngross & Co., Kellermann & Co., Joachim Landmann, Adolf Stein, Moses Steinhaus, Samson Wilmersdörfer
10. *Kleiderfabriken:*
   7 von 13 Betrieben, davon u. a.: J. Abraham, Leopold Rosenfeld & Co., Stein & Co.
11. *Rundfunkapparate:*
   2 von 35 Betrieben: Leo Reichsthaler und die Nürnberger Schraubenfabrik & Façondreherei (Saemann)
12. *Kurz- und Galanteriewaren:*
   34 von 127 Geschäften in jüdischer Hand, u. a.: Adler & Ullmann, Friedmann & Co., J. Gutmann & Co.

Zu weiteren bedeutenden Nürnberger Betrieben in jüdischem Besitz zählten die Camelia-Werke, die zu den Vereinigten Papierwerken der Fabrikantenfamilie Rosenfelder gehörten und die Gustav Schickedanz, der »Quelle«-Chef, nach der Auswanderung von Rosenfelder nach England »übernahm«. Weiter die Lederwerke Cromwell AG, die am 3.11.1938 von Paul Harnischmacher und Dr. Pfähler für einen geringen Preis »übernommen« wurden, die daraufhin 22500,– RM an den Gauwirtschaftsberater Strobl spendeten.[18] Weiter die Noris Weinbrennerei, die Medicus-Schuhfabrik und einige andere.

Über die schon zitierten Einzelhandelsgeschäfte der Textilbranche hinaus erfreuten sich die Herren- und Damenausstatter und Konfektionsläden Marmorecke (J. Langstadt), Adolf Stock (heute Fischer & Co.), die Gebrüder Manes (heute Sundermann), Aufhäuser & Co., Heinrich Prager hoher Wertschätzung. Noch heute haben Firmennamen wie Max Goldberg, Robert Guggenheimer, Schloß AG, W. B. Schloß, Jakob Goldberger, D. M. Katzenberger, Weinstock, Paul Baruch, Josef Levinger, Hugo Gutmann, Berliner, Wilmersdörfer, Feuchtwanger & Schloßberger, Walter Lessing und viele andere in Nürnberg einen guten Klang.

Ein Teil dieser Nürnberger Unternehmen war schon vor 1938 »freiwillig« arisiert worden. Die großen Kaufhausbesitzer wie Hermann Tietz & Co. – ab 1934 in Nürnberg Kaufhaus Weißer Turm (KWT) – hatten sich unmittelbar nach der ›Machtergreifung‹ mehr oder minder freiwillig von ihrem Besitz getrennt und wurden zunächst im Auftrag eines Bankenkonsortiums »arisiert«. Salmon Schocken gab erst nach dem Weihnachtsboykott von 1937 auf und wanderte mit seinen Söhnen aus. Über den von der Gauleitung ohne Absprache mit der Reichsleitung organisierten, durch die Nürnberger Tagespresse und von den Litfaßsäulen verkündeten Weihnachtsboykott von 1937 schwieg die überregionale Nazi-Presse. Dagegen berichtete die Auslandpresse ausführlich über Streichers Privatfeldzug gegen die jüdischen Geschäfte und Warenhäuser in Nürnberg. Ausführlich kommentierten zum Beispiel die »Deutschland-Berichte« der Exil-SPD (SOPADE):

> »Das größte lokale Ereignis in Nürnberg war in den letzten Monaten der Weihnachtsboykott. Vor allen jüdischen Ladengeschäften wurden große, etwa 2 Meter hohe rote Plakate aufgestellt. Die Plakate gaben den Aufruf Streichers wieder, ...: ›Kein Deutscher kauft bei Juden!‹ Gleichzeitig marschierten vor allen jüdischen Geschäften Zivilposten auf, die die Eingänge der Geschäfte überwachten, so daß es unmöglich war, diese zu betreten ... Am nächsten Sonntag, dem ›Silbernen Sonntag‹, mußten die jüdischen Geschäfte ebenfalls, genauso wie die arischen, geöffnet bleiben. Die Angestellten mußten ins Geschäft kommen. Nur die Kunden hatten keinen Zutritt ... Die Polizei hat in keinem einzigen Fall eingegriffen ... Vor dem Warenhaus Schocken waren in den ersten Tagen ebenfalls die erwähnten roten Plakate angebracht, die nach 8 Tagen durch andere ersetzt wurden. Diese Umstellung hatte folgende Ursache: Schokken, eine früher vorwiegend jüdische Firma und Kommanditgesellschaft, ist seit einiger Zeit in eine AG umgewandelt worden, und es heißt, daß sehr viel englisches Kapital in dieser Firma investiert worden ist ... Diese Milderung sah allerdings so aus, daß anstelle des einheitlichen roten Boykott-

plakates bei Schocken ein anderes Plakat angebracht wurde, das etwa folgenden Text hatte: ›64 % des Aktienkapitals der Firma Schocken befindet sich in englischen Händen, der Rest ist in jüdischem Besitz. Deshalb bekämpfen wir dieses jüdische Geschäft!‹ ...«[19]

Der Fränkische Einzelhandel begrüßte den großangelegten Boykott mit einer Dankadresse an den Gauleiter Streicher und einem Spendenaufruf zu dessen 53. Geburtstag: »Wir geben ehrlich zu, daß dieser Boykott ... uns Einzelhändler auch wirtschaftliche Vorteile gebracht hat«, heißt es in einem im Januar 1938 veröffentlichten Aufruf des »Nürnberg-Fürther Einzelhandelsverbandes«, das von Friedrich Maier aus der Harmoniestraße 29 verantwortlich gezeichnet wurde.[20]

Erfolgreich – und in der Regel ohne Abstimmung mit Berlin – praktizierte die Gauleitung illegale Maßnahmen der Kundenanprangerungen, Kundenkontrollen und Blockaden von jüdischen Geschäften und Kaufhäusern nach dem offiziellen Boykott-Tag vom 1. April 1933 immer wieder ab März/April 1934. Diese Politik der »schleichenden« Verdrängung der Juden aus der Nürnberger Wirtschaft fand beim »Kampfbund des gewerblichen Mittelstandes« volle Unterstützung, der die vom Judenrat der SS empfohlene Methode in Franken immer perfekter weiter entwickelte, um die jüdischen Besitzer »freiwillig« zur Aufgabe der Geschäfte zu bewegen. Das von oben organisierte »Aufrollen der Judenfrage von unten« durch die Mobilisierung des »Volkszornes« ließ sich durch solche antijüdischen Boykottaktionen für die eigenen Interessen geschickt kanalisieren. Nach dem frühen »Verkauf« der Warenhausbesitzer Hermann Tietz (heute Hertie) und Leonhard Tietz (heute Kaufhof AG) trieben die Boykottmaßnahmen der Jahre 1933/34 zahlreiche Nürnberger Firmen in jüdischem Besitz recht bald und noch vor der »gesetzlichen« Zwangsarisierung zum »freiwilligen« Rückzug; u. a. den Großhändler von Büromaschinen und Büroeinrichtungen Hugo Gutmann oder Josef Levinger. Die älteste Fabrik galvanischer Kohle von Dr. Walter Lessing, die vorher von Berliner Nazi-Behörden noch auf 1400000 Reichsmark geschätzt wurde, ging für einen Kaufpreis von 500000 Mark an den damaligen Nürnberger Polizeipräsidenten Murchi[21]. Und eines der bekanntesten Nürnberger Textilgeschäfte, die »Marmorecke« am Josephsplatz, »wurde« vom Firmenbesitzer Julius Langstadt am 14.1.1938 – nach massivem Druck und der Verhaftung durch die Gestapo – für rund 250000 Reichsmark »verkauft«, obwohl selbst die Nazis Mindestschätzungen von 700000 Mark für den Besitz vorgenommen hatten. Das aus dem Zwangsverkauf erworbene Entgelt wanderte zudem auf ein Sperrkonto, stand dem »Verkäufer« also nicht oder nur zum geringen Teil zur Verfügung.[22]

Wie es unmittelbar vor dem Judenpogrom vom November 1938 und damit vor dem Beginn der Zwangsarisierungen in Nürnberg aussah, vermitteln u. a. die Anzeigen der Nürnberger Tageszeitungen. Nürnberg schien schon vor den verschärften gesetzlichen Verordnungen vom 12. November 1938 »judenfrei«. Von März bis Juni 1938 häuften sich die Annoncen Nürnberger Firmen, die bekundeten, jetzt in arischen Besitz übergegangen zu sein: »Reichsthaler jetzt arisch« – »Oettinger & Co. jetzt arisches Unternehmen« – »Aufsichtsrat, Vorstand und Gefolgschaft bestehen jetzt aus arischen Mitgliedern« usw.[23]

Die Deutschland-Berichte der SOPADE vom Februar 1938 geben einen anschaulichen Eindruck von der zunehmenden Ghettoisierung der Juden in Nürnberg, die inzwischen alle Lebensbereiche und Geschäftsbeziehungen umfaßte und den Abschluß der »Entjudung« Nürnbergs ankündigte:

> »Mit der Aktion ›Juden aus den Hauptstraßen‹ sind die Geschäftsstraßen gemeint, also vor allem die Königstraße, die Karolinenstraße und die Kaiserstraße. Es ist wahrscheinlich, daß die jüdischen Geschäfte, die sich besonderer Abneigung erfreuen, überhaupt keine Läden mehr bekommen werden, d. h., daß man ihnen keine Erlaubnis mehr geben wird, sich in einer anderen Straße anzusiedeln, oder daß sich kein Hausbesitzer mehr findet, der ihnen einen Laden vermietet, oder kein Handwerker, der ihnen den Laden ausbaut. Wege gibt es jedenfalls genug, um die unliebsamen Juden ohne großes Aufsehen loszuwerden. Über diese Dinge verlautet in der Presse nichts, aber das ist die Atmosphäre, in der die Ange-

stellten der jüdischen Geschäfte und die Besitzer jüdischer Unternehmen leben. Man muß berücksichtigen, daß es sich bei diesen Geschäften zwar der Zahl nach um wenige Läden handelt, aber doch um die größten und repräsentativsten Geschäfte der Stadt. Vorwiegend sind es Textilgeschäfte, d. h. Bekleidungsgeschäfte jeglicher Art, Galanteriewarenhandlungen, Warenhäuser usw.

Schon 1933 wurde den Juden in Nürnberg verboten, die Badeanstalten, und zwar Fluß- und Hallenbäder, zu besuchen. Sie durften nur noch in die städtischen Brausebäder gehen. Im Dezember 1937 ist auch diese Erlaubnis zurückgezogen worden. Oberbürgermeister Liebel hat in der Ratsherrensitzung wörtlich erklärt: ›Man kann keinem Deutschen zumutem, daß er eine Wanne besteigt, in der sich vorher ein Jude befunden hat.‹ ... Im Januar sind den jüdischen Vertretern von der Handelskammer die Vertreterkarten entzogen worden. Die Mitglieder des Einzelhandelsverbandes mußten bis zum 31. Januar eine Erklärung unterzeichnen, daß sie künftig nicht mehr bei jüdischen Firmen kaufen und keine jüdischen Vertreter empfangen würden. Die Inhaber größerer Firmen wurden zum Einzelhandelsverband bestellt, wo ihnen entsprechende mündliche Anweisungen gegeben wurden. Zunächst wird der jüdische Handel und Großhandel boykottiert, dann kommt wohl auch die jüdische Industrie an die Reihe. Schachts Rücktritt, das ist die allgemeine Auffassung, hat diese Entwicklung beschleunigt.«[24]

Wie in anderen Großstädten, so begann der »Arisierungsfeldzug« mit der systematischen Entfernung der Juden aus der Wirtschaft in Nürnberg erst richtig mit dem 9./10. November 1938. Der Judenpogrom von 1938 stellt sich auch in Nürnberg als ein in der Geschichte beispielloser Auftakt zur Enteignung und Vertreibung jüdischer Unternehmungen dar. Im Gegensatz zur Reichsentwicklung wurde dieser Akt der »Entjudung« aber hier besonders brutal durchgeführt. Die NSDAP und ihre Organe unter Leitung von Streicher und Holz überließen dieses »Geschäft« nicht den durch Gesetze dazu beauftragten staatlichen Stellen. Sie nahmen den Arisierungsprozeß selbst so in die Hand, daß erst eine von Göring eingesetzte Untersuchungskommission den korrupten Nürnberger Arisierungsprozeß mit enormen Bereicherungen für die Gauleitung bremsen konnte. Miteinbezogen in diesen fränkischen »Arisierungsskandal« war der Gauwirtschaftsberater und Präsident der Industrie- und Handelskammer Nürnberg, der AEG-Direktor Strobl. Abgesehen von den Vorgängen in Österreich, wo unmittelbar nach dem Anschluß an Deutschland im März 1938 »die Nacht der langen Finger« und der privaten Raubzüge begann, ist keine Arisierungsaktion mit ähnlichen illegalen Methoden und Ausmaßen bekannt geworden wie in Nürnberg und Fürth.[25]

Was war geschehen: Zahlreiche Funktionsträger der NSDAP waren mit der »Lösung« des Arisierungsproblems deshalb keineswegs einverstanden, weil bislang der »Mittelstand« und die »kleinen Chauffeure der Gauleiter« übergangen worden waren. Im Gau Franken beschloß die Partei daher, eine eigene wirtschaftliche Lösung vorzunehmen. In der Annahme, daß keine Zeit zu verlieren war, machten sich die Parteistellen des Gauleiters Streicher deshalb noch am Vorabend der Novemberverordnungen an die Arbeit. Der Reihe nach wurden die Juden zur »Deutschen Arbeitsfront« in die Essenweinstraße zitiert und mit Gewalt zur Unterschrift unter ein Papier genötigt, mit dem ihr Betrieb, Haus oder Grundbesitz dem Gau oder irgendeinem für würdig befundenen Empfänger übertragen wurde. Für ganze 100 Reichsmark erwarb so die Stadt Fürth von ihrer jüdischen Gemeinde Grundeigentum im Wert von 100000 Reichsmark. Einer Privatperson nahm sie Grundbesitz im Wert von 200000 Reichsmark für 180 RM ab. Ein Jude nach dem anderen meldete sich zur Stelle, und ein Dokument nach dem anderen wurde unterschrieben. Die Nazis haben diesen »Arisierungsfeldzug« selbst protokollarisch festgehalten und später »nachgestellt«, indem zahlreiche davon betroffene Juden vor der Göring-Kommission im Januar/Februar 1939 noch einmal unter Eid über das Geschehen berichteten.[26] Einer der betroffenen Juden, der Kaufmann Fritz Friedmann, hat am 27. Januar 1939 u. a. ausgesagt:

»Friedmann Fritz, Kaufmann, geb. 11. Juni 1883, verh.,

2 Kinder, Rasse- und Bekenntnisjude, wohnh. Nürnberg-O., Wodanstraße Nr. 76/II macht folgende Angaben:
Bei der Vermögensanmeldung im April habe ich meinen Grundbesitz, Anwesen Luitpoldstraße Nr. 15 mit 200000 RM angegeben. Dieses Anwesen habe ich im Jahre 1921 zum Preise von rd. 1,2 Millionen Papiermark gekauft... In diesem Hause befand sich meine Firma »Süddeutsche Wäschefabrik Fritz Friedmann«... Am 11. November 1938 wurde ich von 2 SA-Leuten mit einem Kraftwagen von meiner Wohnung abgeholt. Ich wurde zur Arbeitsfront in die Essenweinstraße verbracht und sofort zu einem gew. Herrn Schätzler ins Zimmer geführt, der zu mir sagte: »Sie haben das Haus Luitpoldstraße Nr. 15, unterschreiben Sie sofort, daß Sie dasselbe für 100000 RM abtreten«... Ich weigerte mich... Ich wurde über einen Stuhl gelegt, und ein anderer Jude mußte mich schlagen... Hierauf mußte ich einen anderen Juden in gleicher Weise schlagen... Nachdem ich den Verkauf wieder abgelehnt habe, wurde ich in ein dunkles Zimmer geführt... Um 21.30 Uhr wurde ich nochmals zu Herrn Schätzler geführt... Ich war so ermattet und kaputt und habe dann unter dem Eindruck der Verhältnisse unterschrieben... Kurz nach 24.00 Uhr wurde ich entlassen... Lt. Schreiben vom 27.12.38 übernimmt der stellvertretende Gauleiter Holz das Haus.«[27]

Bei diesen Transaktionen tauchten schnell Probleme auf, weil sich einige Gerichtsbeamte weigerten, die Eintragung ins Grundbuch vorzunehmen, ein Schritt, der zur »rechtlichen Absegnung« des Geschäfts unbedingt erforderlich war. Einer der Richter, Amtsgerichtsrat Leis aus Fürth, wollte die Umstände der fragwürdigen Transaktionen gar schriftlich niederlegen. Außerdem bestanden einige Justizbeamte darauf, daß als Käufer für das dem Gau übertragene Eigentum Gauleiter Streicher eingetragen werde, weil der Gau als solcher keine Rechtsperson darstellte. Die Parteimänner beschlossen jedoch, den Namen des Gauleiters aus der Angelegenheit herauszuhalten, und boten statt dessen den Namen des stellvertretenden Gauleiters Holz als »Treuhänder« an. Staatssekretär Schlegelberger vom

Justizministerium hatte keine Einwände gegen dieses Vorgehen. Dagegen wuchsen die Bedenken des Nürnberger Oberstaatsanwalts Joël. Er legte am 15. Februar 1939 einen kritischen Bericht vor, der trotz vorhandener juristischer Einwände dennoch das Handeln der Gauleitung damit zu rechtfertigen versuchte, »daß der Gau Franken seine besonderen Verdienste in der Judenfrage habe und deshalb auch besondere Rechte erhalten müsse. Seine Aufgaben in städtebaulicher Beziehung und in Zusammenhang mit den Reichsparteitagen und die Tatsache, daß er leistungsschwach gegenüber anderen Gauen und von Juden besonders ausgeplündert sei, berechtigte auch einen besonderen Besitz.«[28]

Ein solches Verständnis führte bei der Zwangsarisierung von Grundstücken, Häusern, Einrichtungsgegenständen, Klavieren und Kraftwagen zu einer Anordnung, die von der Gauleitung unmittelbar, wie sie formulierte, »im Anschluß an die Protestaktion vom 9./10. November 1938« erlassen wurde und aus der wir die wichtigsten Passagen zitieren:

> »Im unmittelbaren Anschluß an die Protestaktion wurde unter Leitung des stellv. Gauleiters Holz eine Kommission, in welcher der SA-Standartenführer Hutzler der Gauleitung, der SS-Obersturmbannführer Gauinspektor Ritter und der Grundstücksmakler Pessler führend tätig sind, gebildet, mit dem Zwecke der *Überführung jüdischer Immobilien in arische Hände.* Der Gang der Arisierung ist folgender:
> Der jüdische Hausbesitzer oder seine Frau werden durch eine Vorlagekarte veranlaßt, sich bei der DAF einzufinden. Im Weigerungsfalle erfolgte Vorführung durch SA-Männer, später durch Polizeibeamte...
> Die Polizeibeamten hatten Weisung, ihre Mission mit der Verbringung des Juden in das Dienstgebäude der DAF als beendigt zu betrachten. Die vorgeführten Juden wurden zuerst mehrere Stunden in einen Keller verbracht. Teilweise warteten sie auch in besonderen Zimmern auf ihren Aufruf. Alsdann wurde ihnen eine Notariatsurkunde vorgelegt. Soweit hier bekannt geworden ist, wurden in allen Fällen diese Urkunden unterschrieben. Danach verpflichtete sich der

Jude, sein Grundstück an die Gauleitung Franken *zu 10 % des Einheitswertes* zu verkaufen. In einigen Fällen wurde den Juden nur 5 % des Einheitswertes als Kaufpreis zugebilligt... Das gleiche Verfahren wie mit den Grundstücken wird seit einigen Tagen auch mit den *Automobilen* jüdischer Besitzer durchgeführt.«[29]

Holz ergänzte diese organisatorischen Maßnahmen und Anweisungen zum Kaufpreis von 10 % des Einheitswertes oder Nennbetrages des arisierten Grundstücks durch die Erklärung, daß die Juden ihre Grundstücke meist während der Inflation zu ⅒ ihres wirklichen Wertes erworben hätten – eine Behauptung, die nicht einmal von der Göring-Kommission übernommen wurde. Auf jeden Fall kamen auf diesem Weg zahlreiche »alte Kämpfer« und Mitarbeiter der Gauleitung endlich zu »Eigentum«. Fritz Herwerth, der Chaffeur des Gauleiters, erwarb einen NS-Fiat zum Listenpreis von 2750 RM für RM 100. Der Hauptschriftleiter der Fränkischen Tageszeitung, Liebscher, »kaufte« einen »Wanderer« für 80 RM, der einen Verkaufswert von 2000 RM hatte. Der Gauleiterbeauftragte und Gauredner Fritz Leikheim besaß nun eine Ford-Limousine für 150 RM (Listenpreis 5785 RM). Und der engste Mitarbeiter des Stabsleiters König, Hans Roth, besaß jetzt einen BMW für 200 RM, dessen Listenpreis mit 5548 RM angegeben war. Der Fotograf der Gauleitung, Harren, riß sich gar einen Daimler-Benz zu RM 100 unter den Nagel, wofür der Listenpreis bei 9600 RM lag. Die Wagen stammten von wohlhabenden Nürnberger Juden wie Louis Saemann, Franz Cohn, Paul Wohl oder Dr. Lessing und Albert Rosenfeld, die am 10. November 1938 verhaftet und anschließend ins KZ Dachau transportiert worden waren.[30]

Zweifelsohne bezog sich Hermann Göring auch auf diese unglaublichen Zwangstransaktionen jüdischen Eigentums, als er auf der wohlvorbereiteten Regierungskonferenz am 12. November 1938 in Gegenwart von Spitzenkräften der einzelnen Ressorts wie Frick, Gürtner, Goebbels, Funk, Stuckart, Heydrich, Woermann und Blessing darauf drängte, gesetzliche Verordnungen zu verabschieden und so den Übergang von der

Verfolgung zur Vernichtung der Juden in Deutschland besser vorzubereiten, aber zugleich angesichts fränkischer Zustände mehr »Rechtssicherheit« zu bringen. Auf der Regierungs-Konferenz sagte Göring in diesem Zusammenhang:

> »Es ist menschlich verständlich, daß im starken Maße versucht wird, in die (jüdischen) Geschäfte Parteigenossen hineinzubringen ... Ich habe entsetzliche Dinge in der Vergangenheit gesehen: daß sich kleine Chauffeure von Gauleitern derart bereichert haben, daß sie auf diese Weise schließlich eine halbe Million Vermögen an sich gebracht haben. Die Herren wissen Bescheid? ... Wir müssen darauf dringen, daß der Arier, der das Geschäft übernimmt, aus der Branche ist und davon etwas versteht.«[31]

Halten wir nach dieser Intervention Görings fest: Die Franken gingen wieder einmal voran und in diesem Fall zu weit. In Nürnberg wurde jener primitive und radikale Antisemitismus propagiert, der die Enteignung der Juden durch die Gauleitungen der NSDAP ermöglichte und Nürnbergs zentrale Stellung bei der »Entjudung Deutschlands« auf dem Gebiet der Arisierung dokumentieren sollte. Mit den zahlreichen Boykotten ab 1933, vor allem mit dem Weihnachtsboykott von 1937 gegen jüdische Geschäfte, hatte Streicher seinen »Privatfeldzug« gegen die Juden ohne Abstimmung mit der Reichsregierung verschärft. Hier entlarvte sich eine der Haupttriebskräfte des Antisemitismus in Form einer ungehemmten Bereicherungssucht derer, die sich als »Zukurzgekommene« verstanden, und die nun zu den Emporkömmlingen zählen wollten. So »bedienten« sich z. B. die Chauffeure, Fotografen und andere Mitarbeiter der Gauleitung der Limousinen der wohlhabenden, jetzt verhafteten Juden. Trotz gelegentlicher Proteste der Verwaltungsbürokratie und von Teilen der Justiz setzten sich die Parteiinstanzen unter der Gauleitung von Streicher und Holz so lange durch, bis es selbst der obersten Parteiführung und der Reichsregierung zu viel wurde. Die von Göring eingesetzte »Untersuchungskommission« stoppte die Ausplünderungsaktionen in Nürnberg und Fürth, freilich ohne das Unrecht wieder gutzumachen. Insgesamt kommt der Bericht der Göring-Kommission für den zu untersuchenden Zeitraum vom 9.11.1938 und dem 8.2.1939 zu dem Ergebnis, »daß in Franken ein verworrener Rechtszustand herrscht, der durch vollkommen ungesetzliche Arisierungsmaßnahmen entstanden ist.«[32] Und weiter heißt es:

»Die Arisierung jüdischer Betriebe war im Gau Franken am 9.11.1938 bereits zu einem gewissen Abschluß gekommen. Dies gilt insbesondere für die bedeutenderen jüdischen Unternehmen. Nach den getroffenen Feststellungen sind in der Zeit vom 9.11.1938 bis zum 8.2.1939... von der Regierung in Ansbach im Gau Franken 72 Arisierungen auf dem Gebiet der Industrie und des Großhandels genehmigt worden. Hiervon waren 68 Klein- und Mittelbetriebe und lediglich 4 größere Unternehmen.
Die 3 einzeln genannten Unternehmen sind wegen *Korruptionsverdacht* näher untersucht worden (Magirus, Stern, Cromwell).
33 Betriebe sind durch Betriebsführer des Oberfinanzpräsidenten Nürnberg auf das Vorliegen eines Arisierungsgewinnes näher geprüft worden... Der Arisierungsgewinn beträgt bei den 33 geprüften Betrieben insgesamt 14399077 RM. Davon ergibt ein zumutbarer Prozentsatz (im Einzelfall zwischen 25 und 70 %) eine im günstigen Fall zu erzielende Arisierungsabgabe in Höhe von rund 10 Millionen RM.«[33]

Bei den ebenfalls untersuchten arisierten 800 Grundstücken und Häusern wurde nach Wiederverkauf ein Gewinn von 21 Millionen RM errechnet. Die Behandlung zahlreicher Einzelfälle durch die Untersuchungskommission gibt interessante Aufschlüsse. Zu den Hercules-Werken heißt es u. a. in dem Bericht:

»Der Jude Marschütz ist Eigentümer von Aktien der Firma Hercules-Werke im Nominal-Betrage von insgesamt 26000 RM. Das Gesamt-Kapital der AG beträgt 620000 RM. Die Firma ist nach den Verordnungen des

Reichswirtschaftsministers als nicht-jüdisch anzusehen. Nach der im Gau Franken üblichen Einstellung wurde die Firma Hercules-Werke AG jedoch als jüdischer Betrieb behandelt. Der Kreisobmann der DAF Emmert ließ durch Kramer den Juden Marschütz auffordern, sein Aktienpaket sofort bei der Bank der Deutschen Arbeit zu hinterlegen. Die Einwendungen des Juden Marschütz wurden energisch zurückgewiesen. Unter Druck wurde das Aktienpaket am 19. 11. 1938 bei der Bank der Deutschen Arbeit deponiert. Es war vorgesehen, die Aktien durch die Bank der Deutschen Arbeit verkaufen zu lassen und den Erlös dem Sperrkonto »Arisierung Industrie« gutzuschreiben.«[34]

Ein ausführlich behandelter »Grenzfall der Arisierung« war aus der Sicht der Göring-Kommission das »Kaufhaus Weißer Turm«, vormals Hermann Tietz & Co. Der Besitzer Theo Hartner galt als Arier, der sich in das Kaufhaus eingeheiratet hatte. Seine Frau war Jüdin und am »Kaufhaus Weißer Turm« ebenso beteiligt wie beim Kaufhaus »Strauss«. Obwohl die Parteileitung keine politischen Bedenken gegen den Arier Hartner erhob, wurde das KWT immer wieder Boykottmaßnahmen ausgesetzt. Hartner glaubte sich vor dieser Geschäftsschädigung dadurch retten zu können, daß er sich von seiner Frau scheiden ließ und diese in den Tod trieb. Und dennoch hatte er damit noch keine Ruhe vor der »Holz-Truppe«. Im Bericht der Göring-Kommission liest sich der Fall so:

»Das Kaufhaus »Weißer Turm« (KWT) ist auf Betreiben der Gauleitung Franken jahrelang boykottiert worden. Der Inhaber des KWT, Hartner, ist Arier, seine – inzwischen verstorbene – Ehefrau war Jüdin. Die Boykottmaßnahmen wurden damit begründet, daß Hartner ein Judenknecht sei und daß der Verdacht bestehe, daß das KWT mit jüdischem Kapital arbeite. Die Weisungen des Reichs-Wirtschaftsministeriums, daß das KWT als arisches Unternehmen anzusehen sei, waren der Gauleitung und auch Strobl völlig gleichgültig. Hartner gibt glaubhaft an, daß ihm von Strobl mehrfach mit dem Konzentrationslager gedroht worden sei, falls Hartner

sich nicht allen Wünschen der Gauleitung fügen sollte. Strobl erklärt, er habe sich an den Maßnahmen gegen Hartner beteiligt, weil dies von der Gauleitung, besonders vom Gauleiter-Stellvertreter Holz so gewünscht worden sei, und weil er selbst Hartner für einen üblen Judenknecht angesehen habe ...
Bei seinen Bemühungen, seine Firma als arisch anerkannt zu sehen, beteiligte Hartner auch den Hauptstellenleiter der Deutschen Arbeitsfront Leissing.
Im Juni 1938 – gelegentlich einer Vorsprache bei der Handelskammer – erfuhr Hartner die Bedingungen der Gauleitung, nach deren Erfüllung sie seinen Betrieb endgültig anerkennen wollte. Danach wurden ihm folgende Punkte zur Auflage gemacht:
1. Nachweis, daß sich sämtliche Geschäftsanteile tatsächlich in seinem Besitz befinden.
2. Verkauf der Filiale des Kaufhauses in Fürth.
3. Berufung eines Aufsichtsrates über die Geschäftsführung.
4. Berufung eines Parteigenossen in die Geschäftsführung selbst.
5. Scheidung von seiner nichtarischen Ehefrau.«[35]

Die Ergebnisse der Göring-Kommission, die mehrere Monate arbeitete, führten zum unaufhaltsamen Abstieg des Gauleiters Streicher. Auch Streichers Befehl an den SA-Oberführer König, als Freund, Mittäter und Hauptbelastungszeuge des Gauleiters Selbstmord zu begehen, den dieser auch tatsächlich ausführte, rettete Streicher nicht. Das Oberste Parteigericht verurteilte ihn am 13.2.1940 als »zur Menschenführung nicht geeignet.«[36]

An dem Sturz von Streicher, der sich auf seine Güter zurückzog und weiter den »Stürmer« herausgab, und von Holz, der sich freiwillig an die Front meldete und erst 1942 als Gauleiter nach Nürnberg zurückkehrte, soll der Polizeipräsident und Gestapo-Chef Benno Martin beteiligt gewesen sein. Trotz der Materialien, die Grieser ausbreitet, neige ich nach wie vor dazu, in dieser Behauptung Martins eine Rechtfertigung ex post anzunehmen, die von seiner eigenen Verantwortung ablenken sollte.

3. *Der Dolch des Mörders unter der Robe des Juristen: »Entjudung« Deutschlands im Nürnberger Schwurgerichtssaal*

Das Nürnberger Justizgebäude an der Fürther Straße dokumentiert mit dem Schwurgerichtssaal 600 auf besondere Weise die enge Verknüpfung der Stadt Nürnberg mit dem Nationalsozialismus. Zugleich ist die Stadt der Reichsparteitage, die auch die Rassegesetze von 1935 mit ihrem Namen beleihen mußte, der Ort der Nürnberger Prozesse und damit des Versuchs, die Kriegsverbrechen der Nationalsozialisten vor dem Militärgerichtshof rechtlich aufzuarbeiten und im Schwurgerichtssaal 600 zu verurteilen.

Eines der skandalösesten Nazi-Urteile, das zur Ermordung Leo Katzenbergers führte, beschäftigte juristische Instanzen in weiteren vier Nachkriegsverfahren vor dem Militärgerichtshof, dem Landgericht Nürnberg und dem Bundesgerichtshof in Karlsruhe.[38] Worum ging es? In dem Schwurgerichtssaal 600 wurde am 13. März 1942 in einer öffentlichen Sitzung des Nürnberger Schwurgerichtes der Vorsitzende der israelitischen Kultusgemeinde in Nürnberg, Leo Katzenberger, wegen »Rassenschande« zum Tode verurteilt. Die angeblich intime Beziehung des 68jährigen Katzenberger zur jungen »arischen« Fotografin Seiler veranlaßte den Gerichtshof, das Todesurteil auszusprechen. Der Landgerichtsdirektor und Vorsitzende des Sondergerichtes, Oswald Rothaug, dazu: »Für mich reicht es aus, daß dieses Schwein gesagt hat, ein deutsches Mädchen hätte ihm auf dem Schoß gesessen«. Das Vergehen der Rassenschande, dessen Katzenberger beschuldigt wurde, fiel unter § 2 des »Gesetzes zum Schutze des deutschen Blutes und der deutschen Ehre«. Dieser lautete: »Außerehelicher Verkehr zwischen Juden und Staatsangehörigen deutschen oder artverwandten Blutes ist verboten«.

Mit dieser Anwendung der »Nürnberger Gesetze« von 1935 lernen wir einen besonders schlimmen Fall kennen, die »Judenfrage« auf »legalem Weg« zu lösen. Hans Globke, der damalige Ministerialrat im Reichsinnenministerium Fricks und spätere Staatssekretär im Bundeskanzleramt Adenauers, hatte dazu

1935 in dem offiziellen Kommentar zu diesen Gesetzen eine Interpretationshilfe angeboten, die mit der juristischen Einführung von »Ersatzhandlungen« Rothaug-Urteile ermöglichte: »Außerehelicher Verkehr ist nur der Geschlechtsverkehr. Unter Geschlechtsverkehr ist zwar nicht nur der Beischlaf... zu verstehen, sondern auch beischlafähnliche Handlungen, z. B. gegenseitige Onanie.«[39] Mit den »Nürnberger Gesetzen« und ihren juristischen Interpretationshilfen begann eine neue und entscheidende Etappe der Diskriminierung der Juden, die über die Entrechtung, den Boykott, die »Entjudung der deutschen Wirtschaft« und die Verfolgung mit der Vernichtung in den Gaskammern von Auschwitz und Birkenau endete.

10 Jahre nach den »Nürnberger Gesetzen« wurde die »Stadt der Reichsparteitage« das Tribunal für den Prozeß gegen die Hauptkriegsverbrecher des NS-Systems. Der von Repräsentanten der Siegermächte zusammengesetzte Internationale Militärgerichtshof (IMT) erklärte die Angeklagten im Hauptkriegsverbrecherprozeß vom 20. 11. 1945 bis zum 1. 10. 1946 im Schwurgerichtssaal 600 des Nürnberger Justizgebäudes wegen Verschwörung zur Vorbereitung und Durchführung von Kriegsverbrechen und schwerer Verbrechen gegen die Menschlichkeit für schuldig. Der »Frankenführer« Julius Streicher wurde zusammen mit weiteren hauptverantwortlichen Nazi-Führern wie Hermann Göring, Wilhelm Keitel, Hans Frank, Alfred Rosenberg, Fritz Sauckel, Joachim Ribbentrop, Wilhelm Frick, Arthur Seyß-Inquart und Alfred Jodl zum Tode verurteilt. Den fanatischen Antisemiten Streicher belasteten u. a. auch die Dokumente, welche die Göring-Kommission 1939 zusammengetragen hatte. Zwölf weitere Kriegsverbrecherprozesse gegen die Eliten des deutschen Staats-, Militär- und Industrieapparates folgten von 1946 bis April 1949 unter alleiniger Verantwortung der USA (Nürnberger Nachfolgeprozesse gegen 199 Angeklagte).

Am 3. 12. 1947 sprach der Nürnberger Gerichtshof das Urteil gegen die besonders dienstwilligen Juristen. Er verurteilte u. a. den Nürnberger Sonderrichter Rothaug zu lebenslänglicher Haft und charakterisierte die »Prostituierung eines Rechssystems zur Erreichung verbrecherischer Ziele... begangen im

Namen des Rechts unter der Autorität des Justizministeriums und mit Hilfe der Gerichte« insgesamt mit dem klassischen Satz: »Der Dolch des Mörders war unter der Robe des Juristen verborgen.«[40]

Im Zuge der Begnadigungswelle wurde Rothaug nach neun Jahren entlassen und machte Versorgungsansprüche bei der Bayerischen Staatsregierung geltend. Als die mitangeklagten Beisitzer des Nürnberger Sondergerichts, Karl Ferber und Heinz Hugo Hoffmann, 1968 nach achtjährigen Ermittlungen des Landgerichts Nürnberg als Beteiligte am Katzenberger-Verfahren zu drei bzw. zwei Jahren Gefängnisstrafe verurteilt wurden, zogen sie vor den Bundesgerichtshof, der sich zum ersten Male mit Rassenschande-Richtern befassen mußte. Der Bundesgerichtshof hob die Entscheidung des Nürnberger Landgerichts im Juli 1970 auf und ebnete den Weg zu einer Verurteilung der Angeklagten vor dem Nürnberger Landgericht im Schwurgerichtssaal 600. Dazu kam es freilich nicht mehr. Wegen körperlicher und psychischer Hinfälligkeit der Angeklagten wurde das Verfahren vor der 5. Strafkammer des Landgerichts Nürnberg am 20. August 1976 eingestellt. Der Sachverständige, Prof. Dr. Bodnik, stellte bei dem Angeklagten Hoffmann eine Gehirnschrumpfung fest.[41]

Noch besser kam ein anderer, schwer belasteter Kriegsverbrecher davon: Friedrich Flick, der durch Arisierungsgewinne zum größten Privatunternehmer im Dritten Reich aufgestiegen war. Am 22.12.1947 wurde er zwar als Hauptangeklagter im Flick-Prozeß zu sieben Jahren Haft wegen Ausbeutung zur Sklavenarbeit, Plünderung besetzter Gebiete und Förderung der SS verurteilt. Die Arisierungsgewinne Friedrich Flicks standen freilich nicht zur Diskussion – auch nicht der wertvollste Besitz, der je im NS-System arisiert worden ist: die im Sudentenland ansässige Ignaz-Petschek-Gruppe.[42] Friedrich Flicks hochentwickeltes Unrechtsbewußtsein erleichterte das Verdrängen jeder Schuld. Vor dem Gericht führte er aus:

»Niemand aus dem großen Kreis derer, die meine Mitangeklagten und mich kennen, glaubt, daß wir Verbrechen gegen die Menschlichkeit begangen haben, und nichts wird uns davon überzeugen, daß wir Kriegsverbrecher sind.«[43]

Im »Gnadenfieber der 50er Jahre« (Robert M. W. Kempner) wurden Flick, Krupp und weitere verurteilte Kriegsverbrecher und Ariseure bald wieder aus dem Zuchthaus entlassen – Flick übrigens eine Woche, nachdem Bundeskanzler Adenauer im August 1950 vor den Hohen Kommissaren der Besatzungsmächte in aller Form die Aufstellung einer westdeutschen Armee verlangt hatte. Das neue Rüstungsgeschäft brauchte seine alten Waffenschmieden und Helfershelfer. Wen wundert es, daß andere noch von den US-Amerikanern vorbereitete Kriegsverbrecherprozesse gegen die Hauptgewinner der Arisierung nicht mehr eröffnet wurden? So hatte z. B. die Finanzabteilung der amerikanischen Militärregierung nach intensiven Untersuchungen gegen die IG Farben, die Deutsche Bank und die Dresdner Bank übereinstimmend festgehalten, »daß sie eine übermäßige Konzentration wirtschaftlicher Macht« darstellten »und an der Durchführung der verbrecherischen Politik des Nazi-Regimes auf wirtschaftlichem Gebiet teilgenommen« hatten, wie es in der Zusammenfassung jener Ermittlungen heißt, die endlich 1985/86 von der Dokumentenstelle zur NS-Politik Hamburg im Greno-Verlag veröffentlicht wurden und eine Fülle an schwerwiegenden Belastungen und Dokumenten zur Arisierungsproblematik enthalten.[44]

Nach einem Blick in jene belastenden Akten hatte der amerikanische Präsident Roosevelt schon am 8. 9. 1944 an den Außenminister Hull geschrieben: »Die Geschichte der Verwendung der IG-Farben durch die Nazis liest sich wie ein Kriminalroman. Auf die Niederwerfung der Naziarmeen wird die Ausrottung solcher Waffen des Wirtschaftskrieges folgen müssen.«[45] Dazu sollte es nicht kommen. Roosevelts Nachfolger Truman eröffnete bald den Kalten Krieg. Dazu waren nun die ehemaligen Gegner als Bündnispartner gut zu gebrauchen. »Die kalte Amnestie« erleichterte NS-Tätern wie Krupp, Flick und Co. die Integration in den neuen Staat. »Die Tätergemeinde hat sich spurlos in die Nachkriegsgesellschaft verflüchtigt, ist dort nicht weiter auffällig geworden und stirbt gegenwärtig friedlich aus. Den

Aufbau von Demokratie und Rechtsstaat hat der NS-Täter nicht behindert. Das größte geschichtsbekannte Verbrechen wurde mit dem größten Resozialisierungswerk abgeschlossen.«[46]

Zu den Resozialisierten gehörte auch »Himmlers Mann in Nürnberg«, der SS-Brigadeführer, Gestapo-Chef und Polizeipräsident von Nürnberg, und später zum heimlichen Widerstandskämpfer und Anhänger des 20. Juli neuinterpretierte Dr. Benno Martin.[47] Der u. a. für Judendeportation, das KZ Flossenbürg und das Lager Langenzenn verantwortliche Martin wurde mehrfach vor Gericht und Spruchkammern gestellt, aber immer wieder freigesprochen. Das letzte Mal am 1. Juli 1953. Nach einem vierjährigen Verfahren sprachen die Richter des Landgerichts zu Nürnberg Benno Martin im Schwurgerichtssaal 600 davon frei, nachweislich verantwortlich zu sein für jene Deportation von 4754 Juden aus dem fränkischen Raum in das Vernichtungslager von Auschwitz. Zu diesem Zeitpunkt galt Martin in Nürnberg inzwischen für viele, die es eigentlich besser wissen mußten, als einer derjenigen, die nur mitgemacht hatten, um Schlimmeres zu verhindern. Mit der 1946 verfaßten Verteidigungsschrift »Mein Kampf gegen Streicher«, die auch auf den Arisierungsskandal eingeht, betrieb er seine eigene Entlastung. Das Bamberger Metropolitankapitel unterstützte mit einem einstimmigen Beschluß vom 20. Juni 1951 diese »Kehre«, indem es den Bayerischen Ministerpräsidenten »um vollständige Rehabilitierung« Martins bat.[48]

Solche gezielte Integration der Holocaust-Angestellten in den neuen Rechtsstaat trug dazu bei, antijüdische Maßnahmen des NS-Systems zu verdrängen. Die lang umkämpfte und von Adenauer gegen erheblichen Widerstand in den eigenen Reihen durchgesetzte Wiedergutmachung vermittelte den Eindruck, die »Nazi-Sonderrechte für Juden« »aussöhnen« zu können. Damit ging aber auch ein tieferes Verständnis für jene systematische Vernichtung der europäischen Juden verloren, die über »Sonderrechte« zum formal legalisierten Massenmord führte. Diesen juristisch abgesicherten unvergleichlichen Vorgang hat der ehemalige stellvertretende Hauptankläger der Vereinigten Staaten, Robert M. W. Kempner, folgendermaßen treffend zusammengefaßt:

»Man hat ihnen die Berufe genommen, das Besitztum gestohlen, sie durften nicht erben oder vererben, sie durften nicht auf Parkbänken sitzen oder einen Kanarienvogel halten, keine Restaurants, keine Kinos, Theater oder Konzerte besuchen, für sie galten bestimmte Rassegesetze, ihnen wurden sämtliche staatsbürgerlichen Rechte entzogen, die Freizügigkeit wurde ihnen genommen, ihre Menschenrechte und ihre Menschenwürde wurden in den Staub getreten, bis sie in Konzentrationslager deportiert wurden und in die Gaskammern kamen (...) Um dieses Vernichtungsprogramm, gestützt auf Rassenwahn und Habgier, durchzuführen, wurde innerhalb der Staatsverwaltung der NSDAP und der Berufsgruppen ein riesiger Apparat aufgebaut (...) Dieser Vernichtungsapparat wucherte wie ein Krebsgeschwür allmählich in allen Teilen des gesamten Staatsapparates. Seine Schöpfer und Exekutivorgane waren besessen von dem Gedanken der Legitimierung. Sie glaubten, keine Raubmörder zu sein, wenn sie ihren Verbrechen gegen die jüdischen Bürger ›gesetzliche‹ Mäntelchen umhängten und jede Missetat an Juden in die Form von Verordnungen, Erlassen, Verfügungen usw. verpackten.«[49]

JÖRG FRIEDRICH

»Die Wohnungsschlüssel sind beim Hausverwalter abzugeben«

Die Ausschlachtung der jüdischen Hinterlassenschaft

Im Frankfurter Auschwitz-Prozeß war ein gewisser Dr. Capesius des Raubmords angeklagt. Neben dem Rampendienst belasteten ihn nämlich 15 Koffer Goldzähne. Das Gericht vermochte darin aber nicht das Mordmerkmal der Habsucht zu erblicken. Capesius habe sich wohl gedacht, daß die Leiche, die vom juristischen Standpunkt keine Person, sondern eine Sache ist, in ihren Wertbestandteilen dem Besitz des Deutschen Reiches anheimgefallen sei. Was er beraubte – das Deutsche Reich –, hat er nicht getötet, und die er tötete – die Juden –, hat er nicht beraubt. Seitens der raubenden Reichsbürger verhält es sich ähnlich. Sie dachten ja vorgeblich, daß jene, die sie seit 1933 ausplünderten, daran nicht zugrunde gingen. Capesius an seiner Rampe in Auschwitz wiederum dachte, daß die menschliche Fracht, deren Eheringe, Brillengestelle und Goldzähne an die Deutsche Reichsbank retour gingen, von ihrer Heimat nur noch als Materie begriffen würden. Eine Hülse fremder, den Reichsbürgern zustehender Sachen. Auch die Nürnberger Polizei-, Finanz- und Bahnbeamten, die den vierten Transport fränkischer Juden am 10. September 1942 vom Fäkalienversandbahnhof in Schweinau abschickten, haben darin vermutlich eine Kennzeichnung erblickt. Dies Gaudium der beamteten Kanaille harmonisiert allerdings nicht mit der gesetzlichen Akkuratesse, in der sie die Vermögensangelegenheiten abwickelte.

Es erschien ein Gerichtsvollzieher, der jedem Verschleppten eine Verfügung zur Eigentumsbeschlagnahme zustellte nach Erlaß über den »Einzug volks- und staatsfeindlichen Vermögens«, in Verbindung mit Erlaß des Innenministeriums vom

2.3.42, daß alle zur Abschiebung bestimmten Juden staatsfeindlicher Bestrebungen schuldig seien. Bei den Deportationen aus Köln im Oktober-Dezember 1941 hatten die zum Messegelände verfügten Juden dem Gerichtsvollzieher einzeln kommunistische Betätigung gestehen müssen, um daraufhin die vom Regierungspräsidenten beglaubigte Urkunde ihrer Ausplünderung entgegenzunehmen. Das Plündergut wartete unterdessen gereinigt und inventarisiert auf die Neubesitzer.

> »Meine Wohnung habe ich so herzurichten«, heißt es in einem Würzburger Merkblatt, »daß sie bei meinem Verlassen polizeilich versiegelt werden kann. Gas-, Licht- und Wasserleitung habe ich abzustellen. Verderbliche Ware habe ich zu entfernen. Das Feuer in den Öfen muß ausgelöscht werden. Die Wohnung habe ich in sauberem Zustand zu hinterlassen. Die Gas- und Lichtrechnungen sind bei den städtischen Werken vorher zu begleichen. Den Hausverwalter werde ich von meiner Evakuierung verständigen.«

Dem Hausverwalter schließlich war auch der Wohnungsschlüssel abzuliefern, während die Zimmer- und Schrankschlüssel steckenbleiben sollten. Die Polizei hatte einen erst 8-, dann 16-seitigen Fragebogen ausgegeben, der alle erdenklichen Habseligkeiten erkundete. »Besitzen Sie ein Panzerschließfach und was befindet sich darin? Welche Ansprüche stehen Ihnen aus Lizenzverträgen, Patent-, Urheber-, Marken- und Musterschutzrechten zu? Besitzen Sie Gemälde, Briefmarken-, Münzsammlungen? Wo sind diese verwahrt? Der Depotschein ist beizufügen.« Das Wohnungsinventar ist nach Zimmern gegliedert: Schlafzimmer mit Zahl der Bettvorleger, Brücken, Gardinen-Stores, Kopfkissen und Steppdecken usw. Küche mit Zahl der Kochtöpfe und Bügeleisen, das Wohnzimmer einschließlich Globus, Lexikon und Papierkorb. Und auch die Servietten, die Frottiertücher und Schlafanzüge mußten arisiert werden, die Schals, Krawatten und Garnituren Unterwäsche. Wurde der Jude auch als Fäkalie verladen, schlüpfte man gleichwohl behaglich in seine Leibwäsche. Ihre Umverteilung oblag einer Behörde, so kundig wie nüchtern: dem Finanzamt.

Zum obersten Liquidator der Beute war der Oberfinanzpräsident von Berlin berufen, der dies Amt an die lokalen Oberfinanzdirektionen delegierte. Geschwind, um die Wohnungen freizumachen, waren die Berufsvertretungen des Spediteurgewerbes zur Verteilung der Räumungsaufträge eingeschaltet worden, während das Pfandleihgewerbe und der amtliche Versteigerer Schätzwerte bezifferten. Das Finanzamt Schwäbisch-Gmünd nahm ein Verzeichnis der »von der Jüdin Ella Sara Fuchs eingezogenen Gegenstände« zu den Akten: 76 Posten für zusammen 445 RM 80, die mit Ausnahme von 13 Handtüchern, die in den Bestand des Finanzamts übernommen wurden, der Höhere SS- und Polizeiführer Südwest in Stuttgart Ost erstand. Darunter 3 Trikothosen für 2 Mark, ein Korkenzieher für 30 Pfennig und ein Schirm für 1 Mark.

Die Preise waren stets angemessen, der Fiskus verschleuderte nichts, eine Bereicherung der SS-Kundschaft hat kaum stattgefunden. Daran ist nichts Seltsames. Persönliche Arisierungsgewinne sind nur herausgeschlagen worden, solange Juden als Zwangsverkäufer existierten. Nach ihrer Verschleppung trat das Finanzamt als Auktionator auf, und schon die Unzahl der Interessenten an der jüdischen Hinterlassenschaft sorgte für korrekte Bezahlung. Der »Volksgenosse im Parteiwesen« Popp aus Würzburg etwa, der schriftlich bei der Gestapo petitionierte, »ob es nicht möglich wäre, bei der Evakuierung einen Rucksack von den Juden zum Schätzpreis zu bekommen. Besitze einen Dringlichkeitsschein zu denselben«, wurde dorten »wegen Ankauf eines Rucksacks an das Finanzamt Würzburg verwiesen.« Dergleichen haben die Gestapobeamten nicht unter der Hand verschoben, und der SS-Oberscharführer vom Stab der 81. SS-Standarte, den 5 Thorarollen reizten, mußte per Unterschrift bestätigen, daß diese ihm »leihweise zum Studium überlassen wurden«, denn ihr Platz war das Staatsarchiv.

Ein Privileg hat die Finanzverwaltung sich gegönnt, gewissermaßen als Bearbeitungsgebühr: Die öffentliche Verwaltung schöpfte aus dem Judeninventar einen jeglichen Kram als Eigenbedarf ab. Angefangen bei den eifersüchtig umkämpften, weil immens knappen Schreibmaschinen bis hin zu Schlafzimmergarnituren, Tischtüchern und Mundharmonikas für die Behördenerholungsheime. Zum Verdruß Himmlers, der in seiner Eigenschaft als Reichskommissar zur Festigung des Volkstums eindeutschungsfähige Umsiedler aus dem Osten günstig einrichten wollte, auch der Reichspost und Reichsbahn, durchkämmten die Finanzbeamten als erste den Auflösungsstapel. Zumal die Polizei, das Exekutivorgan der Verschleppung, fühlte sich durch die Nachlaßregelung düpiert. Die einschlägige Vorschrift, die 11. Verordnung zum Reichsbürgergesetz, bootete die Gestapo kühl aus dem Geschäft. Diese nimmt den jüdischen Wohnungsinhalt in Empfang, doch nicht in Besitz. Dazu ist es zu spät. Rückwirkend seit 15. 11. 1941 war alles dem Reich verfallen, personifiziert im Finanzamt, mit Himmlers Schergen als Überbringer. Nur eine Summe mußte man ihnen überlassen: das Fahrgeld nach Auschwitz und die Betriebskosten der Vernichtung. So war es nicht deklariert, aber berechnet: mit 25 % des jüdischen Barvermögens, zahlbar als Spende der Opfer auf das ›Sonderkonto W‹ der Reichsvereinigung der Juden in Deutschland, eine Unterabteilung der Gestapo. Der Betrag war zur Deckung der Transportkosten viel zu hoch, zur Deckung vorgeblicher Ansiedlungskosten viel zu niedrig. Zur Tötung reichte er hin, soviel ließ sich bei der halb besessen anmutenden Exaktheit der Abrechnung doch erkennen.

Zwischen der verschwenderischen Ausrottung einiger Millionen Personen und der aktenmäßig verzeichneten Erhaltung auch noch ihres letzten Weckglases klafft ein Verhaltensunterschied. Worin besteht der Sinn jener Beiheftung zu den Akten des Finanzamtes Künzelsau, welche Quanten von den Juden zurückgelassenen Obstes, von Eingemachtem und Eingedünstetem »an unsere Soldaten in den Lazaretten« und an die Wintergeschädigten zum Verzehr ausgeliefert werden? Wozu ist das registriert? Die Spur der Mitmenschen führt sang- und klanglos ins Nichts, nur der Verbleib der Äpfel auf ihrem Küchensims wird peinlich festgehalten. Es muß dafür einen Grund geben.

Zweifellos füllen die herrenlosen Artikel auftretende Engpässe bei Möbeln, denn das Personal der Holzindustrie wanderte in den Rüstungssektor. Wohnungen brannten im Bombenhagel ab, Ersatz an Raum und Inventar mußte herbei. Die NS-Volkswohlfahrt erbat Mitte 43 »aus Beständen der Judenmöbel« jeweils 100 Betten, Schränke, Nachtschränkchen und Waschkommoden für weitere Kinderhorte, weil die Mütter »total im Einsatz der Reichsverteidigung« standen. Die Rußlandarmee benötigte Pelze und Wollstoffe. Der Lebensborn spekulierte wegen Überfüllung seiner Brutstätten auf Objekte wie die geleerte jüdische Lungenheilanstalt Nordrach/Baden »für ca. 50 Mütter und 50 Kinder« und bat irrigerweise das Reichssicherheitshauptamt »dringend um Inbesitznahme mindestens durch Vorkommando«. Jüdischen Grundbesitz reservierte das Finanzministerium zum Verkauf an »Versehrte des gegenwärtigen Krieges«. Uhren und Schmuck dirigierte das Ministerium in die Pfandleihanstalt mit der Vorgabe, die besseren Stücke zwecks Bardevisenerlöses ins Ausland zu verscherbeln und den Rest »einzuschmelzen und als Rohstoffe der Rüstungsindustrie zur Verfügung zu stellen.« Mit dem gleichen Ziel beorderte der württembergische Wirtschaftsminister per Runderlaß vom 24. Dezember 1942 die Schrotthändler auf die jüdischen Friedhöfe, um – wie im ganzen Reich – Grabeinfriedungen, Friedhoftore, Denkmäler und Beschläge aus Metall zu demontieren und zugunsten der Landeshauptkasse Stuttgart der Verschrottung zuzuführen.

Die Städtische Pfandleihe unterrichtete die Reichsbank im September 1942, daß sie von den angelieferten Preziosen keine nennenswerten Umsätze gewärtigen dürfe, weil es sich dabei größtenteils um zerbröckelnden, unmodernen und abgegriffenen Krempel handele, für den das Publikum kein Geld zahle. Und in der Tat sind zum Zeitpunkt der Deportation die allermeisten deutschen Juden bettelarme Menschen gewesen. Zug um Zug aus dem Erwerbsleben gedrängelt, vom Zugang zu ihren auf Sperrkonten eingefrorenen Vermögenswerten abgeschnitten, zehrten sie seit Jahren von ihren Habseligkeiten. Besitzneid konnten sie kaum wecken. Die Wohnungen bargen nichts Attraktives. Gemessen am stolzen Konsumniveau der durchschnittlichen Bevölkerung 1941–42 bot die jüdische den Anblick von Hungerleidern. Sie sollten auch so schäbig als möglich aussehen, darum erhielten die Männer nach Verfügung vom 26. 6. 41 keine Rasierseife mehr. Dennoch plagte die Finanzbehörden der Argwohn, es könnten die vom Abtransport Bedrohten ihr Restgut an Privat ausverkaufen, verleihen, verschenken und die gesetzliche Inkassonahme durchkreuzen. Darum wurden rückwirkend ab 15. 10. 41 diese Geschäfte untersagt und annulliert. Der Judenbesitz sollte nicht namenlos zu Ramsch verkommen. Nein, er mußte, entsühnt vom Frevel der jüdischen Okkupation, heim ins Reich geleitet werden. Ihm nahtlos einverleibt, gerecht und redlich bis auf die Knochen. Kein Bettuch durfte in diesem Ritus säuberlichen Verwaltens auf krummen Touren abhanden kommen. Nicht nur um Vorteils und Gewinstes willen ist der ärmliche Bettel gezählt, taxiert und ausgeteilt worden wie bei der wundersamen Brotvermehrung. Nein, es ist ein Element bigotten Selbstgenusses eines endlich entschlackten, entmischten Rassenverbands dabei, der abrechnet auf Gedeih und Verderb.

Der Fetischismus um den repatriierten Judenbesitz kostete zur Not auch Geld, statt welches einzubringen. Im Hafen von Genua lagen seit Kriegsbeginn 85 Tonnen Schiffsgepäck deutsch-jüdischer Flüchtlinge fest, von der italienischen Regierung als Feindvermögen beschlagnahmt. Das Berliner Finanzministerium, das sich auf Grundlage der 11. Verordnung zum Reichsbürgergesetz als nunmehriger Kofferbesitzer bei den Italienern meldete, wurde damit nicht ernst genommen. Italien verfuhr mit der Beute wie Deutschland. Es bot sie zum Verkauf an für 1,50 RM pro Kilo. So zahlte die Reichshauptkasse 130000 Mark in Devisen für seit drei Jahren vermodernden Judenhausrat, Möbel und Wäsche zur Ausstaffierung von Bombengeschädigten.

Nachdem die deutschen Juden pro Kopf eine Vermögenserklärung abgeliefert hatten – und selbst das Vermögen der Insassen von Nervenkliniken mußte deklariert werden –, nachdem sie die Wohnungen hergerichtet hatten – »Ferngläser und Photogeräte gut sichtbar im Zimmer aufstellen« – und als sie an den Sammelstellen anlangten – je nach der Ironie des Polizeichefs der Schlachthof wie in Düsseldorf oder ein Tanzlokal wie in Würzburg –, begegneten sie einem abgründigen Mißtrauen der Polizei- und Finanzbeamten, es könnten illegal Besitztümer in

Handgepäck oder Körperhöhlen herausgeschmuggelt werden. Insbesondere war achtzugeben auf Waffen und Munition, Gift, Sprengstoff, Messer, Gabel, Schere, Streichhölzer, Rasierklingen, Nagelfeilen. Zur Leibesvisitation der Entkleideten hatten die Polizisten schicklichkeitshalber Hebammen oder ihre Putzfrauen hinzugezogen, fachlich beraten von den Spezialisten der Zollfahnung, die – wie in Würzburg – die Kontrolle von Gürtelschnallen und Damenbinden anempfahlen, in denen gelegentlich Banknoten ausgeführt würden: »Verstöße gegen § 16 Devisengesetz« heißt es in einem Dienstschreiben der Zöllner vom 30.3.42, »strafbar nach § 69, Absatz 1 Ziffer 4. Ich stelle anheim, gegebenenfalls einen meiner Beamten stichprobenweise zu beteiligen.«

Weil in Auschwitz weder Devisenhandel noch gesonderte Ahndung von Devisenvergehen erfolgte, sind solche Schritte Zeugnisse des Deliriums, in das die Abfertigung der Juden die deutschen Beamtenschädel tauchte. Der Drang, sie der Menschenwürde für verlustig und selbst des Innehaltens vor dem Kummer der Kreatur für unwert zu erklären, war schier übermächtig. Die pure Vollstreckung des Abschubs reichte dazu gar nicht aus. Um den überschüssigen Kampfgeist loszuwerden, mußte noch die Schlacht um die letzten jüdischen Hinterhalte geschlagen werden. Dort, wo die Würzburger Kriminalsekretäre im Handgepäck 5 Puderdosen sicherstellten, eine Zuckerzange, 3 Fieberthermometer, ein Silberkettchen, 7 Feuerzeuge, einen Ohrenschützer, 358 Postkarten à 6 Pfg., 37 Antwortpostkarten à 12 Pfg. usw. Ein Sammelsurium schmaler Gegenstände zum Steinerweichen, von denen sich die Todgeweihten irgendeinen Nutzen versprachen, den Trost von Erinnerungsstücken und Talismanen.

Die Polizisten feierten ihren Erfolg mit einer Tombola und übergaben hier wie stets das Gefledderte nebst Lieferschein dem Finanzamt. Das Finanzamt kanalisierte die Funde weiter an Bedürftige, darunter die NS-Volkswohlfahrt mit 3 Schachteln Hosenknöpfen, 13 Paar Schnürsenkeln, einem Würfelspiel und dergleichen. Die Gestapo trug für sich eine gemischte Ladung von dannen, darunter zwei Zahnbürsten, ein Schwamm, eine Dose Nivea, 6 Maggiwürfel, drei Sonnenbrillen, 45 Pakete

Waschpulver, 3 Hosenträger. Eine Handvoll Scheidemünzen in 5 fremden Währungen wurde per Boten der Bank zum Umwechseln übergeben: Wert 1 Mark 40, abzüglich 1 Mark 40 Wechselgebühr, so waren die Münzen getilgt.

Auszuschließen ist, daß die Gestapo Ende März 42, als diese Beuteliste erstellt wurde, unter Mangel an Zahnbürsten litt. Selbst die Volkswohlfahrt war nicht auf die notierten 4 Dosen Sardinen und 1 Tüte Graupen angewiesen. Was hieß sie, diese Überbleibsel zu absorbieren? Was bewegte die schäumende Herrenrasse, Mäntel, Kleider und Anzüge aufzutragen, die aus den Vernichtungsstätten wieder zurückkehrten mit der Anweisung, daß zuvor die Judensterne sorgsam abgetrennt seien und eventuelle Einschußlöcher gestopft?

Der jüdische Schriftsteller H. G. Adler befaßt sich an einer Stelle mit dem Doppelsinn des Wortes ›liquidieren‹. Es bezeichnet zunächst einen Geschäftsvorgang. Ein Besitztum wird aufgelöst, verflüssigt, liquide gemacht, in Umlauf gesetzt. Alsdann kann auch die Tötung von Personen gemeint sein. Die Liquidierung der Juden umschließt beide Vorgänge, die Vertilgung des Leibes und die seiner Habe, seiner Bleibe, seiner Umgebung, seiner Welt. Der Ablauf wurde getrennt in eine getarnte und eine ungetarnte Hälfte. Wohl ist es ein Unterschied, einen Menschen zu töten oder sein Hemd aufzutragen. Getötet hat man auch nicht der Hemden wegen. Die Liquidierung der Verschleppten und die Liquidation ihres Utensils gleichen sich aber nicht nur im Wort. Da sind Ähnlichkeiten in der Sache. Beiden eignet ein tabula-rasa-Prinzip, die Auflösung des Vorzustandes in Staub. Die Erdenspur der Verjagten wurde daheim gelöscht. Endgültiger kann keine Endlösung sein, als man hier die Stuben ausgeschüttet hat.

Art und Qualität der deutschen Mitwisserschaft am Vernichtungsprozeß sind dubios. Es gibt auch nuanciertere Gemütszustände, als sie die Schlüsselfrage »Gewußt oder nicht gewußt« entschlüsseln kann. Das Liquidationsfieber, das sich der jüdischen Hinterlassenschaft bemächtigt hat, bleibt jedenfalls dem Vernichtungsfieber nichts schuldig.

Die Verschleppten ließen eine Figur zurück, die sich vier Jahre später als Nicht-Wisser offenbarte. Oder, wie Hans

Mommsen sie nennt, als Verdränger. Verdrängt worden sei nicht post festum etwas vordem insgeheim Erwünschtes, Gewußtes oder sicher Vermutetes. Nein, eine abgeschirmte, wenn auch erkennbare Realität sei teils aus Desinteresse, teils aus Unbehagen inmitten des Vollzugs ignoriert worden. Von der Mehrheit der Vollzieher selbst und somit auch ihrer Untergebenen, Familien, Volksgenossen. Da hatte man viel zu tun. Als der Vizedirektor der Reichsbahn Himmlers Stabschef Wolf meldete,

> »seit dem 22. 7. 1942 fährt täglich ein Zug mit je 5000 Juden von Warschau nach Treblinka«,

mußte jener Ganzenmüller wie auch das Zugpersonal ignorieren, daß das Lagergelände 600 m lang und 400 m breit war. Wie sollten die insgesamt 329 000 Juden des Warschauer Ghettos dort Platz finden, welcher Arbeit nachgehen?

Kontrollieren wir die Verdrängungsleistungen im Kopf des deutschen Verwaltungsbeamten näher. Die sechs Vernichtungsfabriken in Polen arbeiteten ja inmitten eines unter pedantischer deutscher Zivilverwaltung stehenden Geländes. Die Finanz- und Wirtschaftsbeamten hatten vor Beginn des Vernichtungsprozesses über ein Jahr lang die Ernährungs- und Ertragslage der Ghettos mit ihren 2,5 Millionen Einwohnern durchkalkuliert. Man legte Statistiken an, die den Monatsverbrauch eines Ghettos etwa von Kunsthonig oder von Stück Eiern verzeichnen. Im Lodzer Ghetto beträgt der Verzehr vom 30. 1.–31. 8. 1941 307 Tonnen Kunsthonig und 397 348 Eier. Die Drosselung der Nahrungszufuhr bewirkte alsbald Seuchenausbruch und Massensterben wie im Warschauer Ghetto, wo der Stadtkommandant der Wehrmacht darüber in Nervosität geriet und Meldung auf den Dienstweg gab. Doch Polen sollte dem Reich Nahrungsüberschüsse eintragen, und in der Tat hatten sich während der Judenvernichtung die Lieferungen von Fleisch verdoppelt, von Kartoffeln verdreifacht und von Weizen verzehnfacht. In der nämlichen Zeit, als die Juden West- und Südosteuropas zu Hunderttausenden in Güterwaggons eintrafen, um – nach dem Verdrängungsschema der

Kriegswirtschaftsverwaltung in Berlin und Polen – dort zu arbeiten. Auf welcher Ernährungsbasis? Wo ist der Verbrauch von 4 Millionen nach Ghettoräumung und Ankunft der europäischen Transporte in Lagern behausten Personen kalkuliert? Zunächst der Verbrauch an Nahrung, dann an Rohstoffen, Werkzeugen, ferner der Bedarf an Aufsehern, Ingenieuren, Buchführern?

Bekanntlich ist in Auschwitz gearbeitet worden. Am Bau der IG-Farben Buna-Werke nahmen über hundert Firmen teil und verschlissen dabei 25000 von 35000 eingesetzten Häftlingen. Die Rüstungsinspektionen der Wehrmacht, die SS-eigenen Betriebe, die ›Organisation Todt‹ und zahllose Privatindustrielle zankten sich unentwegt um arbeitsfähige Juden, verlangten wieder und wieder, die Reihen der Internierten und Ghettoisierten zu durchkämmen. Verdrängten sie, während sie dies taten, die Bestimmung der Arbeitsunfähigen? Es sind zu keiner Zeit mehr als 400000 Arbeitsfähige aufgetrieben worden. Darum mußte der Verdränger davon ausgehen, daß Millionen arbeitsunfähiger Juden als Kostgänger des Deutschen Reiches in Reservaten verpflegt und dem Müßiggang zugeführt würden. Die Fiktion der Arbeitsleistung der Arbeitsunfähigen wiederum unterstellte, daß mit unsichtbarem Gerät unsichtbare Straßen ins Nichts gelegt, unsichtbare Güter aus unsichtbaren Stoffen gefertigt würden, die auf unsichtbaren Wegen die Versorgungslücken unsichtbar schlössen.

Was haben die pflichtergebenen Kriegswirtschaftsbürokraten sich da zusammenphantasiert, welche kalkulatorischen Pflichten verdrängten die findigen Rüstungs-, Rohstoff-, Arbeits-, Transport-, Ernährungs- und Sicherheitsbehörden? Haben sie, die jeden lebendigen Knochen auf eventuelle Arbeitsenergie abklopften, jeden Sack Zement inventarisierten und jedes von Juden verzehrte Ei zu zählen gewohnt waren, Millionen ›unnützer Esser‹ geflissentlich ignoriert? Was waren das für Beamte? Ignoranten, Schlafmützen, Schieber? Nein, es waren jene ingeniösen Wirtschaftsstrategen, die die ›Festung Europa‹ vier Jahre lang gegen eine Welt von Feinden rüsteten. So kreativ, zäh und präzise, daß die Amerikaner, Engländer und Russen nach vollbrachtem Sieg ihre Hochachtung kaum ı zu zähmen wußten. Jenem Zivilheer der Kriegswirt-ıftsführung, das den besetzen Kontinent nach verfügbaren Ressourcen buchstäblich ausgewrungen hat, das jede jüdische Friedhofsvase in die Rohstoffgewinnung schleuste, das mit den Befehlshabern der Armeen fieberhaft ratschlagte, wie viele Millionen sowjetischer Stadtbewohner und Kriegsgefangener würden verhungern müssen, um ausreichend Fleisch und Getreide abzuschöpfen, diesem soll der Kosten-Nutzenfaktor ausgerechnet von vier Millionen aufwendig in Polen konzentrierter Juden aus der Statistik gerutscht sein? Für dieses Loch im Kopf scheint mir Hans Mommsens Diagnose der Verdrängung zu milde.

Mag sein, daß für die Gemütsverfassung dieser Verwaltungsschicht ein eigener Terminus erdacht werden muß. Der Einzigartigkeit der jüdischen Leiderfahrung steht womöglich eine nicht minder einzigartige Liquidationserfahrung gegenüber. Eine Endlösung ist per se unaussprechlich. Abgesehen von der ›kriegsbedingten Geheimhaltung‹ hemmt jede Diskussion den Vollzug und belädt die Vollzieher mit einer Verantwortung, der sie nicht gewachsen sind. Da sie Staatsbedienstete sind, verantworten sie strikt ihre Funktion und möchten dienstlich nichts anderes wissen als dazu erforderlich. Wißbegier und Fachverstand jenseits der engeren Funktionsverrichtung sind kein Dienstwissen, sondern außerdienstliches Wissen, Privatsache und nicht vorhaltbar. So richtet sich der beamtete Zivilisationsmensch im Genozid ein. Als Handelnder weiß er nichts, und als Wissender handelt er nicht. Bis zur Zyklon-B-Zufuhr braucht sich keine Handlung als Mord zu verstehen, das Verständnis der Ermordung wiederum mordet nicht. Der Eisenbahner transportiert, der Statistiker rechnet. Ihre überschüssigen Kenntnisse, als qualifizierendes Bescheidwissen unentbehrlich zur Vermeidung von Pannen und permanenten Mißverständnissen, hüllt sich privat in hämische Spekulation und taucht wie anonym ins destruktive Volksempfinden ein. So fühlt und rückversichert sich die Vollstreckungsschicht als Personifikation der allgemeinen Rafflust und Rankune, des Vergeltungshungers und nutzbringenden Kaltmachens der Kriegsjahre. Der Menschenballast drückt auf die Siegeschancen. Dergestalt deckt der volkshygienisch geschulte kleine Pg. das artverwandte Kalkül seiner Behörden. Je besser man sich versteht, desto weniger Worte bedarf es. Und gelingt alles wortlos und falsch firmierend, muß ein desto tieferes Einverständnis vorliegen. Anders brächte man das blanke Chaos zuwege. Was der Führer ohne Getöse abwickeln läßt, stört der Führertreue nicht durch vorlautes Reden und Fragen. Dafür spricht zumal, daß das Redeverbot in der Nation offensichtlich anhält, denn der Choral von »Nichts gewußt« kann kaum die ganze oral-history sein. Eigentümlich ist es ja, daß Historiker quellenkritisch – wie den Hexenglauben in der Inquisitionszeit – ein Bewußtsein untersuchen, das Abermillionen Mitbürgern noch lebendigst im Gedächtnis steht. Warum duckt sich hier die Überlieferung?

Kennzeichnenderweise scheut sie insbesondere jene Ereignisse der Endlösung an der Heimatfront wie die Liquidation der jüdischen Hinterlassenschaft. Alles Eingedenken sammelt sich an jenen Passionsstätten, die dazumal den Blicken entzogen waren wie der Zyklon-Schacht. Die Hautnähe der Volksgenossen zur Vernichtung, bestehend im Erwerb des erkalteten Bettlakens, versinkt hingegen am Horizont. Das ehedem dicht zu Greifende rückt fern, die geheimnisvolle Ferne Treblinkas wird familiär. Jedem Fernsehteilnehmer ist die Nacktheit in der Gaskammer geläufig, die so endende zehnjährige Ausplünderung weniger. Die Personen lösten sich auf in Asche, ihre Besitztümer nicht. Diese füllten das Volks- und Privatvermögen nach heutigem Gefühl jedoch als peinliches corpus delicti. Zwar war der Raub nicht das Motiv für den Mord, doch es besteht ein Übergang darin, einer Menschengruppe allen Besitz im Leben zu nehmen und zuletzt den Besitz des Lebens selbst. Hat man ihm alles abgenommen, wird der Mensch schließlich zu teuer, verschlingt Lebensmittel, anstatt sie herauszurücken. Infolgedessen empfiehlt sich die Tötung als kriegsbedingte Notwendigkeit mit oder ohne Rassenhaß. Nun ist er entbehrlich. Jahrelang durchmischt mit materiellem Vorteil, ist er am Ende davon aufgesogen. Man fürchtet, sich zu schaden, wollte man den Juden das ihnen dermaßen zugerichtete Leben subventionieren.

Die Verschmelzung von Rassenhaß und Vorteil wurde erst nachträglich dividiert. Purer Antisemitismus ist verträglicher.

Man distanziert sich davon leichter als vom Arisierungsgewinn. Vorteilsnehmer waren viele, Antisemiten im Zweifelsfalle wenige, mit Gewißheit aber Hitler, Himmler und verschiedene Rüpel aus der Reichskristallnacht. Konsequenterweise hat sie sich zum mittelalterlichen Pogrom stilisiert. Ein finsterer Exzeß des rassistischen Mobs. Schon die wissenschaftlich bestens erforschte Einbettung des Fanals in die zu Kriegsbeginn gewollte Zwangsarisierung des Kapitalvermögens liegt jenseits der Fernsehschirme. Dort schaudert man lieber vor brennenden Synagogen als vor der Dresdner Bank.

Außer dem Arisierungshunger hat sich aber auch der Rassenhaß im Nachhinein schwer namhaft machen lassen. Die deutschen NS-Prozesse, die den Ruf genießen, wenn schon keine Täter zu verurteilen, so doch den Sachverhalt sauber aufzuklären, haben sich in einigen wenigen Verfahren des Deportationsgeschehens angenommen. Fürwahr eine Stunde giftigen Rassenhasses, der noch die bizarre Besitznahme des jüdischen Wohnungs- und Leibinventars tränkt. Das Landgericht Köln verhandelte im Juli 1954 gegen die zwei früheren Gestapo-Chefs der Stadt, Sprinz und Schäfer, sowie deren Judenreferenten Matschke. Das Urteil beeilt sich zunächst mit der Feststellung, die Judenvernichtung sei mehr als rechtswidrig gewesen: »materiell bitterstes, zum Himmel schreiendes Unrecht.« Auf Erden haben die wenigsten den Schrei gehört, weil das Unrecht »streng geheim« war. »Planung und Befehl wurden unter Deck- und Tarnbezeichnungen an die nachgeordneten Stellen weitergegeben.« Mörder waren darum die Befehlsgeber und Defraudanten Hitler, Heydrich und Eichmann.

Anders die Gestapo. Die Polizisten stimmten wie das ganze Land in den Schwur ein: »Von nichts gewußt.« Man habe »damals angenommen, daß die Juden in ein Zwangsreservat verbracht würden, ähnlich dem der Indianer in den USA.« Die Beweisaufnahme zu diesem Punkt förderte Hörenswertes zu Tage. Die Sekretärinnen der Polizei bekundeten, daß Mitte 1942 urlaubende Soldaten aus dem Osten erzählten, daß die Juden dort massenweise umgebracht worden seien. Ein Kollege, der an solchen Exekutionen teilgenommen habe, sei darob in geistige Umnachtung gefallen. Die Erzählungen der

Soldaten seien lebhaft diskutiert worden, und man sei einhellig der Überzeugung gewesen, »daß die Juden in den Tod gingen«.

Auf private Überzeugungen kommt es aber beim Beamten nicht an. Rechtlich zähle allein, urteilte das Gericht, »daß die Angeklagten dienstlich nicht über das Schicksal der Juden informiert waren.« Weil Hitler den Dienstweg nicht eingehalten hatte, kennzeichnete das Gericht den Abschub zur Vernichtung als »Freiheitsberaubung im Amt«. Nach § 239 Abs. 2 bedarf es dazu einer Festhaltung von länger als einer Woche, »und darüber waren sich alle 3 Angeklagten im klaren.« Der Angeklagte Sprinz, laut Urteil »ein korrekter und sauberer Beamter, auch als Gestapo-Chef«, ertrug bereits die Freiheitsberaubung so wenig, daß ihn »der Ekel faßte« und er seiner Zimmerwirtin bekannte, in seinem Gestapohauptquartier »käme ihm alles zum Halse heraus«. Doch »wesensgehemmt« wie er war, schluckte er allen Ärger herunter, fegte Köln mit 14 Transporten von 8500 Personen judenrein. Konsequenz: 3 Jahre Haftstrafe. Sein Vorgänger im Amt Schäfer hatte nur ein Drittel soviel Juden verschleppt, 3000, umgerechnet in 1 Jahr Haft. Der Judenreferent Matschke war nach richterlicher Analyse ein Rassenidealist gewesen, der »ehrlich an den damaligen Staat geglaubt« habe, so daß »ihm beim Zusammenbruch eine Welt zusammengestürzt« sei. Vorher nicht. So war er damit bereits genug gestraft und wurde mit 2 Jahren Haft abgefunden.

Die oben näher geschilderte Entjudung des fränkischen Raums mit 4754 Opfern aus Nürnberg, Würzburg, Regensburg und Bamberg hat das Nürnberger Landgericht in einem vierjährigen Verfahrenskomplex von 1949–53 rechtlich geprüft. Angeklagt waren 7 hohe Beamte der Gestapo einschließlich ihres Leiters Dr. Martin. Sie bereiteten dem Gericht logische Schwierigkeiten mit ihrer Verteidigung: Die Gestapo habe deportiert aus Angst um Leib und Leben. Hätte sie sich geweigert, hätte Hitler die Gestapo ins KZ gesperrt. Außerdem sei man völlig im Recht gewesen: Der spätere israelische Staatspräsident Chaim Waitzmann habe Hitler im Auftrag der Juden der Welt den Krieg erklärt (Professor Ernst

Nolte aus Berlin hat dies jüngst bestätigt), »so daß ihre Vertreibung aus Mitteleuropa und ihre Vernichtung zur Sicherung des Staates erforderlich gewesen sei.«

Was sollte das Gericht davon glauben? »Wenn jemand der Meinung ist, rechtmäßig zu handeln«, entschied es, »so kann er nicht unter Zwang handeln.« Nur eines war richtig, und zwar nach richterlicher Beweiswürdigung der Zwang. Die Bezwingung der Gestapo ist Hitler nur unvollkommen gelungen, denn die Polizisten gehorchten, wo sie nur konnten, ihren natürlichen Impulsen. Sie deportierten dermaßen gedämpft und behutsam, daß sie damit mehr Protest zum Ausdruck brachten als alles andere. Das Verhalten der Angeklagten, heißt es im Urteil »die, wie von allen Seiten bekundet wird, Juden und politisch Verfolgten gegenüber immer anständig und menschlich auftraten, beweist, daß sie ihre Aufgabe bei der Judenverfolgung nicht frohen Herzens erfüllten.« Im Gegenteil. Ihr Anführer, der Nürnberger Gestapochef Dr. Martin, sorgte »mit der Autorität seiner Stellung dafür, daß bei der Durchführung der Evakuierung in Franken die Juden vor Demütigungen, Beschimpfungen und Mißhandlungen verschont blieben und in korrekter, menschenwürdiger Weise behandelt würden.« Dr. Martin, der »im Interesse der Juden« tätig geworden war, »brauchte hier kein Unrechtsbewußtsein zu haben, da das Bestreben, zu helfen und zu mildern, nicht als Unrecht angesehen werden kann.«

Die Milde und Hilfsbereitschaft der Gestapoleute wurde mit Freispruch belohnt. Nach richterlicher Feststellung wußten sie zwar nicht, daß sie den Verschleppten am Fäkalienbahnhof auf den Weg in die Ausrottung halfen, mußten aber mitansehen, »daß die Juden in Deutschland dauernden Unterdrückungen und Schikanen ausgesetzt waren.« Dies dauerte die Gestapo, erleichterte ihr jedoch die Arbeit. Denn »die Angeklagten konnten sich deshalb sagen, daß die Juden in den neuen Siedlungsgebieten im Osten mindestens kein wesentlich schlimmeres Los erwarten könne.« Schlimmer als die Gestapo konnte man es kaum noch treffen. So retteten die Gestapoleute das Judentum vor ihren eigenen Schikanen. Wollte man den Richtern glauben, sind die Juden in Deutschland noch nie so zuvorkommend behandelt worden wie bei ihrem Abtransport nach Auschwitz.

Es reicht nicht, daß sie den Räubern ein Verzeichnis des Raubguts anfertigen mußten.

Es reicht nicht, daß sie ihren Verschleppern und Vernichtern die Kosten ihrer Verschleppung und Vernichtung vorstrecken mußten.

Es reicht nicht, daß sie sich auf dem Viehbahnhof entkleiden, befingern und die letzte Briefmarke stehlen lassen mußten.

Es blieb der bundesdeutschen Rechtsprechung vorbehalten, sie noch im Grab zu verhöhnen.

Heiner Lichtenstein

Pünktlich an der Rampe

Der Horizont des deutschen Eisenbahners

Am 26. September 1939, also nach dem Ende des Krieges gegen Polen, bedankte sich der Oberbefehlshaber des Heeres beim Reichsverkehrsminister für die Hilfe der Reichsbahn. Sie habe

> »in Zusammenarbeit mit den Kräften des Heeres wesentlich dazu beigetragen, daß die Operationen durch die Führung in der gewollten Form und mit der erforderlichen Schnelligkeit durchgeführt werden konnten.«

Dankschreiben erreichten das Reichsverkehrsministerium sowie vor allem seine Dienststellen im Osten während des ganzen Krieges. Am 29. Februar 1944 bedankte sich der Oberbefehlshaber der Heeresgruppe Nord, Generaloberst Walter von Model, beim Feldeisenbahnkommando 4:

> »Es hat besonders während der Rückverlegung der Front über 3000 Räumungszüge und trotz Erschwerung der Betriebslage durch Bandenanschläge und Luftangriffe fast das gesamte rollende Material zurückgeführt.«

Im Frühjahr 1944 war die Ortschaft Kowel gut einhundert Kilometer östlich von Lublin drei Wochen lang eingekesselt. Neben Angehörigen des Heeres und der Waffen-SS befanden sich in dem Kessel auch 500 Angehörige der Deutschen Reichsbahn. Nachdem der Kessel geöffnet worden war, bedankte sich der Kommandant von Kowel bei den Bahnern:

> »Während der Einschließungszeit haben Eisenbahner mit der Waffe in der Hand das Bahnhofsgelände, das späterhin vordere Linie war, bis zum heutigen Tage verteidigt und somit ihren Kameraden des Heeres und der Waffen-SS bewiesen, daß sie bis zum letzten zu kämpfen wissen. Den stolzen und vorbildlichen Geist der Eisenbahner konnte der Feind nicht brechen. In der Stunde des Abschiedes rufe ich im Namen des SS-Gruppenführers und Generalleutnants der Waffen-SS, Gille, allen Angehörigen des Reichsbahn-Betriebsamtes Kowel, zugleich für den opfermütigen Einsatz dankend, ein herzliches Lebwohl zu.«

Die Zitate stammen aus dem Buch »Die Deutsche Reichsbahn im Ostfeldzug 1939–1944« von Hans Pottgießer, erschienen im Kurt Vowinkel Verlag in Neckargemünd im Jahre 1960. Der Autor nennt das 14. Kapitel »Würdigung des deutschen Eisenbahners im Osten«. Der letzte Absatz lautet:

> »Schon diese wenigen Äußerungen hoher Offiziere sind neben den Schilderungen und Zahlen in den einzelnen Abschnitten dieser Ausarbeitung ein eindeutiger Beweis dafür, daß die Deutsche Reichsbahn trotz mangelhafter Vorbereitung die ihr im Rahmen des Kriegsgeschehens an der Ostfront zukommenden Transportaufgaben bestens erfüllt hat, und daß sich darüber hinaus die deutschen Eisenbahner aller Sparten dabei in jeder Phase ihrer Tätigkeit durch Fleiß und Einsatzbereitschaft, Mut und Selbstlosigkeit, Kameradschaft und Tapferkeit ausgezeichnet haben.«

Pottgießer fügt seiner »Ausarbeitung« ein »Alphabetisches Verzeichnis der Orte, Flüsse und Landschaften« an, außerdem eine »Eisenbahn-Übersichtskarte«. Verzeichnis wie Karte sind nicht ganz vollständig. Der Autor hat zwar nicht viele Orte vergessen, dafür aber recht wichtige, weil von 1941 an viele tausend Züge dorthin gefahren sind – nach Auschwitz, nach Majdanek, nach Sobibor, nach Treblinka, nach Belzec, nach Chelmno, um nur einige zu nennen.

Pottgießer ist kein Einzelfall. Fünfzehn Jahre nach ihm

brachte der angesehene Verlag Musterschmidt Göttingen den Band »Die Eisenbahnen im Machtbereich der Achsenmächte während des Zweiten Weltkrieges« heraus. Untertitel: »Einsatz und Leistung für die Wehrmacht und die Kriegswirtschaft«. Der Autor Eugen Kreidler konnte seine 440 Seiten zählende Arbeit in der Reihe »Studien und Dokumente zur Geschichte des Zweiten Weltkrieges« unterbringen, die der »Arbeitskreis für Wehrforschung« in Stuttgart herausgibt. Bereits das Inhaltsverzeichnis ist aufschlußreich. Die einzelnen Kapitel heißen »Der Krieg mit Polen«, »Der Krieg mit Frankreich, Belgien und Holland«, mit Dänemark, mit Norwegen, so, als habe es sich nicht um Überfälle gehandelt. In der Schlußbetrachtung stellt Kreidler fest:

> »Nachdem der Zweite Weltkrieg nun schon fast 30 Jahre zurückliegt und die Zahl der am Kriegsgeschehen beteiligten Eisenbahner immer kleiner wird, geraten deren Leistungen immer mehr in Vergessenheit. In der vorliegenden Arbeit sollten sie endlich eine Darstellung und Würdigung finden, denn sie werden trotz des verlorenen Krieges immer interessant und beispielhaft bleiben.«

Kreidler hatte also die Absicht, den Eisenbahnern eine Art von Denkmal zu setzen, denn er formuliert: »soll*t*en«. Der Autor hat seine Absicht erreicht, allerdings mit unlauteren Mitteln. Als Pottgießers Buch erschien, brauchte die Öffentlichkeit vielleicht noch nicht über die Rolle der Deutschen Reichsbahn beim Holocaust nachzudenken. Als Kreidlers Buch auf dem Markt war, hatte es aber einen Prozeß gegeben, in dem diese Frage im Mittelpunkt stand. Es war das Strafverfahren gegen den ehemaligen Staatssekretär im Reichsverkehrsministerium, Dr. Albert Ganzenmüller. Der Prozeß vor einem Düsseldorfer Schwurgericht hatte am 10. April 1973 begonnen und war bereits nach sechs Verhandlungstagen am 3. Mai zu Ende. Ganzenmüller, damals 68 Jahre alt, hatte einen Herzinfarkt erlitten – sagte ein Arzt.

Über die ersten Prozeßtage ist in der deutschen wie in der internationalen Presse ausführlich berichtet worden, und zwar gerade unter dem Gesichtspunkt der Beteiligung der Reichsbahn an den Deportationen in die Vernichtungslager. Schlagzeilen wie diese gab es damals nach jeder Sitzung:

»Des Teufels Eisenbahnen«, AUFBAU, New York, 27. April '73; »Weichensteller für Massenmord – In dem Verfahren geht es um die Rolle des Reichsbahn-Vizechefs bei der ›Endlösung der Judenfrage‹«, Süddeutsche Zeitung, 13. April '73; »Ganzenmüller stellte die Weichen, und die Züge rollten nach Treblinka«, Hannoversche Allgemeine, 12. April '73; »Der Prozeßzug fährt mit Verspätung ab – Ist der frühere Staatssekretär Ganzenmüller für die Todeszüge zu den Vernichtungslagern im Osten verantwortlich?«, Stuttgarter Zeitung, 9. April '73; »Millionenfacher Judenmord vor Gericht – Er stellte Züge im KZ zusammen«, Aachener Volkszeitung, 12. April '73; »Endlösung und Reichsbahn«, AUFBAU, New York, 16. Juli '73; »Staatssekretär im Reichsverkehrsministerium unter Anklage«, Mannheimer Morgen, 12. April '73; »Ganzenmüller ließ die Räder rollen für den Massenmord«, Die Tat, Frankfurt, 15. April '73; »Millionen Juden in den Tod transportiert«, Frankfurter Allgemeine, 3. April '73, usw. usw.

Eugen Kreidler dürfte als Autor eines Buches über die Reichsbahn im Zweiten Weltkrieg diesen Prozeß gekannt haben, er hätte ihn kennen und dann anders schreiben müssen. Er hat es nicht getan. Das war unredlich.

Diesen Vorwurf sollte man gegen Ron Ziel, den Autor des Bandes »Räder müssen rollen – Die Eisenbahnen im Zweiten Weltkrieg«, Franck'sche Verlagshandlung, Stuttgart 1973 nicht erheben. Er konnte den Ganzenmüller-Prozeß nicht berücksichtigen und hat außerdem, soweit ich sehe, als erster deutscher Verfasser die Reichsbahn im Zusammenhang mit den Massenmorden wenigstens nicht ausgeklammert. Ziel schreibt:

> »Die Konzentrationslager waren an verschiedenen abgelegenen Orten in Deutschland und den besetzten Gebieten eingerichtet worden. Dann wurden Juden, Zigeuner und andere erbarmungslos zusammengetrieben, in geschlossene Güterwagen gepreßt und in die Konzentrationslager geschafft, wo sie systematisch ausgerottet wurden. Unglück-

licherweise wurde die Reichsbahn dazu benutzt, diese jammervollen Transporte durchzuführen.«

Gewiß, die Reichsbahn wurde benutzt, aber keineswegs gegen ihren Willen und ebensowenig zu ihrem finanziellen Nachteil. Der erste Publizist, der dies nachgewiesen hat, ist der amerikanische Historiker und Politologe Raul Hilberg. Der Titel der amerikanischen Ausgabe seines Buches lautet »The role of the German Rail-roads in the destruction of the Jews«, 1976 als Manuskript veröffentlicht. 1981 brachte der Dumjahn-Verlag, Mainz, die deutsche Übersetzung heraus.

Doch auch Hilbergs Studie ist in einem wesentlichen Punkt unvollständig. Er erwähnt nicht den Mann, der schon vor dem Ende der Nazizeit entschlossen war, nach dem Sieg der Alliierten sowohl Reichsverkehrsminister Julius Dorpmüller als auch dessen Staatssekretär Albert Ganzenmüller im ersten Nürnberger Prozeß anzuklagen: Prof. Dr. Robert M. W. Kempner, Ankläger in zahlreichen Nürnberger Prozessen, später als Vertreter von Angehörigen Ermordeter Nebenkläger u. a. im Düsseldorfer Ganzenmüller-Prozeß. In einem Gespräch, das Kempner und ich im Mai 1982 führten, sagte er, Ganzenmüller sei damals nicht auffindbar gewesen. Nachdem er wieder aufgetaucht sei, habe er sofort alles in Bewegung gesetzt, um Ganzenmüller vor Gericht zu bringen.

Was Kempner, der vor den Nazis aus Berlin fliehen mußte, bei seiner Rückkehr nach Deutschland im Sommer 1945 nicht wissen konnte: Ganzenmüller befand sich gar nicht weit von Nürnberg entfernt in amerikanischer Haft. Am 20. Mai 1945 war er in das Internierungs- und Arbeitslager Moosburg eingeliefert worden. 1947 wurde er in ein anderes Lager bei Berchtesgaden verlegt. Am 9. Dezember 1947 sollte er zurück nach Moosburg gebracht werden. In der Nacht zuvor gelang ihm die Flucht. Er setzte sich nach Argentinien ab, wurde 1949 in Abwesenheit von einer Entnazifizierungskammer in die Gruppe zwei eingestuft – als »Belasteter«, heiratete 1952 in Argentinien, kam um die Jahreswende 1953/54 kurz nach Bayern zurück, um seine Pension als Staatssekretär a. D. einzuklagen, was abgelehnt wurde und wogegen er Einspruch einlegte. Im

November 1955 kehrte er endgültig aus Buenos Aires zurück, übernahm bei der Firma Hoesch in Dortmund die Transportabteilung und schied 1968 aus dem Betrieb aus.

Es war also die Schuld sowohl der amerikanischen Besatzungsbehörden als auch die der deutschen Polizei, daß Ganzenmüller erst 1973 auf der Anklagebank Platz nehmen mußte. Hätten die amerikanischen Fahnder 1945 etwas aufmerksamer geforscht, wären sie schnell auf Ganzenmüller in ihrem Lager Moosburg gestoßen. Hätte die deutsche Justiz Ganzenmüller auf die Fahndungsliste gesetzt, wäre er schon im Winter 1953 festgenommen worden.

So dauerte es jedoch bis zum 13. November 1969, ehe Ganzenmüller in Untersuchungshaft kam. Am 16. Januar 1970 konnte er die Haftanstalt in Düsseldorf allerdings bereits wieder verlassen. Die V. Strafkammer des Landgerichts Düsseldorf mit Landgerichtsdirektor Dr. Hedding, Landgerichtsrat Polenz und Gerichtsassessor Berghoff entschieden dann am 17. Dezember 1970, gegen Ganzenmüller werde keine Hauptverhandlung wegen Beihilfe zum Mord und Freiheitsberaubung im Amt mit Todesfolge zugelassen. Der Ablehnungsbeschluß umfaßt 40 Seiten und liest sich wie eine Groteske.

Ganzenmüller war in der Voruntersuchung sowohl durch Zeugenaussagen als auch durch Dokumente schwerstens belastet worden, sehr wohl gewußt zu haben, wozu die SS immer mehr Güterwaggons brauchte und was den Menschen bevorstand, die mit den Zügen deportiert wurden. Zwei Beispiele mögen genügen, um das zu beweisen.

Die Zeugin McKee, Ganzenmüllers ehemalige Vorzimmerdame und Geliebte, hatte ausgesagt, Ganzenmüller sei ihr ausgewichen, als sie einmal gefragt habe, was mit den Juden im Osten geschehe. Auch habe Ganzenmüller geäußert, er würde die für Judentransporte benutzten Züge »lieber als Urlauberzüge einsetzen«. Diese Äußerung, so die Düsseldorfer Richter, lasse »verschiedene Auslegungen zu«.

Noch schwerer wog das Dokument: ein Brief an Himmlers Chefadjutant Karl Wolff von Ganzenmüller.

»Sehr geehrter Pg. Wolf!
Unter Bezugnahme auf unser Ferngespräch vom 16. Juli teile ich Ihnen folgende Meldung meiner Generaldirektion der Ostbahnen (Gedob) in Krakau zu Ihrer gefälligen Unterrichtung mit:
›Seit dem 22. 7. fährt täglich ein Zug mit je 5000 Juden von Warschau über Malkinia nach Treblinka, außerdem zweimal wöchentlich ein Zug mit 5000 Juden von Przemysl nach Belzek. Gedob steht in ständiger Fühlung mit dem Sicherheitsdienst in Krakau. Dieser ist damit einverstanden, daß die Transporte von Warschau über Lublin nach Sobibor (bei Lublin) solange ruhen, wie die Umbauarbeiten auf dieser Strecke diese Transporte unmöglich machen (ungefähr Oktober 1942).‹
Diese Züge wurden mit dem Befehlshaber der Sicherheitspolizei im Generalgouvernement vereinbart. SS- und Polizeiführer des Distrikts Lublin, SS-Brigadeführer Globotschnigg, ist verständigt. Heil Hitler! Ihr ergebener Ganzenmüller.«

Woche für Woche 35 000 Juden von Warschau nach Treblinka – und Ganzenmüller will nicht gewußt haben, daß sie dort ermordet wurden? Daß er nicht wußte, wie die Namen von Karl Wolff, Odilo Globocnik und das Vernichtungslager Belzec geschrieben wurden, ist unerheblich.

Himmlers Chefadjutant, SS-Obergruppenfüher Karl Wolff, hat sich so sehr über die Nachricht Ganzenmüllers gefreut, daß er bereits 15 Tage später antwortete – am 13. August 1942.

»Lieber Parteigenosse Ganzenmüller! Im Namen des Reichsführers SS danke ich Ihnen vielmals für den Brief vom 18. Juli 1942. Mit besonderer Freude habe ich von Ihrer Mitteilung Kenntnis genommen, daß nun schon seit 14 Tagen täglich ein Zug mit 5000 Angehörigen des auserwählten Volkes nach Treblinka – und so weiter fährt... Ich habe von mir aus mit den beteiligten Stellen Fühlung genommen, so daß eine reibungslose Durchführung der gesamten Maßnahmen gewährleistet erscheint.«

Robert Kempner hat beide Briefe zumindest in Auszügen in seinem Buch »Eichmann und Komplizen« im Jahre 1961 veröffentlicht. Auch sie hätte Eugen Kreidler kennen und berücksichtigen müssen.

Seine Auslassungen decken sich offenkundig mit dem Interesse der Deutschen Bundesbahn und des Bundesverkehrsministeriums. Weder im Ministerium noch bei der Bundesbahnhauptverwaltung in Frankfurt gibt es Unterlagen über die Rolle der Reichsbahn beim Holocaust. Dies wurde mir jedenfalls im Mai 1982 versichert. Nicht einmal Raul Hilbergs Studie ist dort bekannt. Unbekannt ist den Archivaren der Bundesbahn auch die 1977 von Serge Klarsfeld herausgegebene Studie »Die Endlösung der Judenfrage in Frankreich«, in der sich ebenfalls zahlreiche Dokumente über die Rolle der Reichsbahn bei der »Endlösung« finden. Zum Landgericht Düsseldorf bestehen offensichtlich gleichfalls keine Beziehungen. Anderenfalls besäße das Bundesbahnarchiv nämlich die Anklageschrift gegen Ganzenmüller, die seinerzeit Oberstaatsanwalt Alfred Spieß verfaßt hat. Spieß war zu Beginn der 70er Jahre Leiter der Kölner Zentralstelle zur Aufklärung von NS-Verbrechen in Lagern und wohl der sachkundigste Ankläger in NS-Prozessen. Er hat in mühevoller Kleinarbeit alle erreichbaren Zeugen vernommen und eine Anklageschrift zusammengestellt, die hieb- und stichfest war. Das wußte selbstverständlich auch Ganzenmüller, und es kann eine Erklärung dafür sein, daß er aus Furcht herzkrank geworden ist.

Spieß und Kempner gehören heute zu Experten in Sachen Reichsbahn und Holocaust. Geschlossene Veröffentlichungen über dieses Thema liegen aus ihrer Feder leider nicht vor – eine Lücke, die hoffentlich noch geschlossen wird. In Robert Kempners Memoiren, die 1983 mit dem Titel »Ankläger einer Epoche« im Ullstein Verlag erschienen sind, wird der Fall Ganzenmüller nur summarisch behandelt (S. 417/418). Spieß erwies sich bereits bei der Eröffnung der Hauptverhandlung gegen Albert Ganzenmüller als Experte, als er vortrug:

»Im Zuge der Vernichtungsmaßnahmen wurden etwa drei Millionen Juden, Männer, Frauen und Kinder, mit der Eisenbahn in Konzentrations- und Vernichtungslager gebracht und dort aus Rassenhaß überwiegend durch Vergasung getötet. Den Opfern wurde vorgespiegelt, daß sie zur Umsiedlung oder zum Arbeitseinsatz kämen. Auf Grund dieser Täuschung hatten die meisten Juden keine Bedenken, die Eisenbahnwagen zu besteigen und sich an den Zielorten in die als Duschräume getarnten Gaskammern zu begeben, wo sie dann einen qualvollen Tod starben. Die Deportation in die Lager erfolgte überwiegend mit Güterzügen. In ihnen wurden die Juden derart zusammengedrängt, daß ihnen mit ihrer mitgeführten Habe jeweils nur wenige Quadratdezimeter Raum zur Verfügung standen.
Die Waggons, nicht selten mit mehr als 100 Menschen gefüllt, wurden regelmäßig verplombt. Ihre kleinen Fenster waren vergittert oder mit Stacheldraht versperrt... Während der Fahrt erhielten sie durchweg weder Getränke noch Nahrungsmittel. Sie litten daher unter Hunger und Durst und waren im Sommer der Hitze und im Winter der Kälte ausgesetzt. Eine Toilette stand ihnen regelmäßig nicht zur Verfügung, so daß sie ihr Bedürfnis in den Wagen verrichten mußten. Diese Umstände bewirkten, daß eine unbestimmte Zahl von Juden, vor allem Kranke, Gebrechliche und Kinder, schon auf dem Transport ums Leben kamen. (...)
In der zweiten Hälfte des Jahres 1942 beim Abtransport von mehr als 500000 Juden aus dem Ghetto Warschau und dem Generalgouvernement in die Vernichtungslager Treblinka, Belzec und Sobibor.
Um die Monatswende Januar, Februar 1943 bei den Transporten von mindestens 120000 Juden aus den besetzten russischen Gebieten, dem Generalgouvernement und dem Reichsgebiet in das Konzentrations- und Vernichtungslager Auschwitz und in die Lager im Distrikt Lublin.
Der Angeklagte ist hinreichend verdächtig, während der Zeit von Juli 1942 bis Frühjahr 1943 in Kenntnis des Zwecks der Transporte bei der Ermordung von mindestens einer Million jüdischer Menschen Hilfe geleistet zu haben.«

Ganzenmüller schilderte in bayrischem Dialekt seinen Lebenslauf, vergaß nicht, auf seine Mitgliedschaft in der Münchner schlagenden Verbindung Rheno-Palatia hinzuweisen, was freilich überflüssig war. Eine breite Narbe auf seiner linken Gesichtshälfte war unübersehbar.

Als man dann zur Sache, zu Ganzenmüllers Rolle beim Holocaust, kam, verstummte der Angeklagte ebenso wie die ehemaligen Bahnbediensteten, die im Jahre 1964 im Düsseldorfer Treblinka-Prozeß als Zeugen befragt worden waren. Der frühere Reichsbahnrat und Fahrplanreferent in Krakau, Erich Richter, auf die Frage, wohin denn seiner Meinung nach die Zehntausende von Juden mit der Bahn transportiert worden seien: »Ich dachte immer, die Juden sollten nach dem Vorbild des Westwalls nun auch in Treblinka einen Ostwall bauen.« Richters Nachkriegskarriere hat das nicht geschadet: Er brachte es zum Bundesbahnoberrat in Nürnberg.

Hans Pitsch war Bahnhofsvorsteher in Bialystok, einer Station, durch die viele Todeszüge rollten. Versuchten Juden, aus den Waggons zu fliehen, wurden sie vom Begleitkommando erschossen – auch in Bialystok.

> »Über die auf meinem Bahngelände gefundenen Leichen habe ich ordnungsgemäß Aktenvorgänge angelegt. Die Akten gingen dann nach oben an die Direktion. Damit hatte ich meine Pflicht erfüllt.«

Egon Weber war bei einigen Todeszügen auf dem Weg nach Treblinka Zugführer.

> »Die Schießereien längs des Zuges durch Wachmannschaften habe ich nicht gesehen. Ich drehte mich nämlich nie um. Ich gucke immer nur nach vorn.«

Weber wurde nach dem Krieg von der Bundesbahndirektion Hamburg übernommen.

Walter Stier hat bei der Ostbahn Fahrpläne zusammengestellt, auch solche für Todeszüge.

> »Ich habe diese Dinge nur vom Schreibtisch aus behandelt, die Züge also rein fahrplantechnisch erledigt.«

Nach dem Krieg wurde Stier Amtsrat bei der Bundesbahn in Frankfurt.

Albrecht Zahn war Streckendezernent bei der Ostbahn, also verantwortlich dafür, daß die Strecken für die Todeszüge frei waren.

> »Möglich, daß die Fahrplanordnung Nummer 565 meine Unterschrift trägt, aber sie geriet sicherlich nur versehentlich in meinen Aktenstapel und ist dann nichtsahnend von mir unterschrieben worden.«

Zahn bekam eine leitende Stelle bei der Bundesbahndirektion Stuttgart.

Martin Zabel war Güterzugfahrplanreferent in Krakau.

> »Ich habe zwar mal meine Unterschrift gegeben, aber zuständig war ich nicht. Zuständig war vielmehr ein Herr Schulze, ich weiß aber nicht, welcher Herr Schulze das war.«

Tatsächlich war die Reichsbahn daran interessiert, am Holocaust beteiligt zu werden. Sie konnte dadurch nämlich ihr Defizit ein wenig ausgleichen. Die Juden mußten zwar für die Fahrt ins Gas selbst bezahlen, doch wenn das nicht möglich war wie etwa bei den Massendeportationen aus Warschau, mußte ein anderer für die Kosten aufkommen. Man einigte sich darauf, daß die Kosten zu übernehmen habe, wer die Züge bestellte. Zugrundegelegt wurde der Beförderungstarif für die dritte Wagenklasse. Gestellt wurden aber Güterwaggons, und zwar nach Möglichkeit alte, vergammelte. Für Juden war das gut genug. So mußten für jeden Deportierten je Schienenkilometer vier Pfennige bezahlt werden. Kinder unter vier Jahren kosteten die Hälfte, Kleinkinder fuhren kostenlos. Damit war der Transport in die Todeslager mehr als doppelt so teuer wie die Beförderung von Soldaten. Für sie berechnete die Reichsbahn 1,5 Pfennige je Kilometer.

Kontaktstelle für die Reichsbahn war das Reichssicherheitshauptamt der SS. Dort bestätigte, wie Hilberg herausgefunden hat, Adolf Eichmann am 20. Februar 1941 die Übernahme der Kosten. Das war fast ein Jahr vor der Wannseekonferenz.

Von wem die Anregung ausgegangen ist, sich auf Sonderbedingungen zu einigen, steht nicht fest. Fest steht indes, daß die SS bereits im Juli 1941 nur noch die Hälfte des vereinbarten Tarifs zu zahlen brauchte, wenn mindestens 400 Menschen deportiert wurden. Zuerst verlangte die Deutsche Reichsbahn für Deportationszüge aus dem Ausland, etwa der Slowakei, Gebühren, wenn ihr Schienennetz benutzt wurde. Ab Anfang 1942 gewährte die Reichsbahn für solche Fahrten einen Rabatt von 25 Prozent. Es wurde um jede Mark gefeilscht. Handelte es sich um Züge aus westeuropäischen Ländern, also etwa den Niederlanden, Frankreich oder Belgien, so erhielt die Reichsbahn ebenfalls Benutzungsgebühren.

Am 11. Juni 1942 tagte im Reichssicherheitshauptamt in Berlin eine Konferenz, in der es auch um die Kosten für die Deportation französischer Juden nach Auschwitz ging. SS-Hauptsturmführer Theoder Dannecker faßte die Ergebnisse am 15. Juni in seinem Amtssitz in Paris zusammen. Serge Klarsfeld hat das Dokument gefunden. Unter Punkt II findet sich die Feststellung:

> »Transportkosten sowie Kopfgeld (ca. 700,– RM pro Jude) müssen vom französischen Staat getragen werden.«

Neben den Kosten spielte der Transportraum eine immer größere Rolle, je weiter die Front nach Osten rückte. Mitte 1942 verfügte die Reichsbahn über etwa 850000 Güterwagen. Den größten Bedarf hatte die Wehrmacht. Für die Deportationen in die Todeslager forderte die SS Sonderzüge an. Sie erhielten in den Fahrplänen besondere Kennzeichen. Allgemein wurden Judentransporte mit »Da« gekennzeichnet, eine Abkürzung für »David«. Transporte polnischer Juden wurden mit »Pj« gekennzeichnet. Fahrplankonferenzen tagten in der Regel alle zwei Monate, und zwar an wechselnden Orten. Sie dauerten fünf bis sechs Tage. Gelegentlich nahmen Eichmann oder sein Vertreter, SS-Hauptsturmführer Hans Günther, daran teil.

Als es für Eichmann immer schwieriger wurde, genügend Transportraum zu erhalten, ging er auf das Angebot ein, solche Züge zu nehmen, mit denen Zwangsarbeiter aus dem Osten nach Westen gebracht worden waren. Züge mit kriegswichtigem Material hatten stets Vorfahrt. So kam es vor, daß Deportationszüge oft lange warten mußten, bis die Strecke wieder frei war. Außerdem wurde immer mehr Menschenfracht in die Waggons gepfercht, und die Züge wurden verlängert.

Transportierte die Reichsbahn ursprünglich mit jedem Zug 1000 Menschen, so waren es Ende 1942 bereits 2000 und auf kürzeren Strecken etwa innerhalb von Polen bis zu 5000. Das bedeutete je Person ungefähr einen viertel Quadratmeter Platz. Längere Züge mit mehr Menschen, das bedingte niedrigere Geschwindigkeit und dadurch längere Fahrzeiten. Raul Hilberg hat einen Fall recherchiert, in dem ein Deportationszug für eine Strecke von etwa 400 km 23 Stunden brauchte. Mußten Todeszüge warten, und das geschah nicht selten auch auf Bahnhöfen, schrieen die Menschen nach Wasser. Zivile Reisende bekamen das selbstverständlich mit, was der SS unangenehm war und auch die Reichsbahn störte. Man nahm es aber als unabänderlich hin.

Hatten die Züge erst einmal das Gebiet des Deutschen Reiches verlassen, gab man sich keine große Mühe mehr mit der Geheimhaltung. Hilberg hat die Aufzeichnungen eines deutschen Unteroffiziers veröffentlicht, Beobachtungen im August 1942.

> »Wir sind am Lager Belzec vorbeigefahren. Vorher ging es längere Zeit durch hohe Kiefernwälder. Als die Frau rief ›jetzt kommt es‹, sah man nur eine hohe Hecke von Tannenbäumen. Ein starker süßlicher Geruch war deutlich zu bemerken. ›Die stinken ja schon‹, sagte die Frau. ›Ach Quatsch, das ist ja das Gas‹, lachte der Bahnpolizist. Inzwischen – wir waren ungefähr 200 Meter gefahren – hatte sich der süßliche Geruch in einen scharfen Brandgeruch verwandelt. ›Das ist vom Krematorium‹, sagte der Polizist. Kurz darauf hörte der Zaun

auf. Man sah ein Wachhaus mit SS-Posten davor. Ein doppeltes Bahngeleis führte in das Lager hinein. Das eine Geleis war eine Abzweigung von der Hauptstrecke, das andere führte über eine Drehscheibe aus dem Lager zu einer Reihe von Schuppen, die ungefähr 250 Meter davon entfernt standen. Auf der Drehscheibe stand gerade ein Güterwagen. Mehrere Juden waren damit beschäftigt, die Scheibe zu drehen. SS-Posten, das Gewehr unter dem Arm, standen daneben. Einer der Schuppen war offen, man konnte deutlich sehen, daß er mit Kleiderbündeln bis an die Decke gefüllt war.«

Von den Massenmorden wußten also sogar Polizisten der Reichsbahn. Nicht immer fuhr die Bahn mit leeren Güterwaggons zurück gen Westen. Sie hatte schließlich Auftrag, die Kleider und den gesamten Besitz der Ermordeten ins Deutsche Reich zu bringen. Als sich die Luftangriffe auf deutsche Städte häuften und viele Leute obdachlos wurden, erhielten sie Kleider der Ermordeten. Diese waren zuvor in den Todeslagern sortiert und gebündelt worden.

SS und Lagerleitungen verhandelten mit der Reichsbahn darüber, wer die Geleise in die Todeszonen verlegen sollte, an die Rampe in Auschwitz, zu den Gaskammern in Sobibor, Belzec, Treblinka. Alles war geregelt, und nichts gab es kostenlos. Es kam vor, daß die Reichsbahn Anforderungen der SS aus Mangel an Transportraum nicht glaubte erfüllen zu können – so während einer Transportsperre vom 15. Dezember 1942 bis zum 15. Januar 1943. SS-Obergruppenführer Friedrich Wilhelm Krüger, zugleich Höherer SS- und Polizeiführer für das Generalgouvernement, beschwerte sich darüber am 5. Dezember 1942, als er von der durch die Reichsbahn beabsichtigten Sperre erfuhr. Er schrieb an Heinrich Himmler:

»Durch diese Maßnahme ist der Gesamtplan Judenaussiedlung stärkstens gefährdet. Bitte gehorsamst durch Verhandlungsführung mit Reichszentralstellen OKW-Verkehrsministerium zu erreichen, daß mindestens drei Zugpaare für die vordringliche Aufgabe zur Verfügung stehen.«

Himmler wandte sich an Albert Ganzenmüller, und die Züge rollten wieder. Und das unmittelbar vor der Kapitulation der 6. Armee in Stalingrad, als jeder Waggon dringend für die Truppe und den Nachschub benötigt wurde.

Himmler wußte spätestens seit Juli 1942, daß dank Ganzenmüller die Reichsbahn ohne wesentliche Einschränkung beim Holocaust mitmachte. In jenem Sommer 1942 rollte der deutsche Vormarsch in der UdSSR in raschem Tempo. Ohne die Reichsbahn konnte die Truppe nicht versorgt werden, und die Wege wurden immer länger. Trotz einer uneingeschränkten Sperre für nichtmilitärische Transporte bekam die SS weitere Züge mit den Kennzeichen Da und Pj. Die Intervention übernahm Himmlers engster Vertrauter, der SS-General Karl Wolff, – und zwar bei Albert Ganzenmüller. Darauf ist bereits ausführlich eingegangen worden.

Nach den erwähnten Fahrplankonferenzen unterrichtete die Generalbetriebsleitung Ost der Deutschen Reichsbahn alle beteiligten Direktionen, die Züge und Lokomotiven bereitstellen mußten. Einige dieser Schnellbriefe sind erhalten geblieben. In dem Telegrammbrief vom 8. August 1942 heißt es einleitend: »Betr.: Sonderzüge für Umsiedler, Erntehelfer und Juden in der Zeit vom 8. August – 30. Oktober 1942.«

Von den angekündigten 50 Zügen hatten nur fünf nicht die Bezeichnung »Da«, doch Ziel aller 50 Züge waren Konzentrationslager oder Vernichtungsstätten im Osten. Am 16. Januar 1943 wurden die Direktionen über die Sonderzüge für die Zeit zwischen 20. Januar und 28. Februar 1943 informiert. Es handelte sich um 17 Züge – zehn mit dem Ziel Auschwitz, die restlichen sieben fuhren nach Treblinka. Am 27. Januar stellte die Reichsbahn »auf Bestellung der Sicherheitspolizei Bialystok« vier Sonderzüge für Pj zur Verfügung. In dem »Vermerk über Belegung« fehlt in keinem Fall hinter der Gesamtzahl der zu Deportierenden der Zusatz »davon Kinder unter 10 Jahren«. 9161 Personen insgesamt, davon 2720 Kinder unter zehn Jahren. Und die Reichsbahner glaubten, es handle sich um Arbeitseinsätze!

Die Brieftelegramme trugen keinen Geheimhaltungshinweis. Sie wurden wie alle anderen Brieftelegramme befördert.

Das gilt auch für Fernschreiben, in denen Deportationen von Da oder Pj erörtert wurden. Oberstaatsanwalt Alfred Spieß hat herausbekommen, daß der Vermerk »Nur für den Dienstgebrauch« lediglich bedeutete, daß es sich nicht um öffentliche Züge handelte.

Es gibt Dokumente, in denen geschildert wird, daß bei der Ankunft der Züge in den Lagern gelegentlich mehr tote als lebendige Menschen angetroffen wurden. Im Sommer 1943 traf in Sobibor ein Zug ein, in dem die Leichen bereits in Verwesung übergegangen waren. Deshalb auch der Befehl der Reichsbahn: »Nach jeder Vollfahrt sind die Wagen gut zu reinigen, erforderlichenfalls zu entwesen ...«

Experte für die Zahl der von der Deutschen Reichsbahn zur Verfügung gestellten Züge ist der Berliner Historiker Wolfgang Scheffler. Nach gründlichen Untersuchungen für Belgien, Frankreich, Holland, Slowakei, Kroatien, Bulgarien, Griechenland, Italien, Ungarn, Theresienstadt, Lodz und die Distrikte Warschau, Lublin, Galizien, Radom, Krakau, Warthegau, Bialystok im Generalgouvernement sowie für das Deutsche Reich und Österreich kommt der Wissenschaftler zu dem Ergebnis:

> »Man wird davon ausgehen müssen, daß insgesamt mindestens ca. 3 Millionen Menschen mit der Reichsbahn in die Vernichtungslager transportiert worden sind.«

Es handelt sich, und auf diesen Hinweis legt der Forscher aus gutem Grund erheblichen Wert, »*nicht* um eine Errechnung der Gesamtzahl der durch die ›Endlösung‹ ermordeten Menschen«, sondern um jene, die von der Deutschen Reichsbahn in den Tod transportiert worden sind.

Wenn auch diese Einzelheiten noch nicht bekannt waren, als im Winter 1945 der erste große NS-Prozeß vor dem Internationalen Militärtribunal in Nürnberg begann – daß es im Reichsverkehrsministerium eine besonders Abteilung für diese Sonderzüge gab, das wußten Robert Kempner und dessen Mitarbeiter bereits vor Eröffnung der Hauptverhandlung. In einem Gespräch im Mai 1982 sagte er mir, seiner Erinnerung nach sei Reichsverkehrsminister Julius Dorpmüller seinerzeit unauffindbar gewesen. Das hat sich mittlerweile geändert. Eine Büste des bei Kriegsende 76 Jahre alten Mannes schmückt heute das Verkehrsmuseum in Nürnberg. Eine Büste seines Staatssekretärs gibt es noch nicht.

Die Bundesbahn rühmt sich heute gern der Taten ihrer Vorgängerin, der Deutschen Reichsbahn. Sie habe die deutsche Bevölkerung bis zum Ende des Krieges gut versorgt. Das stimmt, nur – zu wessen Lasten! Als nach dem Sieg über Polen und später aus den Tiefen der Sowjetunion Züge um Züge mit Getreide, Kartoffeln, Zucker, Fleisch, Eiern, Fett u. a. m. gen Westen ins Deutsche Reich rollten, waren das in Wirklichkeit Raubzüge. Denn sie beförderten, was der einheimischen Bevölkerung geraubt worden war. Niemand wird je errechnen können, wie viele Polen, Ukrainer, Esten, Letten und andere Osteuropäer verhungert sind, weil ihre Lebensmittel von der Reichsbahn gen Westen gebracht worden sind: Bei der Mitwirkung desselben Unternehmens am Holocaust hat Wolfgang Scheffler die ungefähre Mitschuld errechnet: Mindestens drei Millionen. Außer dem Versuch, Albert Ganzenmüller zur Verantwortung zu ziehen, ist die Rolle der Reichsbahn nie zu einem öffentlichen Thema geworden. Das sollte sich ändern. Auch Robert Kempner teilt diese Auffassung, indem er feststellt:

> »Ohne die Beteiligung der Reichsbahn wäre dieser Massenmord wahrscheinlich gar nicht möglich gewesen, denn man wollte ja nicht in jeder Stadt oder in jedem etwas harmloseren Lager solche Mordaktionen durchführen. Das wäre auch technisch gar nicht möglich gewesen. Ohne die bereitwillige Mithilfe der Reichsbahn hätte es in dem ganzen Geschehen unerhörte Verzögerungen gegeben.«

Dem ist fraglos zuzustimmen. Bei der Vorbereitung der Hauptverhandlung gegen Ganzenmüller hat Oberstaatsanwalt Alfred Spieß eine große Zahl von Zeugen gehört, unter ihnen viele ehemalige Reichsbahner. Standen sie damals im Dienst der Deutschen Bundesbahn, wird der Dienstherr von der Vernehmung etwas erfahren haben. Doch es ist nichts darüber bekannt, daß die Bundesbahn als einer der größen Arbeitgeber der Bundesrepublik irgendwann einmal und wenn auch nur in Ansätzen versucht hat, dieses Kapitel ihrer Geschichte darstellen zu lassen. Wer heute durch die Bundesrepublik reist, vielleicht in einem bequemen Intercity, mag gelegentlich den Reisebegleiter der Bahn zur Hand nehmen – eine gut gemachte Zeitschrift mit Reisetips und Bundesbahnimagepflege. Dagegen ist grundsätzlich nichts zu sagen. Nur – wenn die Bahn über die Mittel verfügt, eine solche kostspielige Zeitschrift zu machen, und zwar trotz ihres hohen Defizits, sollte sich auch eine Summe für die längst überfällige Erforschung der Rolle der Reichsbahn im Holocaust abzweigen lassen. Dabei könnte das Unternehmen auf bereits gefundene Dokumente zurückgreifen. Der damalige Leiter der Zentralstelle zur Aufklärung von NS-Verbrechen in Ludwigsburg bei Stuttgart, Oberstaatsanwalt Dr. Adalbert Rückerl, hat für Raul Hilbergs Studie »Sonderzüge nach Auschwitz« ein Vorwort geschrieben. Er beginnt mit der Aussage eines Reichsbahnbeamten:

> »Es war an einem Sonntagmittag gegen 13.30 Uhr. Von Sawada aus war uns ein Judentransport gemeldet worden. Auf unserer Station in Zwierzynieg nahmen die Lokomotiven stets Wasser. Dies geschah auch bei dem erwähnten Zug. Aus dem haltenden Zug zwängte sich ein kleines jüdisches Mädchen heraus, das ich auf zehn bis zwölf Jahre schätzte. Es kam zu mir und hielt einen Fünfmarkschein in Händen, mit dem es um Wasser bat. Es sprach von einem Löffel Wasser. Ich gab meinem polnischen Stationsleiter Anweisung, er möge mein Wasserglas nehmen und dem Mädchen Wasser reichen. Dem Mädchen sagte ich, daß es das Geld wegstekken solle. Während das Mädchen noch trank, erschien überraschend hinter mir der Transportführer der SS... Mit der Reitpeitsche schlug er zunächst dem Mädchen das Wasserglas aus der Hand, um dann weitere Schläge dem Mädchen zu versetzen. Aus dem Zug zwängte sich der Vater des Mädchens heraus, der auf Knien den SS-Führer um Gnade für sein Kind bat. Der SS-Führer zog seine Pistole und tötete den Vater durch Genickschuß. Das Mädchen wurde in den

Waggon geworfen. Das gleiche geschah mit dem Toten. Der SS-Führer beschimpfte mich als Judenknecht; ich sei nicht würdig, deutscher Beamter zu sein.«

Hilberg druckt einen vertraulichen Bericht des Hauptmanns der Schutzpolizei Salitter ab. Salitter war Führer eines Begleitkommandos für einen Judentransport, der am 11. Dezember 1941 Düsseldorf verließ und 61 Stunden unterwegs war, ehe er Riga erreichte. Der Bericht beginnt so:

> »Der für den 11.12.1941 vorgesehene Judentransport umfaßte 1007 Juden aus den Städten Duisburg, Krefeld, mehreren kleineren Städten und Landgemeinden des rhein. westf. Industriegebietes. Düsseldorf war nur mit 19 Juden vertreten. Der Transport setzte sich aus Juden beiderlei Geschlechts und verschiedenen Alters vom Säugling bis zum Alter von 65 Jahren zusammen. ... Die Verladung der Juden war gegen 10.15 Uhr beendet. Nach mehrmaligem Rangieren verließ der Zug dann gegen 10.15 Uhr den Güterbahnhof Düsseldorf-Derendorf in Richtung Wuppertal...«

Es folgt eine genaue Beschreibung der Fahrtroute über Wuppertal, Hagen, Schwerte, Hamm, durch das ganze Deutsche Reich. Salitter beklagte, daß der 2. Klasse-Wagen für das Begleitkommando am Ende des Zuges rollte und kalt blieb, weil der Druck in den Heizungsrohren nicht ausreichte. Am 14. Dezember erreichte der Zug Riga.

> »Hier stellte ich fest, daß die Juden nicht für das Rigaer Ghetto bestimmt waren, sondern im Ghetto Skirotawa, 8 km nordostwärts von Riga, untergebracht werden sollten... Die Außentemperatur betrug bereits 12 °C unter Null... Da es bereits nach Mitternacht war, Dunkelheit herrschte und die Verladerampe stark vereist war, sollte die Ausladung und Überführung der Juden in das noch 2 km entfernt liegende Sammelghetto erst am Sonntagfrüh beim Hellwerden erfolgen... Ich selbst erhielt Unterkunft im Gästehaus des Höh. SS- und Pol. Führers.«

Unter Punkt vier faßte Salitter seine »Erfahrungen« zusammen:

»f) Zur Verabfolgung von Trinkwasser für die Juden ist es unbedingt erforderlich, daß die Gestapo mit der Reichsbahn für je 1 Tag des Transportes 1 Stunde Aufenthalt auf einem geeigneten Bahnhof des Reichsgebietes vereinbart. Es hat sich herausgestellt, daß die Reichsbahn wegen des festgelegten Fahrplans nur mit Widerwillen auf entsprechende Wünsche des Transportführers eingeht. Die Juden sind gewöhnlich vor Abgang des Transportes 14 Stunden und länger unterwegs und haben die mitgenommenen Getränke vor der Abfahrt bereits aufgebraucht. Bei einer Nichtversorgung mit Wasser versuchen sie dann, trotz Verbot, bei jeder sich bietenden Gelegenheit aus dem Zug zu gelangen, um sich Wasser zu holen oder holen zu lassen.
g) Es ist ferner dringend erforderlich, daß die Reichsbahn die Züge rechtzeitig, mindestens 3–4 Stunden vor der festgesetzten Abfahrtszeit bereitstellt, damit die Einladung der Juden und ihres Gepäcks geordnet erfolgen kann.«

Sollte sich die Deutsche Bundesbahn entschließen, künftig diesem Thema ihre Aufmerksamkeit zu schenken, ist die Lektüre des »Biographischen Wörterbuches zur deutschen Geschichte«, 1973, Band I, Spalte 565 zu empfehlen. Dort steht unter »Dorpmüller, Julius Heinrich« zu lesen, daß er am 5. Juli 1945 gestorben ist und Reichsverkehrsminister war.

»Damit trug er die Verantwortung für den gesamten Eisen- und Autobahnbetrieb im Frieden wie unter den vielfältigen Schwierigkeiten des Krieges. Nach dem Zusammenbruch des Reiches beabsichtigten die Alliierten in mehreren Verhandlungen bei Paris, dem 76jährigen den Wiederaufbau der dt. Eisenbahn zu übertragen, was sein Tod jedoch vereitelte.«

Dick de Mildt

Kollaboration und Deportation in Holland

Über das Verhalten der nicht-jüdischen Bevölkerung bei der Judenverfolgung in den Niederlanden

Am Vorabend der deutschen Invasion am 10. Mai 1940 gab es in den Niederlanden rund 140 000 Juden. Darunter waren etwa 15 000 deutsche und österreichische Flüchtlinge und noch etwa 10 000 Juden aus anderen europäischen Ländern, vor allem aus Polen.[1] Die Maßnahmen, die von deutscher Seite gegen die Juden ergriffen wurden, können hier nicht im einzelnen dargestellt werden. Generell waren sie nicht wesentlich anders als in den übrigen von den Deutschen besetzten europäischen Ländern.[2]

Auch in den Niederlanden wurden die Juden durch eine Reihe von Verordnungen und Maßnahmen wirtschaftlich und gesellschaftlich entrechtet und nach und nach von der niederländischen Gesamtbevölkerung isoliert. Sie wurden im sogenannten Amsterdamer »Judenviertel« konzentriert, unter Aufsicht des auf deutschen Befehl geschaffenen Judenrats gestellt, sorgfältig registriert und durch den Judenstern gekennzeichnet – alles zur Vorbereitung ihres Abtransports aus Holland.

Die Massendeportationen von Juden begannen am 15. Juli 1942 und hielten an bis zum 13. September 1944. In diesen zwei Jahren sind aus den Niederlanden 107 000 Juden verschleppt worden, und zwar vor allem in die Vernichtungslager Auschwitz und Sobibor. Nach Auschwitz fuhren 68 Züge mit über 60 000 Juden. Davon kehrten 1052 Juden zurück. Nach Sobibor fuhren innerhalb von 5 Monaten 19 Züge mit 34 313 Menschen, von denen nur 2 überlebten. Insgesamt kehrten von den 107 000 Verschleppten 5500 (also etwa 5 %) zurück. Insgesamt wurden 75 % der 145 000 niederländischen Juden ermordet.[3]

Vielleicht vermitteln diese Zahlen einen Eindruck von dem ungeheuren Ausmaß der Vernichtungsaktion gegen die holländischen Juden. Betrachtet man sie im europäischen Rahmen, dann läßt sie sich nur vergleichen mit den Ereignissen in den besetzten Gebieten Osteuropas. Im Westen gab es kein Land mit einer so hohen Ausrottungsquote wie die Niederlande.[4] Auf Grund dieser Feststellung erheben sich eine Reihe von Fragen, vor allem hinsichtlich des Verhaltens der nicht-jüdischen Bürger bei der Judenverfolgung.

Das Problem läßt sich am besten durch ein Beispiel erhellen: Anne Frank wurde von Deutschen ermordet, sie wurde von einem Österreicher verhaftet, aber verraten wurde sie von einem Niederländer. Inwieweit ist der Fall »Anne Frank« beispielhaft für die Verfolgung der Juden in den Niederlanden? Anders formuliert: wie steht es mit der Kollaboration der nichtjüdischen niederländischen Bürger mit der deutschen Besatzungsmacht bei der Judenverfolgung?

Diese Verfolgung wurde initiiert und durchgeführt von Deutschen unter der Führung von Österreichern, wie etwa dem Reichskommissar Seyss-Inquart, dem Höheren SS- und Polizeiführer Rauter und einer Reihe von Spitzenfunktionären, die fast alle zur sogenannten »Österreichischen Konnexion« gehörten.

Tatsache ist aber auch, daß die niederländische Zivilverwaltung, nachdem Königin Wilhelmina mit ihren Ministern nach England gegangen war, unter eben dieser deutsch-österreichischen Führung ohne Stockungen und ziemlich loyal weiter gearbeitet hat, und zwar auch bei der Durchführung anti-jüdischer Maßnahmen.

Ich zitiere dazu den holländischen Historiker Ben Sijes:

> »Der Beschluß der Generalsekretäre (sie waren die höchsten Beamten in der Verwaltungsbürokratie), loyal mit den Deutschen zusammenzuarbeiten, hatte (...) weitreichende Folgen. Die Generalsekretäre gaben ja nicht nur passiv ein Beispiel, sie stimulierten auch das gesamte Beamtentum, das Wirtschaftsleben, ja sogar die niederländische Gesellschaft als Ganzes, ihrem Beispiel zu folgen.

Die Generalsekretäre leisteten keinen überzeugten und überzeugenden Widerstand, und deswegen konnten ihre Proteste die Deutschen auch nicht beeindrucken. Dies muß zweifellos zur Folge gehabt haben, daß die Deutschen um so mehr die Gelegenheit ergriffen, unverdrossen und so schnell wie möglich das Programm zu erledigen, das in Deutschland und in den anderen besetzten Gebieten schon realisiert worden war. Statt ein Schild für die Juden zu sein – die Juden waren ja doch auch Bürger des niederländischen Staates –, ließen die Generalsekretäre sie im Stich. Das bedeutete in der Praxis, daß die Juden keinen Schutz seitens niederländischer staatlicher Institutionen beanspruchen konnten. Diese Situation hat dazu beigetragen, daß die Juden später für vogelfrei erklärt werden konnten – und daran sind die Generalsekretäre mitschuldig.«[5]

Das ist sicherlich ein hartes, aber leider weitgehend gerechtes Urteil. Ebensowenig prinzipiell, wie ihre Einwände *gegen* die anti-jüdischen Maßnahmen der Besatzungsmacht, war ihre Mitarbeit an der *Durchführung* dieser Maßnahmen. Das Resultat war aber, betrachtet vom Standpunkt der Verfolger aus, durchaus befriedigend.

Ein Beispiel: Am 1. November 1941 fand ein Gespräch zwischen dem Höheren SS- und Polizeiführer Rauter und dem niederländischen Generalsekretär des Innenministeriums Frederiks statt. Dieser war verantwortlich für die Durchführung der meisten anti-jüdischen Verordnungen. Rauter stellte Frederiks während dieses Gesprächs die Frage, was seine Reaktion sein würde, wenn er – Rauter – die niederländischen Juden nach Polen deportieren lassen würde. Frederiks antwortete ihm, daß er dagegen sehr kräftig protestieren würde und daß er und seine Amtskollegen, und auch die Mehrheit der niederländischen Beamten, augenblicklich zurücktreten würden. Die Deutschen sollten – laut Frederiks – dann mal sehen, wie sie mit ihren Geschäften fertig würden. Darauf fragte Rauter, ob er denn auch so reagieren würde, wenn die Deportation sich auf die *deutschen* Juden in den Niederlanden beschränken würde. Ich zitiere die Antwort Frederiks aus dem Protokoll:

»Nein, das sind Ihre Untertanen, die seit der Besetzung unter Ihrer Gewalt stehen, als niederländischer Beamter kann ich nichts dagegen unternehmen.«[6]

Damit gab dieser niederländische Beamte über 15000 Personen, die vor dem Krieg in den Niederlanden politisches Asyl bekommen hatten, auf einen Schlag frei für die Deportation.

Und als die Deportationen, und zwar *auch* von *holländischen* Juden, im Sommer 1942 begannen, hatte Frederik seine eindeutige Stellungnahme in bezug auf seine jüdischen Landsleute offensichtlich schon wieder vergessen: weder er noch einer seiner Kollegen traten zurück. Und auch der unter ihrer Leitung stehende Verwaltungsapparat funktionierte bei der Ausführung der anti-jüdischen Maßnahmen präzise weiter. Gewiß: nicht auf Grund einer grundsätzlichen Billigung dieser Maßnahmen oder in voller Erkenntnis ihrer Konsequenzen, aber dennoch zur vollen Zufriedenheit der deutschen Führung.

Eine völlig andere Kategorie von niederländischen Mitarbeitern bei der Judenverfolgung sind die sogenannten »Judengreifer«. Sie wurden vor allem aus der niederländischen nationalsozialistischen Bewegung und aus der Polizei rekrutiert und spezialisierten sich auf die Jagd nach untergetauchten Juden und auf Juden, die sich auf andere Weise ihrer Deportation entzogen. Bei dieser Arbeit wurden sie von deutscher Seite durch die Aussetzung einer Belohnung für jeden verhafteten Juden kräftig stimuliert. Anfang April 1943 wurde dieses sogenannte »Kopfprämiensystem« dem ganzen Polizeiapparat bekanntgegeben, und schon einige Wochen später meldete der Sicherheitsdienst die »positiven« Resultate: mit Hilfe dieses Systems hatte man innerhalb von 6 Wochen einige Tausende von – zum Teil untergetauchten – Juden verhaften können.

Es hat keinen Sinn, alle diese Gruppen von »Judengreifern« gegeneinander abzugrenzen und ihre Aktivitäten zu beschreiben. Beschränken wir uns hier auf die allgemeine Feststellung, daß sie nicht sehr zahlreich, aber sehr fanatisch und leider auch sehr erfolgreich waren. Als Beispiel sei hier die sogenannte »Kolonne Henneicke« genannt. Sie bestand aus ungefähr 35

Mann und hatte eine eigene Dienststelle in Amsterdam, von der aus sie operierte. Vom Anfang April bis Ende September 1943 – also in knapp 6 Monaten – nahm diese Gruppe über 3400 Juden fest.[7]

Neben dieser organisierten Jagd auf die Juden gab es auch noch den individuellen Verrat, also die Denunzianten, die, aus welchen Motiven auch immer, untergetauchte Juden und ihre Helfer – oft anonym – bei der Polizei oder beim SD anzeigten. Die widerlichen Beispiele hierfür müssen nicht eigens aufgeführt werden. Das Ausmaß dieses Phämomens läßt sich nicht einmal annähernd feststellen.[8]

Zum Schluß dieser skizzenhaften Aufzählung der Mitarbeiter der Judenverfolgung sollen hier nur noch diejenigen genannt werden, die »am Ende der Befehlslinie« standen und dort ihren Beitrag beim Abtransport der Juden lieferten. Es sind dies die Polizisten, die die Opfer von zu Hause abholten, und die Straßen- und Eisenbahner, die sie abtransportierten. Unter ihnen kam es nur sehr vereinzelt zu Protesten und Arbeitsverweigerung, wenn auch anzunehmen ist, daß sie nur widerwillig oder vielleicht gedankenlos handelten und durch dienstliche Weisungen, Befehle oder auf andere Weise unter Druck gesetzt waren. Trotzdem gehören auch sie zu der Geschichte der Judenverfolgung.[9]

Wenden wir uns nun der Frage des Verhaltens der niederländischen Gesamtbevölkerung bei der Judenverfolgung zu. Die Beantwortung dieser Frage ist natürlich schwer. Denn wir haben es hier, wie in den anderen besetzten Gebieten, zu tun mit einer amorphen Menschenmasse, die, soviel steht fest, im allgemeinen keinen aktiven Widerstand gegen die Judenpolitik in ihrem Lande geleistet hat. Aber damit ist das Verhalten dieser anonymen Masse nicht ausreichend skizziert. Es gibt, auch in bezug auf das Verhalten der niederländischen Bevölkerung, gewisse Indikationen, die uns ein genaueres Urteil gestatten.

Gehen wir zuerst ein wenig zurück in die Vorkriegsgeschichte.[10]

Die meisten der in den Niederlanden ansässigen Juden wohnten hier schon seit Generationen. Sie waren, vor allem im

17. und 18. Jahrhundert, aus anderen europäischen Ländern in die niederländische Republik gezogen und hatten sich hier, in einem toleranten gesellschaftlichen Klima, eine neue Existenz aufgebaut. Gewiß, auch in den Niederlanden gab es Antisemitismus. Doch er war, was seine Intensität oder seine Verbreitung in der Bevölkerung angeht, bei weitem nicht zu vergleichen mit den Formen des Judenhasses in vielen anderen europäischen Ländern.[11]

Der niederländische Historiker de Jong schrieb dazu, daß

> »die Juden in unserem Lande eine Position innehatten, die von Juden in anderen Ländern beneidet wurde, weil Gewalttätigkeiten gegen sie unbekannt waren, ihre gesellschaftlichen Möglichkeiten fast dieselben waren wie die der Nicht-Juden, ihre Assimilation weit fortgeschritten war, und die meisten nicht-jüdischen Niederländer in ihrem Verhalten keinen Unterschied machten zwischen Juden und Nicht-Juden.«[12]

Wir charakterisieren den Antisemitismus in den Niederlanden vielleicht am besten mit der Feststellung, daß es sich nur um relativ unschuldige und milde Formen anti-jüdischer Gesinnung handelte, die nicht in die gesellschaftliche Tradition paßten und deshalb im allgemeinen abgewiesen wurden.

Das wird auch illustriert durch die schwankende und keineswegs immer eindeutige Stellungnahme der niederländischen Nationalsozialistischen Bewegung zur »Judenfrage« in der Vorkriegszeit. Am Anfang betonte sie nachdrücklich ihre Ablehnung des deutschen Antisemitismus; noch 1935 waren etwa 150 Juden Mitglied dieser Bewegung. Die letzten 13 jüdischen Mitglieder wurden erst im Herbst 1940 – also etwa 6 Monate *nach* Beginn der deutschen Besetzung – unter schwerem Druck von deutscher Seite aus der Partei ausgeschlossen.[13]

Allmählich wandelte sich diese Haltung jedoch in eine grundsätzliche Zustimmung zum antisemitischen Standpunkt der NSDAP. Dies war sicherlich einer der Hauptgründe, warum die Bewegung von der niederländischen Bevölkerung überwiegend abgelehnt wurde.[14] So gab es beispielsweise massenhafte Proteste in den Niederlanden gegen den Erlaß der »Nürnberger Gesetze« und insbesondere auch gegen die Ausschreitungen gegen die Juden im November 1938. Nach der »Reichskristallnacht« fand im Parlament eine lebhafte Debatte statt, wobei die Regierung von allen Parteien – außer der kleinen nationalsozialistischen – aufgefordert wurde, die Grenzen für jüdische Flüchtlinge zu öffnen. Auch seitens der Kirchen, der Gewerkschaften, von verschiedenen Kommunalverwaltungen und von vielen Privatpersonen wurde auf sofortige Hilfe gedrängt. Eine Geldsammlung für das jüdische Flüchtlingskomitee in den Niederlanden brachte über 2½ Millionen Gulden ein.[15]

Diese Beispiele machen deutlich, daß die radikale anti-jüdische Politik der Nationalsozialisten bei der niederländischen Bevölkerung vor der deutschen Besetzung auf eine allgemeine und prinzipielle Ablehnung stieß. Und daran änderte sich auch nach Mai 1940 wenig, obwohl durch das rücksichtslose Vorgehen der deutschen Besatzungsmacht viele natürlich eine nicht ganz unberechtigte Angst hatten, ihre Opposition deutlich zu zeigen.

Dennoch gab es Menschen, die *trotzdem*, und nicht selten unter Gefahr für das eigene Leben, kräftig protestierten und versuchten, die anti-jüdische Politik zu sabotieren. Auch hierfür gibt es, zum Teil sogar recht erfolgreiche, Beispiele. Ich nenne hier nur einige der wichtigsten:

Gleich am Anfang, im November 1940, kam es wegen der Entlassung jüdischer Beamter zu Studentenstreiks an den Universitäten Delft und Leiden. An der letzteren Universität hielt der Jurist Professor Cleveringa eine flammende Protestrede vor seinen Studenten. Er wurde daraufhin verhaftet; die Universitäten Leiden und Delft wurden auf Kriegsdauer geschlossen.[16]

Das zweite Beispiel:

Im Februar 1941 kam es im Amsterdamer Judenviertel zu schweren Zusammenstößen zwischen jüdischen und nicht-jüdischen Arbeitern auf der einen Seite und niederländischen Nationalsozialisten und deutscher Ordnungspolizei auf der anderen, wobei es unter den Nationalsozialisten einen Toten gab.

Himmler, von dem bereits erwähnten Höheren SS- und Polizeiführer Rauter hierüber unterrichtet, ordnete als Vergeltung die Verhaftung von 425 jungen männlichen Juden an, die dann in KZ's gebracht werden sollten. Am 22. und 23. Februar kam es deshalb zu den ersten großen Razzien im Judenviertel. Mit bis dahin in den besetzten Niederlanden ungekannter Brutalität griff die deutsche Ordnungspolizei zu: etwa 400 Juden wurden auf der Straße verhaftet und abtransportiert.

Die Reaktion der Amsterdamer Bevölkerung folgte zwei Tage später: es brach ein Generalstreik aus, der sich rasch auf Städte in der weiteren Umgebung ausweitete. Nach zwei Tagen wurde der Streik von SS- und Polizeitruppen mit Gewalt niedergeschlagen, wobei es 24 Verletzte und 9 Tote gab sowie eine Reihe von Verhaftungen. Drei kommunistische Organisatoren wurden später erschossen.[17]

Der Generalstreik vom Februar 1941 war der einzige große und spontane Proteststreik gegen die Judenverfolgung in den besetzten europäischen Ländern, und er war für die niederländische Situation von großer Bedeutung. Einerseits symbolisierte diese öffentliche Demonstration die allgemeine Empörung in weiten Kreisen der niederländischen Gesellschaft über die radikale anti-jüdische Politik der Besatzungsmacht, andererseits zeigte sie aber auch unzweideutig die Rücksichtslosigkeit, mit der die Besatzungsmacht bereit war, eben diese Politik durchzuführen.

Das dritte Beispiel betrifft die Hilfe für die untergetauchten Juden, von denen es schätzungsweise 20–25000 gab. Von diesen sind – wie schon erwähnt – viele früher oder später doch noch aufgegriffen und deportiert worden. Wie viele Untertauchadressen es gegeben hat oder wie groß die Zahl der Helfer gewesen ist, läßt sich nicht beziffern. Fest steht jedoch, daß am Anfang vereinzelte illegale Gruppen, später aber die organisierte Widerstandsbewegung und *vor allem* auch die sogenannte »nationale Organisation zur Hilfeleistung für Untergetauchte« eine bedeutsame und bewundernswerte Rolle gespielt haben und daß die verfolgten Juden sowohl in der Stadt wie auf dem Lande bei allen Schichten der niederländischen Bevölkerung versteckt worden sind. Fest steht schließlich auch, daß die

Hilfeleistung große Risiken mit sich brachte: nicht selten kamen, nach der Verhaftung der Untergetauchten, auch die Helfer ins KZ.[18]

Zum Schluß sollen hier noch die Kirchen erwähnt werden. Im Juli 1942 protestierten die römisch-katholische und die evangelischen Kirchen (mit Ausnahme eines Teiles der sogenannten Reformierten Kirche) öffentlich gegen die Deportation der Juden. Es war, wie zu erwarten, ein vergeblicher Protest, und aus Vergeltung ließ Reichskommissar Seyss-Inquart 110 katholisch getaufte Juden verhaften und nach Auschwitz abtransportieren. Auch hier zeigte sich, daß die deutsche Besatzungsmacht in diesen Fragen unerbittlich blieb. Man darf aber wohl annehmen, daß dieser Protest der Kirchen die Gefühle und Gedanken vieler ihrer Mitglieder über die Verfolgung der Juden wiedergab.[19]

Ich komme nun zu einigen Schlußfolgerungen. Es hat bei der Judenverfolgung in den Niederlanden Kollaboration und Verrat, aber auch Sabotage, Hilfsbereitschaft und Protestdemonstrationen gegeben. Diese Ambivalenz in der Besatzungsgeschichte der Niederlande kann und darf man nicht leugnen. Um noch einmal auf mein Eingangsbeispiel zurückzukommen: Anne Frank wurde von einem Niederländer verraten, sie wurde aber auch von Niederländern versteckt gehalten.

Die niederländischen Juden sind von Deutschen und Österreichern terrorisiert und verfolgt worden. Diese sind dabei jedoch von holländischer Seite passiv und manchmal aktiv unterstützt worden. Das geschah meistens auf Befehl oder unter schwerem Druck; es geschah aber in einigen Fällen auch aus Gleichgültigkeit, aus Geldgier oder Eifersucht oder aus anderen niedrigen Beweggründen.

Demgegenüber stehen die verschiedensten Zeichen von Solidarität mit den Verfolgten. Dabei haben sicher auch sehr unterschiedliche Motive eine Rolle gespielt – z. B. religiöse oder politische –, aber sie vereinten sich doch in der unbedingten Ablehnung der anti-jüdischen Maßnahmen der Besetzer.

Und damit komme ich zu einer vorsichtigen und auch wohl persönlichen Beurteilung des Verhaltens der niederländischen

Gesamtbevölkerung. Die deutsche Verfolgungspolitik gegenüber den Juden wurde von einer Mehrheit in der niederländischen Gesellschaft strikt abgelehnt, ja, sie führte eben durch ihre Radikalität, die den Traditionen der niederländischen Gesellschaft völlig fremd war, zum endgültigen Bruch zwischen der Besatzungsmacht und der Bevölkerung und zur Verschärfung der Gegensätze zwischen beiden. Raul Hilberg hat über die Situation der Juden in den besetzten Niederlanden geschrieben:

> »Holland war das einzige Gebiet in dem besetzten Westen, wo die Juden keine (mit den anderen besetzten Gebieten) vergleichbare Überlebenschance hatten.«[20]

Diesem kann man leider nur zustimmen. Die Überlebenschancen in den Niederlanden *waren* außergewöhnlich schlecht für die Juden. Hauptursache dafür war nicht das Verhalten der niederländischen Bevölkerung. Die Mehrheit der niederländischen Bevölkerung hat die nationalsozialistische Judenpolitik abgelehnt, aber nur eine Minderheit hat gegen diese Politik aktiven Widerstand geleistet. Das ist sicherlich zu bedauern, aber soll uns das wundern? Schließlich ist die Geschichte des europäischen Widerstandes gegen die Judenverfolgung leider eine Geschichte von Minderheiten. Was das angeht, fügen sich die Niederlande in die europäische Tradition.

Anmerkungen

Wollenberg, Niemand war dabei...

1 Y. Michal Bodemann: Was hat der Gedenktag überhaupt mit den Juden zu tun? Nachbetrachtung zu der »Reichspogromnacht« und dem Umgang der Deutschen mit ihrer Geschichte, in Frankfurter Rundschau, 29. 11. 1988, Nr. 278, S. 10

2 Von den zahlreichen Veröffentlichungen, die im Vorfeld des 50. Jahrestages des Judenpogroms neu herausgegeben oder wiederaufgelegt wurden, seien hier einige der wichtigsten zitiert:

H. G. Adler: Die Juden in Deutschland. Von der Aufklärung bis zum Nationalsozialismus, München 1987

H. G. Adler: Der verwaltete Mensch. Studien zur Deportation der Juden aus Deutschland, Tübingen 1974

Walter H. Pehle (Hg.): Der Judenpogrom 1938. Von der »Reichskristallnacht« zum Völkermord, Frankfurt 1988

Hermann Graml: Reichskristallnacht. Antisemitismus und Judenverfolgung im Dritten Reich, München 1988

Hans Jürgen Döscher: »Reichskristallnacht«. Die November-Pogrome 1938, Berlin 1988

Avraham Barkai: Vom Boykott zur »Entjudung«. Der wirtschaftliche Existenzkampf der Juden im Dritten Reich 1933–1943, Frankfurt 1988

Wolfgang Benz (Hg.): Die Juden in Deutschland 1933–45, München 1988

Ursula Büttner: Das Unrechtregime. Internationale Forschungen über den Nationalsozialismus. Festschrift für Werner Jochmann, Bd. II, 1986

Wolfgang Gerlach: Als die Zeugen schwiegen. Bekennende Kir-

che und die Juden; Institut Kirche und Judentum. Band 10, Berlin 1987
Dan Diner (Hg.): Zivilisationsbruch. Denken nach Auschwitz, Frankfurt 1988
Christian Frederic Rüter (Hg.): Justiz und NS-Verbrechen, Amsterdam 1968–1981, Bd. 1–22
Raul Hilberg: Die Vernichtung der europäischen Juden. Die Gesamtgeschichte des Holocaust, Frankfurt 1982
Arnold Paucker (Hg.): Die Juden im nationalsozialistschen Deutschland, Tübingen 1986
Rita Thalmann/Emmanuel Feinermann: Die Kristallnacht, Frankfurt a. M. 1987

3 Wichtige Vorarbeiten hierzu bietet die jüngst erneut in einer überarbeiteten Neuauflage vorgelegte »Bilanz« von Bernt Engelmann: Deutschland ohne Juden, Köln 1988

4 Dr. Richard Wilhelm Stock: Die Judenfrage durch fünf Jahrhunderte, Stadt der Reichsparteitage Nürnberg, im Jahre 1939, S. 9

5 vgl. H. J. Döscher, »Reichskristallnacht«, 1988, S. 174

6 Zum Urteil des LG Nürnberg vom 1. 7. 1953 (Az Ks 1/51) vgl. Ch. Rüter (Hg.): Justiz und NS-Verbrechen, Bd. 11, S. 184ff. Siehe auch den Beitrag von Jörg Friedrich in diesem Band.

7 Leider konnte einer der zentralen Beiträge auf dem Symposion, das Referat von Hans Mommsen über »Verdrängung und Verblendung: Reaktionen der deutschen Bevölkerung auf Judenverfolgung und -vernichtung«, nicht in diesen Band aufgenommen werden. Da sich Hans Mommsen inhaltlich in seinem Referat an dem Beitrag orientierte, den Walter H. Pehle a. a. O. herausgegeben hat, kann der interessierte Leser auf diesen wichtigen Sammelband über den »Judenpogrom 1938« zurückgreifen.

8 Vgl. Jörg Friedrich/Jörg Wollenberg: Licht in den Schatten der Vergangenheit. Zur Enttabuisierung der Nürnberger Kriegsverbrecherprozesse, Frankfurt/Berlin 1987.

Waltemathe, Rasse zwischen Leben und Tod

1 aus: Klaus Drobisch (u. a.): Juden unterm Hakenkreuz, Frankfurt/M. 1973, S. 358

2 aus: Plenarprotokoll des Deutschen Bundestages vom 29. März 1979

Ulrich Klug, Erlaubnis zum Mord

1 Vgl. Carl Schmitt, Der Führer schützt das Recht, in: Deutsche Juristen-Zeitung 1934, Sp. 945–950
2 Vgl. Heribert Ostendorf/Heino ter Veen, Das »Nürnberger Juristenurteil«, Frankfurt/New York 1985, S. 12, 140
3 Vgl. Heinz Lauber, Judenpogrom »Reichskristallnacht«, [1]Gerlingen 1981, S. 232/233
4 Heinz Lauber, a. a. O., S. 222/223
5 Heinz Lauber, a. a. O., S. 224. Zu den Schwierigkeiten der Nachkriegsjustiz bei der Ahndung der Nazi-Kriminalität vgl.: Jörg Friedrich, Die kalte Amnestie, Frankfurt 1984; Barbara Just-Dahlmann/Helmut Just, Die Gehilfen, Frankfurt 1988; Ingo Müller, Furchtbare Juristen, München 1987; Adalbert Rückerl, Die Strafverfolgung von NS-Verbrechen, Karlsruhe 1979; Günter Spendel, Rechtsbeugung durch Rechtsprechung, Berlin/New York 1984

Gerlach, Als die Zeugen schwiegen

1 W. Niemöller, Kampf und Zeugnis, 1948, S. 454
2 Karl Kupisch, Die deutschen Landeskirchen im 19. und 20. Jh., R 173, Anm. 14
3 Adolf Köberle, Die Judenfrage im Lichte der Christusfrage, in: Christlicher Volksdienst, Nr. 39, v. 30. 9. 1933
4 Zit. nach The strange case of Bishop Dibelius, S. 66, in: The Wiener Library, London
4a Beide Bekenntnisse sind abgedruckt in: K. D. Schmidt (Hg). Die Bekenntnisse und grundsätzlichen Äußerungen zur Kirchenfrage des Jahres 1933, Göttingen 1934
5 W. Niemöller, Die Ev. Kirche im Dritten Reich. Handbuch des Kirchenkampfes, Bielefeld 1956, S. 79/81
6 Eberhard Bethge, Dietrich Bonhoeffer, München 1967, S. 379
7 Karl Barth, in: Ev. Theol. 28, Jg. 1986, S. 555 f.
8 Reitlinger, Die Endlösung, 1964, S. 12
9 Vgl. Deutsche Informationen, Paris, Nr. 437, v. 24. 12. 1938; Als die Zeugen schwiegen. Bekennende Kirche und die Juden. Berlin 1987
10 W. Gerlach, a. a. O., S. 243 f.
11 W. Gerlach, a. a. O., S. 245
12 W. Gerlach, a. a. O., S. 239

13 Leonore Siegele-Wenschkewitz, Neutestamentliche Wissenschaft vor der Judenfrage, München 1980, S. 26 und 29
14 Vgl. A. Schmidt-Biesalki, Lust, Liebe und Verstand, Gelnhausen/Berlin 1981, S. 89
15 Kirchliches Jahrbuch 1933–44, Gütersloh 1948, S. 481
16 Ebd., S. 482
17 Rosemary Ruether, Nächstenliebe und Brudermord, München 1978, S. 35
18 Gregory Baum in der Einleitung zu Rosemary Ruether, a. a. O., S. 24
19 R. Ruether, a. a. O., S. 79
20 Rudolf Pfisterer, Von A bis Z. Quellen zu Fragen um Juden und Christen, Gladbeck 1971, S. 106
21 R. Pfisterer, a. a. O., S. 107
22 Friedrich Heer, Gottes erste Liebe, München 1967, S. 54
23 Wolfgang Huber, Folgen christlicher Freiheit, Neukirchen 1983, S. 87
24 L. Siegele-Wenschkewitz, a. a. O., S. 85
25 D. Bonhoeffer, Ethik, München 1949, S. 49f.
26 H.-U. Thamer, in: Der Holocaust und die Protestanten, Zürich 1988, S. 225
27 s. o., Anm. 4
28 W. Gerlach, a. a. O., S. 398
29 W. Gerlach, a. a. O., S. 399
30 W. Gerlach, a. a. O., S. 398
31 Michael Wyschogrod, in: Gottes Augapfel, hg. v. E. Brocke/J. Seim, Neukirchen 1986, S. 177
32 Sigo Lehming, Kirche für Israel, Stuttgart 1978, S. 24f.
33 Ako Haarback, Solange die Erde steht. Der Gemeinde zur Bibelwoche 1985/86, Stuttgart 1985, S. 30f.
34 Wolfgang Huber, Folgen christlicher Freiheit, Neukirchen 1983, S. 93
35 Johann Baptist Metz, in: Concilium, 20. Jg. H. 4, Okt. 1984, S. 382
36 D. Bonhoeffer, Ethik, a. a. O., S. 31
37 W. Gerlach, zit. S. 121
38 Ernst Lohmeyer, zit. nach Kirche und Israel, 1.86, S. 7f.

Messerschmidt, Harte Sühne am Judentum

1 H. Filbinger, Die geschmähte Generation, München 1987, S. 252
2 Filbinger, S. 252
3 Nach Th. Nipperdey, Jede Epoche ist doch gleich nah zu Gott. Wider die politische Überforderung der Geschichtswissenschaft, in: Die Welt Nr. 50 v. 28. Februar 1987
4 Filbinger, S. 252
5 E. Schwinge, Bilanz der Kriegsgeneration. Ein Beitrag zur Geschichte unserer Zeit, Marburg 1978, 4. Aufl. 1988
6 Schwinge, Bilanz, 4. Aufl., S. 4, 41 ff.; 50 ff.
7 OKH, GenSt d H / Gen Qu., Abt. Kriegsverwaltung Nr. III O 3 08 / 41g v. 2.4.41, vgl. hierzu H. Krausnick u. H.-H. Wilhelm, Die Truppe des Weltanschauungskrieges. Die Einsatzgruppen der Sicherheitspolizei und des SD 1938–1942, Stuttgart 1981, S. 137
8 Dieser Befehl »Regelung des Einsatzes der Sicherheitspolizei und des SD im Verbande des Heeres«, BA-MA RH 22/155a« ist in der Quellensammlung des Sammelwerkes »Unternehmen Barbarossa«. Der Deutsche Überfall auf die Sowjetunion 1941, Paderborn 1984, S. 303f., Hrsg. v. G. R. Ueberschär und W. Wette, wiedergegeben
9 Der Erlaß ist wiedergegeben in: Ueberschär-Wette, S. 306f.
10 Franz Halder, Kriegstagebuch. Tägliche Aufzeichnungen des Chefs des Generalstabs des Heeres 1939–1942. Bearb. v. Hans-Adolf Jacobsen, Bd. 1–3, Stuttgart 1962–64, Bd. 2, S. 335 ff.
11 Befehl vom 24. Mai 1941, Ueberschär-Wette, S. 307f., BA-MA RH 22/155
12 BA-MA RH 19 III / 722, dazu M. Messerschmidt, Völkerrecht und ›Kriegsnotwendigkeit‹ in der deutschen militärischen Tradition seit den Einigungskriegen, in: German Studies Review, Vol. VI, Nr. 2, 1983, pp 237–269 (265)
13 BA-MA RW 4/v. 577
14 IMT, Bd. 26, S. 53 ff.
15 BA-MA RW 4/v. 524, Anlage 3 zu »Besondere Anordnungen Nr. 1 zur Weisung Nr. 21 (»Fall Barbarossa«)«, Ueberschär-Wette, S. 312
16 BA-MA, L VI AK, 17956/7a
17 BA-MA, RH 20–6/493
18 BA-MA, RH 20–17/44
19 IMT, Bd. 34, S. 129–132

20 Nürnberger Prozeß, Dok NO 3414; Ueberschär-Wette, S. 346ff. Hierzu Krausnick-Wilhelm, S. 251f.

21 Hierzu Chr. Streit, Keine Kameraden. Die Wehrmacht und die sowjetischen Kriegsgefangenen 1941–1945, Stuttgart 1978, S. 99 u. 341f.

22 Dazu näher Streit, S. 100ff. u. Krausnick-Wilhelm, S. 252ff.

23 BA Koblenz R 58/214–220

24 »Ereignismeldung UdSSR« Nr. 28 v. 20.7.1941

25 Vgl. Krausnick-Wilhelm, S. 249ff.

26 KTB HGr. Mitte Dezember 1941, Krausnick-Wilhelm, S. 226

27 Ebd., S. 229

28 OKW/WFSt/Abt. L (IV/Qu) Nr. 0204/41 v. 12.9.41, Dok PS 878

29 Vgl. Messerschmidt, Die Wehrmacht im NS-Staat. Zeit der Indoktrination. Hamburg 1969, S. 306ff., 326ff.

30 S. Alfred Streim, Zum Beispiel: Die Verbrechen der Einsatzgruppen in der Sowjetunion, in: A. Rückerl, Hrsg., NS-Prozesse, Karlsruhe 1971, S. 73f.

31 Krausnick-Wilhelm, S. 237

32 Zum Gesamtkomplex wichtig: J. Förster, Die Sicherung des »Lebensraumes« in: Das Deutsche Reich und der Zweite Weltkrieg, Bd. 4, Der Angriff auf die Sowjetunion, Stuttgart 1983, S. 1030–1078

33 NOKW – 2594; M. Messerschmidt u. F. Wüllner, Die Wehrmachtjustiz im Dienste des Nationalsozialismus. Zerstörung einer Legende, Baden-Baden 1987, S. 217

34 Messerschmidt-Wüllner, S. 224

35 Chr. Browning, Wehrmacht Reprisal Policy and the Mass Murder of Jews in Serbia, in: MGM 1/83, S. 31–47

36 S. im einzelnen: Der Bericht der internationalen Historikerkommission, Beilage z. PROFIL Nr. 7, 1988, S. 20–22

37 Bericht Abt. Ic an HGr. E Ic/AO v. 28.4.44

38 BA-MA, RW 40/31, Bl. 11

39 BA-MA, RW 51/44

40 BA-MA 17729/4, Anlage 31

41 BA-MA 15365/16

42 Befehl OKW v. 16.9.41, BA-MA 17729/9, Anlage 48; Messerschmidt: Völkerrecht und Kriegsnotwendigkeit, S. 258

43 Keitel an List 28.9.41, BA-MA 17729/8, Anl. 28; NOKW 458

44 BA-MA 17729/9, Anl. 48; NOKW 891 + 557

45 Zum Vorgang s. Rudolph Chr. Freiherr v. Gersdorff, Soldat im

Untergang, Frankfurt 1979, S. 145f.; Himmlers Randnotizen: Archiv Institut für Zeitgeschichte München, Mikrofilm MA
46 BA-MA, RW 51/44
47 Mitteilungen für das Offizierskorps, Hrsg. v. OKW-WFSt/WPr seit Jan. 1942 ff. hier Mai 1942, Nr. 5
48 BA-MA, N 63/118, Bl. 62

Piper, Nationalsozialistische Kunstpolitik...

Für Anregungen und Hinweise danke ich Wolfgang Eitel, Monika Peschel, Martina Petrik, Christian Röthlingshöfer, Ferdinand Sieger und Ulrich Wank.

1 Zit. J. Wulf, Die bildenden Künste im Dritten Reich, ND Berlin 1983, 355
2 E. Kochanowski, Die kulturelle Auswirkung der Judengesetzgebung im nationalsozialistischen Deutschland, in: Weltentscheidung in der Judenfrage, hg. v. W. F. Könitzer u. H. Trurnit, Dresden 1939, 45
3 Ebd., 48
4 Aufzeichnungen Wageners, zit. V. Reimann, Dr. Joseph Goebbels, Wien u. a. 1971, 179
5 Runderlaß des Präsidenten der Reichskulturkammer an die Einzelkammern v. 17.1.1935, zit. V. Dahm, Das jüdische Buch im Dritten Reich. Erster Teil: Die Ausschaltung der jüdischen Autoren, Verleger und Buchhändler, Frankfurt 1979, 64
6 E. Kochanowski (Anm. 2), 52
7 Ebd., 47
8 Zit. V. Dahm (Anm. 5), 65
9 Vgl. E. Piper, Nationalsozialistische Kunstpolitik, Frankfurt 1987, 164
10 E. Fröhlich, Die Kulturpolitische Pressekonferenz des Reichspropagandaministeriums, Vierteljahreshefte für Zeitgeschichte, Heft 4, 1974, 347–381
11 Vgl. ebd., 363 ff.
12 Münchner Neueste Nachrichten v. 30. 11. 1936
13 E. Kochanowski (Anm. 2), 48f.
14 Völkischer Beobachter v. 3. 9. 1933
15 A. Hitler, Mein Kampf. Zwei Bände in einem Band, [181]1936, 318, 322 ff. u. 329 ff.
16 Wie Anm. 14

17 Völkischer Beobachter v. 10.9.1936
18,19 Ebd.
20 A. Hitler (Anm. 15), 138f.
21 Völkischer Beobachter v. 19.7.1937
22 Beide Ausstellungen sind umfassend dokumentiert in dem ausgezeichneten Katalog Die ›Kunststadt‹ München 1937. Nationalsozialismus und ›Entartete Kunst‹, hg. v. P.-K. Schuster, München 1987
23 A. Hentzen, Die Berliner National-Galerie im Bildersturm, Köln/Berlin 1971, 19
24 F. Roh, »Entartete« Kunst, Hannover 1962, 230
25 Rede zur Eröffnung des Hauses der Deutschen Kunst, Münchner Neueste Nachrichten v. 19.7.1937
26 Ausstellungsführer Entartete »Kunst«, Berlin o. J., 2f.
27 Beiblatt zum Ausstellungsführer (Anm. 26)
28 Zit. K.-H. Meißner, »München ist ein heißer Boden. Aber wir gewinnen ihn allmählich doch.«, in: Die ›Kunststadt‹ München 1937 (Anm. 22), 51
29 A. Schwarz, Die Zeit von 1918 bis 1933, in: Handbuch der Bayerischen Geschichte, Bd. IV: Das Neue Bayern von 1800–1970, hg. v. M. Spindler, München 1979, 484f.
30 H. Kiener, Kunstbetrachtungen. Ausgewählte Aufsätze, München 1937, 331
31 R. Oldenbourg, Malerei, in: Jahrbuch der Münchner Kunst, 1. Jg., 1917/18, begründet v. E. Hanfstaengl, München 1918, XII
32 Ebd., XVII
33 Zit. H. Brenner, Ende einer bürgerlichen Kunst-Institution. Die politische Formierung der preußischen Akademie der Künste ab 1933, Stuttgart 1972, 146
34 Zit. Ernst Ludwig Kirchner 1880–1938, Berlin 1980, 104
35 Zit. In letzter Stunde. 1933–1945, hg. v. D. Schmidt, Dresden 1964, 153
36 J. Frecot, Marginalien zur nationalsozialistischen Kunstpolitik, in: Zwischen Anpassung und Widerstand. Kunst in Deutschland 1933–1945, o. O. 1980, 77
37 W. Hansen, Wolfgang Willrich, 1936, zit. J. Wulf (Anm. 1), 390
38 M.-A. v. Lüttichau, ›Deutsche Kunst‹ und ›Entartete Kunst‹: Die Münchner Ausstellungen 1937, in: Die ›Kunststadt‹ München 1937 (Anm. 22), 99
39 Zit. J. Wulf (Anm. 1), 406

40 Vgl. A. Zweite, Franz Hofmann und die Städtische Galerie 1937, in: Die ›Kunststadt‹ München 1937 (Anm. 22), 261–288
41 Zit. K. Arndt, Die Münchner Architekturszene 1933/34 als ästhetisch politisches Konfliktfeld, in: Bayern in der NS-Zeit, hg. v. M. Broszat, Bd. VI, München 1981, 489
42 Zit. ebd., 495
43 Zit. ebd., 496
44 Ebd., 505
45 Zit. Helmut M. Hanko, Kommunalpolitik in der »Hauptstadt der Bewegung«, in: Bayern in der NS-Zeit, hg. v. M. Broszat, Bd. VI, München 1981, 429
46 Vgl. zum folgenden F. Euler, Theater zwischen Anpassung und Widerstand, in: Bayern in der NS-Zeit, hg. v. M. Broszat, Bd. II, München 1979, 91–173
47 B. Drewniak, Das Theater im NS-Staat. Szenarium deutscher Zeitgeschichte 1933–1945, Düsseldorf 1983, 223
48 Zit. J. Wulf, Die Musik im Dritten Reich, ND Berlin 1983, 195
49 Zit ebd., 198
50 Faksimiliert bei F. Prieberg, Musik im NS-Staat, Frankfurt 1982, 211
51 Salzburger Festspiele 1937 und 1938. Sonderheft der Salzburger Festspiele, Salzburg 1988, 71
52 Zit. J. Wulf (Anm. 48), 425
53 Vgl. F. Prieberg (Anm. 50), 353ff.
54 Zit. ebd., 31
55 Faksimiliert in Entartete Musik. Zur Düsseldorfer Ausstellung von 1938. Eine kommentierte Rekonstruktion v. A. Dümling u. P. Girth, Düsseldorf 1988, 58
56 F. Prieberg (Anm. 50), 131
58 Zit. J. Wulf (Anm. 48), 334
59 Zit. ebd., 73
60 B. Drewniak (Anm. 47), 300
61 F. Prieberg (Anm. 50), 224
62 K. Arnold, Volk im Raum, Simplicissimus v. 12.2.1933, 312
63 Zit. D. Grünewald, Die Einfalt der »Einfältigsten«. Der »Simplicissimus« von 1933 bis 1944, in: Zwischen Widerstand und Anpassung (Anm. 36), 42
64 Zit. ebd., 45
65 N. Gidal, Die Juden in Deutschland von der Römerzeit bis zur Weimarer Republik, Gütersloh 1988, 256f.
66 J. Frecot (Anm. 36), 80

67 Zit. E. Fröhlich (Anm. 10), 358
68 Zit. E. Piper (Anm. 9), 191f.
69 E. Fröhlich (Anm. 10), 374
70 Ein Protest deutscher Künstler. Mit Einleitung von Carl Vinnen, Jena 1911, 2
71 Ebd., 15
72 Protest der Richard Wagner-Stadt München, in: München. Ein Lesebuch, hg. v. R. Bauer u. E. Piper, Frankfurt/M. ^{2}1987, 260
73 Vgl. K.-H. Meißner, Karl Caspar – Maler der Hoffnung – Leben und Werk, in: »München leuchtete«. Karl Caspar und die Erneuerung christlicher Kunst in München um 1900, hg. v. P.-K. Schuster, München 1984, 231–253
74 Zit. H. Kiener (Anm. 30), 334
75 Zit. Der Königsplatz 1812–1988, hg. v. K. Vierneisel, München o. J., 41

Wollenberg, Enteignung...

1 H. G. Adler, Der verwaltete Mensch, Studien zur Deportation der Juden aus Deutschland, 1974, S. 451
2 Raul Hilberg, Die Vernichtung der europäischen Juden, 1982
3 vgl. zu diesem Vorgang schon die vorzügliche Dissertation von Helmut Genschel, Die Verdrängung der Juden aus der Wirtschaft im Dritten Reich, Göttingen 1966 (Göttinger Bausteine zur Geschichtswissenschaft, Bd. 38), S. 124 und die jüngst vorgelegte intensive Studie von Avraham Barkai, Vom Boykott zur »Entjudung«. Der wirtschaftliche Existenzkampf der Juden im Dritten Reich 1933–1943, Frankfurt 1988
4 vgl. dazu u. a. Bruno Blau, Das Ausnahmerecht für die Juden in Deutschland 1933–45, Düsseldorf 1965
5 zu diesen Zahlen und dem folgenden Gesamtzusammenhang vgl. neben den Arbeiten von Barkai und Genschel die materialreichen, gut dokumentierten Arbeiten von Arnd Müller, Geschichte der Juden in Nürnberg 1146–1945, Nürnberg 1968, 201ff., und Wolf Kristian Schneider, Der Arisierungsskandal in Nürnberg und Fürth, eine unveröffentlichte Diplomarbeit an der Wirtschafts- und Sozialwissenschaftlichen Fakultät der Universität Erlangen – Nürnberg von 1969, dort vor allem die umfangreichen Anlagen 2–5
6 vgl. hierzu Bernt Engelmann, Deutschland ohne Juden, 1988,

S. 338ff.; Heinrich Uhlig, Die Warenhäuser im Dritten Reich, Köln 1956

7 vgl. Raul Hilberg, 1982, S. 87ff.

8 vgl. Barkai, 1988, S. 111ff.; Stephan Leibfried/Florian Tennstedt, Berufsverbote und Sozialpolitik 1933, Bremen 1979

9 vgl. Charlotte Niermann/Stephan Leibfried, Die Verfolgung jüdischer Ärzte in Bremen in der »NS«-Zeit, Bremen 1988; Bennathan Esra, Die demographische und wirtschaftliche Struktur der Juden, in: Masse, Werner E. (Hg.): Entscheidungsjahr 1932. Zur Judenfrage in der Endphase der Weimarer Republik, Tübingen 1965; Otto Lohr, Die wirtschaftliche Tätigkeit der Juden von 1870–1933, in: Geschichte und Kultur der Juden in Bayern. Aufsätze, 1988, S. 397–409

10 Franz Oppenheimer, Erlebtes, Erstrebtes, Erreichtes, 1964, S. 64

11 vgl. A. Müller, Juden in Nürnberg, 1968, S. 219ff.

12 A. Müller, 1968, S. 236ff.

13 nach H. Genschel, 1966, S. 241

14 vgl. dazu Schneider, 1969, Anlage 3 und 4 und A. Müller, 1968, S. 202ff.

15 Ein wichtiger Bestand der Arisierungsakten liegt im Bundesarchiv in Koblenz (Aktenbestand R 22/52). Von Schneider wurden vor allem die archivalischen Materialien im Staatsarchiv Nürnberg, im Stadtarchiv Nürnberg und Fürth, bei der Bezirksfinanzdirektion Ansbach und die Akten der Wiedergutmachungskammer am Landgericht Nürnberg ausgewertet.

16 vgl. Rudolf Endres, Familie Bing, Fabrikanten in Nürnberg, in: Geschichte und Kultur der Juden in Bayern. Lebensläufe, 1988, S. 173–177

17 die folgenden Angaben beziehen sich auf die Recherchen von Schneider, 1969, S. 22ff. und Anlage 2, den Bericht von Bernhard Kolb, Die Juden in Nürnberg (Manuskript im Stadtarchiv Nürnberg) und A. Müller, 1968, S. 202/03

18 vgl. Schneider, 1969, S. 23

19 Deutschland-Berichte der SPD, SOPADE, 5. Jg. 1938, A III/70/71, Nachdruck bei 2001, Frankfurt/Main 1980, S. 203ff.

20 Der Aufruf ist bei H. Uhlig, Die Warenhäuser im Dritten Reich, 1956, S. 177, abgedruckt.

21 vgl. A. Müller, 1968, S. 220ff.

22 vgl. A. Müller, 1968, S. 223ff.

23 vgl. z. B. Nürnberger Zeitung am 5., 6. März »Reichsthaler jetzt arisch«. (Hermann Meyer) Fränkische Tageszeitung vom

11.5.1938: »Manufakturwarengeschäft W.B. Schloss ist in arischen Besitz übergegangen« (Ley & Co.); Fränkische Tageszeitung am 11.6.38: »Oettinger & Co. jetzt arisches Unternehmen« (Kneidl o. H.); Fränkische Tageszeitung 18.6.1938: »Adolf Frank (befindet sich) nunmehr in arischem Besitz«.

24 Deutschlandberichte der SOPADE, Februar 1938, A III/64/65, Nachdruck von 1980, S. 196–199

25 vgl. dazu Schneider, Der Arisierungsskandal in Nürnberg und Fürth, 1969; Müller, S. 245ff; H. Froschauer/R. Geyer, Quellen des Hasses – Aus dem Archiv des »Stürmer«, 1988, S. 67ff.

26 In Ergänzung zu den Akten der Göring-Kommission, die im Nürnberger Staatsarchiv liegen (KV, PS 1757), empfiehlt sich ein Blick in die im Bundesarchiv Koblenz unter R. 22 lagernden 52 Akten des Landgerichtspräsidenten von Nürnberg mit den Berichten des Oberstaatsanwaltes Joël und des Amtsgerichts Fürth (Leis), auf die Genschel schon zum Teil zurückgegriffen hat.

27 Bundesarchiv Koblenz, R 22/52–01/51–53

28 Bundesarchiv Koblenz R 22/52–01/17–27

29 Bundesarchiv Koblenz R 22/52–01/96–98

30 Bundesarchiv Koblenz R 22/52–01/99, 99A

31 Protokoll der Konferenz vom 12. Nov. 1938, nach Hilberg 1982, S. 94

32 Staatsarchiv Nürnberg, KV, PS 1757, Blatt 16–75

33 Staatsarchiv Nürnberg, KV PS 1757, Blatt 25/26

34 Staatsarchiv Nürnberg, KV, PS 1757, Blatt 192ff.

35 Staatsarchiv Nürnberg, KV, PS 1757, Blatt 186ff.

36 Utho Grieser, Himmlers Mann in Nürnberg (siehe Anm. 47), 1974, S. 162ff.

37 Der ehemalige Polizeiarzt und Mitarbeiter Martins, Dr. Wegner, stellt in seiner Schrift »Kurs Martin – Polizei einmal anders« die Behauptung auf, Martin habe maßgeblich Streicher gestürzt.

38 Zum Fall Katzenberger, der filmisch nach 1945 von den Amerikanern im »Nürnberger Prozeß« mit Spencer Tracy, Burt Lancaster und Marlene Dietrich popularisiert und zugleich verfremdet wurde, vgl. Jörg Friedrich, Freispruch für die Nazi-Justiz. Die Urteile gegen NS-Richter seit 1948. Eine Dokumentation, Reinbek 1983, S. 274–301

39 vgl. »Kommentar zur deutschen Rassengesetzgebung«, hrsg. von Wilhelm Stuckart und Hans Globke, Berlin 1937, S, 67f.

40 vgl. Auszüge aus dem Urteil bei Jörg Friedrich, »Die Kalte Amnestie. NS-Täter in der Bundesrepublik«, 1984, S. 78

41 vgl. Jörg Friedrich, Freispruch für die Nazi-Justiz, 1983, S. 300

42 vgl. Raul Hilberg, 1982, S. 87ff., und Jörg Friedrich, Kalte Amnestie, 1984, S. 108–112

43 zit. nach Jörg Friedrich, Die Kalte Amnestie, 1984, S. 112; vgl. auch Friederike Littmann, Vom Notstand eines Haupttäters – Zwangsarbeit im Flickkonzern, in »1999«, I/1986, S. 4–43

44 vgl. Omgus, Ermittlungen gegen die Deutsche Bank – 1946/47 –, Nördlingen 1985. Omgus, Ermittlungen gegen die Dresdner Bank – 1946 –, Nördlingen 1986. Omgus, Ermittlungen gegen die IG Farbenindustrie AG – September 1945 –, Nördlingen 1986. Alle drei Bände sind als Sonderbände der Anderen Bibliothek, herausgegeben von Hans Magnus Enzensberger, verlegt bei Franz Greno, erschienen. Vgl. auch Joseph Borkin, Die unheilige Allianz der IG Farben. Eine Interessengemeinschaft im Dritten Reich, Frankfurt 1986

45 zit. nach H. W. Armbruster, Treason's Peace, New York 1947, S. 383

46 Jörg Friedrich, Die Kalte Amnestie, 1984, S. 2

47 Zur Rolle und Funktion von Benno Martin siehe die als Band 13 in der Schriftenreihe des Stadtarchivs Nürnberg herausgegebene eher beschönigende Würzburger Dissertation von Utho Grieser, Himmlers Mann in Nürnberg. Der Fall Benno Martin. Eine Studie zur Struktur des Dritten Reiches in der Stadt der Reichsparteitage, Nürnberg 1974

48 vgl. Grieser, 1974, S. 294/295, Anmerkung 3

49 zit. nach J. Walk (Hg.), Das Sonderrecht für die Juden im NS-Staat, Karlsruhe 1981, I/XIII

Friedrich, Die Wohnungsschlüssel... (Quellenverzeichnis)

H. G. Adler: Der verwaltete Mensch, Tübingen 1974

Paul Sauer (Hrsg.): Dokumente über die Verfolgung der jüdischen Bürger in Baden-Württemberg, II. Teil, Stuttgart 1966

Dieter W. Rockenmaier: Aus den Akten der Würzburger Gestapo. Buchführung des Todes, Würzburg 1981

Urteil des Landgerichts Köln v. 9.7.1954, AZ 24 Ks/3/53, abgedruckt bei Christian F. Rüter, Justiz und NS-Verbrechen, Amsterdam 1968–81, Bd. 12, S. 574ff.

Urteil des LG Würzburg v. 30.4.1949, AZ KLs 63/48

Urteil des Bayrischen Oberlandesgerichts v. 15.11.1950 AZ III 37/49, in Rüter, a.a.O., Bd. 4, S. 468ff.

Urteil des Landgerichts Nürnberg v. 10.5.1949 AZ KLs 230/48
Urteil des Bayrischen OLG v. 15.11.1950 AZ III 12/50, in Rüter, a.a.O., Bd. 4, S. 524ff.
Urteil des LG Nürnberg v. 2.6.1951 AZ 213 Ks 1/51, in Rüter, a.a.O., Bd. 8, S. 462ff.
Urteil des LG Nürnberg v. 1.7.1953, AZ Ks 1/51, in Rüter, a.a.O., Bd. 11, S. 184ff.

de Mildt, Kollaboration...

1 L. de Jong, De Bezetting, Amsterdam 1985[3], S. 103
2 Maßgebende niederländische Publikationen über die Judenverfolgung in den Niederlanden sind:
A. J. Herzberg, Kroniek der jodenvervolging, Amsterdam, o. J.
J. Presser, Ondergang. De vervolging en verdelging van het Nederlandse jodendom 1940–1945, 2 Bde. 's-Gravenhage 1965
L. de Jong, Het koninkrijk der Nederlanden in de tweede wereldoorlog, 12 Bde. 's-Gravenhage 1969–1988
3 E. A. Cohen, De negentien treinen naar Sobibor, Amsterdam/Brüssel 1979, S. 20–22
4 Vergleiche Norwegen und Belgien: circa 40 %; Frankreich: circa 25 %; Dänemark: fast null
J.C.H. Blom, »De vervolging van de joden in Nederland in internationaal vergelijkend perspectief«, in: De Gids, juli 1987, S. 494
5 B. A. Sijes, Studies over jodenvervolging, Assen 1974, S. 133 und S. 135–136
6 De Jong, Het koninkrijk..., a.a.O., Bd. 5, S. 996
7 De Jong, Het koninkrijk..., a.a.O., Bd. 6, S. 345–350
Presser, De ondergang, a.a.O., Bd. 2, S. 180–182
8 Presser, De ondergang, a.a.O., Bd. 2, S. 129–130
9 De Jong, Het koninkrijk..., a.a.O., Bd. 6, S. 37–41
Presser, De ondergang, a.a.O., Bd. 2, S. 175–180
10 De Jong, Het koninkrijk..., a.a.O., Bd. 5, S. 456–475
11 idem, S. 475–482
12 De Jong, Het koninkrijk..., a.a.O., Bd. 4, S. 693
13 De Jong, Het koninkrijk..., a.a.O., Bd. 1, S. 295–302
E. Fraenkel-Verkade en A. J. von der Leeuw (Hrsg.), Correspondentie van Mr. M. M. Rost van Tonningen, Bd. 1, 1921–mei 1942, Den Haag 1967, S. 57 und Anmerkung 2

N. C. K. A. in 't Veld, De SS en Nederland. Documenten uit SS-archieven 1935–1945, 2 Bde., Den Haag 1976, S. 536
14 Vergleiche für die radikalisierende Entwicklung der NSB auch: A. A. de Jonge, Het nationaal-socialisme in Nederland. Voorgeschiedenis, ontstaan en ontwikkeling, Den Haag 1979
15 De Jong, Het koninkrijk ..., a. a. O., Bd. 1, S. 484–489
Verslag der Handelingen van de Tweede Kamer der Staten-Generaal, 1938–1939, 15 november 1938, S. 252 ff. (Sitzungsprotokoll der 2. Kammer der Generalstaaten)
16 De Jong, Het koninkrijk ..., a. a. O., Bd. 4, S. 725–746
Hinsichtlich der Person von Cleveringa und seines Protestes: Gedenkschriften Prof. Mr. R. P. Cleveringa, L. E. van Holk en I. Schöffer (Hrsg.), Leiden 1983
17 Maßgebend über den Generalstreik vom Februar 1941:
B. A. Sijes, De februari-staking 25–26 februari 1941, Amsterdam 1961
Weiter: De Jong, Het koninkrijk ..., a. a. O., Bd. 4, S. 807–876
Presser, De ondergang, a. a. O., Bd. 1, S. 78–96
18 Presser, De ondergang, a. a. O., Bd. 2, S. 239–283
De Jong, Het koninkrijk ..., a. a. O., Bd. 7, S. 665–804
19 De Jong, Het koninkrijk ..., a. a. O., Bd. 6, S. 12–22
20 Raul Hilberg, The destruction of the european Jews, 3 Bde., New York/London 1985, Bd. 2, S. 597

ANHANG

Ernst Piper

Liste der in der Nazizeit ausgestellten und geehrten bildenden Künstler

Basis der folgenden Liste sind die Kataloge der »Großen Deutschen Kunstausstellungen« 1937 bis 1943. Künstler, die in diesen Jahren mindestens dreimal ausgestellt wurden, sind in die Liste aufgenommen. Die Jahreszahlen sind hinter den Namen angegeben. Die Siglen stehen für ergänzende Kriterien:

E Ehrungen im Dritten Reich (nach R. Merker, Die bildenden Künste im Nationalsozialismus, Köln 1983, S. 305ff.)

DtM Behandelt in B. Kroll, Deutsche Maler der Gegenwart. Die Entwicklung der Deutschen Malerei seit 1900, [3]1937 Berlin

DtB Behandelt in A. Hentzen, Deutsche Bildhauer der Gegenwart, Berlin o. J.

DK Unterzeichner der Erklärung des Deutschen Künstlerbundes »Die deutsche Kunst ist in Gefahr!« (Völkischer Beobachter v. 12. 6. 1933)

M Ausgestellt in der Münchner Kunstausstellung 1941

MG Ausgestellt in der Ausstellung Münchner Gegenwartskunst 1937

A Angehöriger der (sehr kleinen) »Liste A« der »Unsterblichen«. Diese Künstler waren vom Kriegsdienst befreit; ihre Arbeit sollte in keiner Weise behindert werden (nach V. Reimann, Dr. Joseph Goebbels, Wien u. a. 1971)

Gerne hätte ich diese Liste durch eine Gegenprüfung mit der »Liste B« der ebenfalls vom Kriegsdienst befreiten »Gottbegnadeten«, die 73 Maler, 34 Bildhauer, 50 Architekten und

23 Gebrauchsgraphiker enthält, weiter erhärtet. Leider ist diese Liste nicht publiziert und war vom *Berlin Document Center* auch nicht zu erhalten.

Adolf **Abel** 37, 38, 40, 41, 42, 43; Curt **Agthe** 37, 40, 41, 42; Gottfried **Albert** 40, 41, 43; Richard **Albitz** 38, 39, 40, 42, 43; Erhard **Amadeus-Dier** 38, 40, 41, 42, 43; Adam **Amend** 38, 39, 40; Heinrich **Amersdorffer** 37, 38, 39, 41, 42; Hermann **Amrhein** 39, 40, 41, 42, 43; Ludwig **Angerer** 40, 42, 43; Otto **Antoine** 38, 42, 43; Cirillo **dell'Antonio** 39, 40, 42, 43.

Alfred **Bachmann** 39, 41, 42, 43, MG; Rudolf Christian **Baisch** 39, 40, 42, 43; Hanns **Bastanier** 37, 38, 39, 40, 41; Georg **Bauch** 40, 41, 43; Karl **Bauer** 37, 38, 39, 40, 41, M; Hans **Baumann** 39, 40, 41; Thomas **Baumgartner** 37, 38, 39, 40, 42, 43, E, M; Fritz **Bayerlein** 37, 38, 39, 40, 41, 42, 43, M; Hugo **Becher** 40, 41, 42; Hans **Beckers** 38, 40, 41, 42; Fritz **Behn** 37, 38, 39, 40; Gustav **Behre** 41, 42, 43; Ottohans **Beier** 37, 38, 39, M; Franz **Belting** 39, 40, 41, 42, 43; Wilhelm **Belz** 38, 39, 40; Claus **Bergen** 37, 38, 39, 40, 41, 42, 43; Max **Bergmann** 37, 38, 39, 40, 41, 42, 43; Josef **Bernhart** 37, 38, 41; Otto **Bertl** 37, 39, 42; Hans **Bertle** 40, 41, 43; Hans **Best** 37, 38, 39, 40, 41, 42, MG; Fritz **Best-Cronberg** 38, 39, 40, 41, 42, 43; Max **Bezner** 37, 38, 39; Richard **Biringer** 37, 39, 40, 41; Albert **Birkle** 38, 41, 42; August **Bischoff** 39, 40, 41, 43; Walter **Bischoff** 38, 39, 40; Bernhard **Bleeker** 37, 40, 41, E, DtB, DK, MG; Wolf **Bloem** 38, 39, 41, 42, M; Carl **Blos** 38, 39, 40, 41, M, MG; Hans **Blum** 38, 39, 40, M; Karl **Boehme** 37, 38, 39; Herbert **Böttger** 39, 41, 42; Rudolf **Böttger** 38, 40, 41, 42, 43; Theodor **Bohnenberger** 37, 38, 39, 40, 41; Hans **Bohrdt** 38, 39, 41, 42; Ludwig **Bolgiano** 37, 38, 40, M; Arnulf **de Bouché** 38, 41, 42; Ernst **Brand** 40, 41, 42, 43; Wilhelm **Brandenberg** 38, 39, 40, 41, 42, 43; Gustav-Adolf **Bredow** 39, 40, 41, 42, 43; Rudolf **Breidenbach** 38, 41, 43; Arno **Breker** 37, 38, 39, 40, 41, 42, 43, E, DtB, A; Hans **Breker-Rekerb** 37, 41, 42; Hermann Wilhelm **Brellochs** 37, 38, 39, 41; Hans **Bremer** 39, 40, 41 42, 43; Carl Alexander **Brendel** 37, 38, 39; Friedrich Franz **Brockmüller** 37, 38, 39, 40; Georg **Broel** 37, 38, 39; Paul **Bronisch** 39, 40, 41, 42, E; Max Alfred **Brumme** 37, 38, 39, 40, 41

42, 43; Artur **Brusenbauch** 37, 38, 39, 40; Lothar-Günther **Buchheim** 41, 42, 43; Robert Wilhelm **Büchtger** 38, 39, 41, M; Hans Adolf **Bühler** 40, 41, 42, 43; Hans **Bullinger** 37, 39, 40, 41, 42, 43; Josef **Burger** 37, 38, 39, 40, 41, 42, 43; Arnold **Busch** 37, 38, 39, 40, 41, 42, 43; Marcella **Busching-Isler** 40, 41, 43, M; Bernhard **Butzke** 39, 40, 41, 42, 43.

Eduard **Cauer** 38, 40, 41, 42, 43, M; Hanna **Cauer** 37, 38, 39, 40, 42, 43; Stanislaus **Cauer** 38, 41, 42; Hellmuth **Chemnitz** 39, 40, 41; Hermann **Christlieb** 37, 38, 39, 40, 41, 42, 43; Max **Clarenbach** 37, 38, 39, 40, 41, 42, 43; Otto **Coester** 37, 38, 39, 43; Edward Harrison **Compton** 37, 38, 39, 40, 41, 42, 43; Fritz **Coubillier** 39, 40, 41; Robert **Curry** 39, 40, 41, 43.

Joachim **Daerr** 38, 40, 41, 42; Karl Heinz **Dallinger** 37, 38, 40, 41, 42, DtM; Johannes **Darsow** 37, 38, 39, 40; Max **Dellefant** 41, 42, 43; Johanna **von Destouches** 38, 40, 41; Fridel **Dethleffs-Edelmann** 40, 41, 42, 43; Erich **Dichtl** 38, 40, 41, 42; Trude **Diener** 40, 42, 43; Elmar **Dietz** 37, 39, 41, 42, 43; Lothar **Dietz** 39, 40, 42, 43, M; Hermann **Dietze** 37, 38, 39, 40, 41, 42, 43; Otto **Diez** 37, 40, 41, M; Felix **Dittmar** 38, 39, 40, 41, 43, M; Sepp **Döbrich** 41, 42, 43; Willi **Döhler** 37, 38, 39, 40, 43, M; Otto **Dörfel** 37, 40, 41, M; Bernhard **Dörries** 37, 38, 39, 40, 41, 43, DtM; Ernst **Dombrowski** 38, 39, 40, 42, 43, E; Karl **von Dombrowski** 38, 39, 40, 43; Günther **Dommerich** 39, 40, 41, 43; Siegfried **Dorschel** 40, 41, 42; Michael **Drobil** 37, 38, 39, 43.

Elk **Eber** 37, 38, 39, 40, 41, E, DtM, MG; Lissy **Eckart** 37, 38, 39, 40, 41, 42, 43; Paul **Ecke** 37, 38, 39, 40, 41; Carl **Ederer** 37, 39, 40, 41; Georg **Ehmig** 37, 38, 39, 40, 41, 42, 43, DtM; Paul **Ehrhardt** 37, 39, 40, 41, 42, 43, M; Franz **Eichhorst** 37, 38, 39, 40, 41, 42, 43, E, DtM; Walter **Einbeck** 39, 40, 42; Gerd **Eisenblätter** 40, 41, 42; Rudolf **Eisenmenger** 37, 38, 40, 41, 42, 43, E, DtM; Richard **Enders** 38, 39, 40, 42; Julius **Engelhard** 41, 42, 43; Otto **Engelhardt-Kyffhäuser** 38, 39, 40, 41, 42, E; Max **Esser** 37, 39, 40, 42, E; Erich **Erler** 38, 39, 40, 41, 42, 43, M; Bruno **Eyermann** 37, 39, 41, 43.

David **Fahrner** 38, 39, 40, 41, 42, 43; Heinrich **Faltermaier** 38, 39, 40, 42, 43, M; Luise **Federn-Staudinger** 37, 39, 41; Toni **Fehr** 38, 39, 40; Jakob **Fehrle** 39, 40, 41, 42, 43; Roman **Feldmeyer** 38, 39, 40, 41, 42, 43, M; Irmtrud **Ferdin** 40, 41, 42, 43; Albert **Feßler** 39, 40, 41; Alfons **Feuerle** 37, 40, 41, 42; Erich **Feyerabend** 37, 38, 39, 40, 41, 42, 43; Alfred **Finsterer** 37, 39, 40, 41, 42; Jakob **Fischer-Rhein** 41, 42, 43; Bruno **Flashar** 38, 39, 40, 41, 42, 43, M; Philipp **Flettner** 38, 39, 40, 41, 42, 43; Ferdinand **Flosdorf** 39, 41, 42; Karl Alexander **Flügel** 38, 40, 41, 42, 43, DtM, M; Erica **Flügel-Steppes** 40, 41, 42; Peter **Foerster** 40, 41, 42; Richard **Förster** 38, 39, 41; Joseph **Frank** 38, 39, 41; Leo **Frank** 37, 38, 39, 40, 41, 43; Robart **Frank-Krauß** 38, 39, 40, 41, 43; Wilhelm **Fraß** 37, 38, 39, 40, 43; Eugen **Frey** 40, 41, 42, 43; Oscar **Frey** 37, 39, 40; Roland **Friederichsen** 37, 39, 43; Lore **Friedrich-Gronau** 39, 40, 41, 42, 43; Ludwig **Fuchs** 38, 39, 41; Max **Fuhrmann** 40, 41, 42, 43.

Franz **Gebhardt-Westerbuchberg** 40, 42, 43, M; Hermann **Geibel** 37, 38, 39, DK; Kurt **Geibel-Hellmeck** 39, 40, 41, 42, 43; Otto **Geigenberger** 40, 41, 42, DtM, M; Kurt **Geipel** 41, 42, 43; Hugo **Geissler** 38, 39, 40, 41; Ludwig **Geistreiter** 40, 42, 43; Constantin **Gerhardinger** 37, 38, 39, 40, 41, 42, E, DtM, M; Franz **Gerwin** 37, 38, 39, 40, 41, 42, 43, E; Richard **Gessner** 38, 39, 40, 41, 42, 43, DtM; Fritz **Geyer** 37, 40, 43; Hildegard **Glade** 39, 40, 41, 43; August Wilhelm **Goebel** 38, 39, 40, 41, 42, 43; Otto **Goebel** 37, 38, 39, 40, 41, 42, 43; Hanns **Goebl** 38, 39, 41, 42; Hermann **Göhler** 37, 38, 41; Karl **Goetz** 37, 39, 41, 42; Ernst **Gorsemann** 37, 38, 39, 40, 41, 42; Hermann **Gradl** 37, 38, 39, 40, 41, 42, 43, DtM, A; Franz **Gräßel** 38, 39, 40; Theodor **Grätz** 37, 38, 39, 40, 41; Fritz **von Graevenitz** 37, 40, 41, 42, 43, E; Oscar **Graf** 37, 38, 39, 40, 41, 42, 43, E, M; Wolfgang **Grau** 38, 39, 40, 41, 42, 43; Anton **Grauel** 37, 38, 39, 40, 41, 42, 43; Ernst **Greiner** 39, 40, 42, 43; Arthur **Griehl** 37, 39, 41, M; Hans **Grießmayer** 38, 39, 40; Oswald **Grill** 38, 39, 43; Paul **Groß** 39, 40, 42; Ludwig **Gschoßman** 39, 40, 41, 42, 43; Theo **Guillery** 38, 39, 42; Olaf **Gulbransson** 37, 38, 41, 42, 43, E, M; Wilhelm **Gut** 41, 42, 43.

Kurt **Haase-Jastrow** 37, 38, 39; Hans **Haffenrichter** 39, 41, 43; Fritz **Hafner** 38, 39, 40, 41, 42; Oscar **Hagemann** 37, 39, 40, 41, 42, 43; Karl **Hageni** 40, 41, 42; Hermann **Hahn** 37, 38, 39, 42, 43, DtB; Fritz **Halberg-Krauß** 37, 38, 39, 40, 43; Otto **Hamel** 37, 39, 40, 41; Willy **Hanebal** 38, 39, 41, 43; Willy **Hanft** 38, 40, 42; Walter **Hannemann** 39, 40, 43, M; Hanns **Hanner** 37, 38, 40; Hans **Happ** 37, 38, 39, 40, 41, 42, 43, DtM; Bernhard **Hartmann** 37, 38, 39, 40; Hugo **Hartmann** 40, 41, 43; K. W. Heinrich **Hartmann** 41, 42, 43; Bernd **Hartmann-Wiedenbrück** 41, 42, 43; Max **Hartung** 37, 40, 42; Max **Hartwig** 37, 38, 39; Daniel **Hauenstein** 40, 42, 43; Leopold **Hauer** 41, 42, 43; Christian **Haug** 38, 39, 40; Paul **Hauptmann** 39, 40, 41, 42, 43; Walter **Hauschild** 38, 39, 42; G. Adh **Hedblom** 37, 39, 40, 41, 43; Fritz **Heidenreich** 39, 40, 41, 42, 43; Fritz **Heidingsfeld** 40, 41, 42; Otto **Heinrich** 38, 39, 40, 41, 42; Emil Ernst **Heinsdorff** 37, 38, 39, 40, 41, M; Willi **ter Hell** 37, 38, 39, 40, 41, 42, 43, E, DtM; Hans **Hemmesdorfer** 39, 41, 43; Walter **Hemming** 38, 39, 40, 41, 42; Wilhelm **Hempfing** 37, 38, 39, 40, 42, 43; Josef **Hengge** 41, 42, 43; Eugen **Henke** 37, 38, 40, M, MG; Karl **Hennemann** 37, 38, 39, 41, 42; Albert **Hennig** 39, 40, 41; Albert **Henrich** 37, 38, 39, 40, 41, 42, 43; Ernst **Henseler** 37, 39, 40; Maria **Henseler** 38, 40, 41, 42, 43; Paul **Herrmann** 39, 40, 41, 42, 43, E; Friedrich **Heubner** 37, 38, 40, 41, 42, 43, DK, M; Richard **Heymann** 39, 40, 41, 42, 43; Alfred **Hierl** 39, 41, 42, 43; Anton **Hiller** 38, 40, 41, DtB, DK; Sepp **Hilz** 38, 39, 40, 41, 42, 43, E, M; Christian Gotthard **Hirsch** 38, 39, 40, 41; Otto **Hirth** 39, 40, 41, 42, 43, E, M; Hugo **Hodiener** 37, 38, 39, 40, 41, 42, 43, M; Walther **Hoeck** 37, 38, 39, 40; Erich **Hoffmann** 38, 39, 40; Maria Theresia **Hofmann** 38, 39, 40, 41, 42; Oswald **Hofmann** 37, 38, 39, 40, 41, 42, 43; Ludwig **Hohlwein** 37, 38, 39, 40, 41, 42; Richard **Holst** 38, 39, 40, 41, 42, 43; Conrad **Hommel** 37, 38, 39, 40, 41, 42, 43, DtM; Franz **Homoet** 37, 38, 39, 40, 41, 42, 43; Emil **Hub** 37, 38, 39, 40, 42, 43; Richard **Huber** 39, 41, 42, M; Paula **von der Hude** 37, 38, 39, 40, 41, 42, 43; Richard **Hüfer** 41, 42, 43; Arthur **von Hüls** 37, 38, 39, 42, 43; Rudolf **Hünerkopf** 38, 39, 41, M; Albert Hinrich **Hußmann** 40, 42, 43.

Arthur **Illies** 41, 42, 43.

Adolf **Jäger** 38, 39, 40, 41, 42, 43; Albert **Janesch** 37, 38, 40, 41, 42, 43; Angelo **Jank** 37, 38, 39, 40, DK; Chrysille **Janssen** 39, 40, 43; Ulfert **Janssen** 37, 38, 39, 40, 41, 42, 43; Carl Paul **Jennewein** 37, 38, 39; Ewald **Jorzig** 37, 38, 40, 41, 43; Julius Paul **Junghanns** 37, 38, 39, 40, 41, 42, 43; Reinhard Paul **Junghanns** 37, 38, 39; Hermann **Junker** 37, 38, 39, 40, 41, 42; Josef **Jurutka** 37, 41, 43.

Robert **Kämmerer-Rohrig** 37, 38, 39, 40, 41, 42; Theodor **Kärner** 37, 38, 40, 42; Rudolf **Kaesbach** 39, 40, 41, 43; Hermann **Kätelhön** 38, 39, 40; Fritz **Kaiser** 39, 40, 42; Richard **Kaiser** 37, 38, 39, 40, 41; Friedrich Wilhelm **Kalb** 37, 38, 39, 42, 43; Barbara **v. Kalckreuth** 38, 40, 41, 42, 43; Alex **Kalderach** 38, 39, 40, 41, 42; Peter **Kálmán** 37, 38, 39, 40, 41, 42; Marcel **Kammerer** 38, 39, 40, 41, 42, 43; Herbert **Kampf** 37, 39, 40, 41, 42, 43, A; Adolf **Kapfhammer** 38, 39, 40; Luigi **Kasimir** 37, 41, 42, 43; Hermann **Kaspar** 37, 38, 40, E, DtM, M; Paul **Keck** 39, 40, 41, 42; Woldemar **Keller-Kühne** 38, 39, 40, 41, 43; Georg **Kemper** 38, 40, 41, 42, M; Gottlieb Theodor **Kempf-Hartenkampf** 38, 39, 41, 42; Lilli **Kerzinger-Werth** 37, 38, 40, 43; Erwin **Kettemann** 38, 39, 40, 42, 43; Albrecht **Kettler** 38, 40, 43; Franz **Kiederich** 38, 39, 40; Michael **Kiefer** 38, 39, 40, 41, 42, 43, M; Emil **Kiemlen** 38, 39, 41; Dorothea **Kirchner-Moldenhauer** 37, 38, 39, 40, 41, 42, 43, M; Alfred **Kitzig** 37, 38, 40, 41, 42; Johannes **Kiunka** 37, 38, 41; Richard **Klein** 37, 38, 39, 40, 41, 42, 43, DtM, DK, M, MG; Marcel **Kleine** 37, 42, 43; Walther **Klemm** 37, 38, 39, 40, 41, 42, 43, DtM; Heinrich **Kley** 37, 38, 39, 40, 41; Fritz **Klimsch** 37, 38, 39, 40, 41, 42, 43, E, DtB, A; Walter **Klinkert** 37, 38, 39, 40, 41; Wolfram **Kloß** 39, 41, 43; Robert **Knaus** 39, 40, 41, 42, 43; Richard **Knecht** 37, 39, 40, DK; Frieda **Kniep** 39, 40, 41, 42; Erwin **Knirr** 37, 38, 39, 40, 41, 42, 43; Johannes **Knubel** 38, 39, 41; Hella **Koch-Zeuthen** 39, 41, 42; Reinhold **Koch-Zeuthen** 37, 38, 39, 40, 41, 42, 43; Fred **Kocks** 41, 42, 43; Fritz **Köhler** 38, 41, 42; Fritz **Koelle** 37, 38, 39, 40, 41, 42, 43, DtB; Wilhelm **Körber** 37, 38, 39, 40, 41, 42, 43; Wilhelm **Kohlhoff** 38, 41, 43; Friedrich Hans **Koken** 37, 38, 39, 40, 41, 42; Georg **Kolbe** 37, 38, 39, 40, 41, 42, 43, E, DtB, A; Gerhardt **Kraaz** 40, 42, 43; Albert **Kraemer** 37, 38, 39, 40, 42, 43; Georg

Krämer 38, 39, 40, 41, 42, 43; Heinrich **Kralik v. Meyrswalden** 37, 38, 39; Hans Otto **Kraus** 39, 40, 42; Hermann **Kricheldorf** 37, 38, 39, 40, M; Willy **Kriegel** 37, 39, 40, 41, 42, 43, A; Emil **Krieger** 40, 41, 42; Wilhelm **Krieger** 38, 39, 40, 41, 42, 43; Hans **Krückeberg** 37, 38, 43; Anton **Kürmaier** 37, 38, 39, 40, 41, 42, 43, M; Heinrich **Kugler** 38, 40, 43; Ernst **Kunst** 40, 41, 42, 43, DtB; Hermann **Kupferschmid** 37, 38, 39, 42, 43; Felix **Kupsch** 37, 38, 39, 40, 41, 43.

Adolf **Lamprecht** 40, 41, 43, DtM; Heinz **Landgrebe** 37, 38, 42, M; Andreas **Lang** 38, 39, 41, 42, 43, M; Hubert **Lang** 38, 39, 40, 41, 42, 43, M; Carl **Lange** 37, 39, 40; Alois **Langenberger** 40, 41, 42; Hubert **Lanzinger** 37, 38, 43; Friedrich Carl **Lattke** 38, 39, 40, 41; Ernst **Laurenty** 40, 41, 42, 43; Hias **Lautenbacher** 39, 41, 42, 43; Georg **Lebrecht** 37, 38, 39, 40, 41, 42, 43; Wilhelm **Legler** 39, 40, 42; Otto **Leiber** 38, 39, 43; Karl **Leipold** 37, 38, 39, 42; Karl **Lenz** 37, 38, 39, 40, 42; Maximilian **Leo** 39, 40, 41, 42; Harm **Lichte** 38, 39, 40, 43; Adolf **Liebermann** 41, 42, 43; Ernst **Liebermann** 37, 38, 39, 40, 41, 42, M, MG; Ferdinand **Liebermann** 37, 38, 39, 40, 41, M; Helmut **Liebermann** 37, 38, 40, 41, 42, 43; Erich **Lindenau** 38, 39, 40, 42, 43; Theodor **Linz** 39, 41, 42, 43; Bernhard **Lippsmeier** 39, 41, 42; Rudolf **Lipus** 41, 42, 43; Hans **List** 37, 39, 42, 43; Switbert **Lobisser** 37, 38, 39, 40, 41, 42, 43, E; Friedrich **Lommel** 37, 38, 39, 40, 41, 42, 43, M; Heinrich **Lotter** 38, 39, 40, 41; Heinrich **Loy** 39, 40, 41; Anton **Lutz** 38, 39, 41, 42, 43.

Wilhelm **Maaß** 40, 41, 42; Max **Märtens** 39, 40, 41; Julius **Mahainz** 40, 41, 42, 43; Alfred **Mailick** 39, 40, 41; Erik **Mailick** 38, 39, 40, 41, 42, 43; Hans Jakob **Mann** 37, 38, 39, 40, 41, 42, 43; Konrad **Mannert** 39, 41, 42, 43; Emil **Manz** 37, 38, 39, 40, 41, 42, 43; Oskar **Martin-Amorbach** 37, 38, 39, 40, 41, 42, 43, E, DtM; Hanns **Maurus** 38, 39, 40, 41; Karl **May** 38, 39, 40, 41, 42, 43, M; Ernst **v. Maydell** 39, 40, 41, 42, 43; Eugen **Mayer-Faßold** 37, 38, 39, 40, 41, 42, 43, M; Hermann **Mayrhofer-Passau** 37, 38, 39, 40, 41, 42, 43; Sepp **Meindl** 37, 38, 39, 40, 41, 42, 43; Hugo **Meisel** 38, 39, 40, 41, 42, 43; Erich **Mercker** 37, 38, 39, 40, 41, 42, 43, E; Elsa **Merkel** 38, 39, 40, 41, 42, 43; Paul **Merling**

39, 40, 42, 43; Julius **Mermagen** 38, 39, 40, 41, 42; Christian **Metzger** 37, 38, 39, 40, 41, M; Hans **Metzger** 37, 38, 39, 40, M; Bodo **Meyner** 40, 41, 42; Franz Josef **Mikorey** 37, 38, 40, 41, 42, 43; Alfred **Milan** 38, 39, 40, 41, 42, 43; Paul **Mildner** 39, 40, 42; Richard **Miller** 39, 42, 43; Otto **Miller-Diflo** 37, 38, 41, 42, 43, M; Hugo **Möhl** 40, 41, 42, 43; Arnold **Moeller** 37, 38, 39, 42, 43; Herbert **Molwitz** 37, 38, 39, 40, 41, 42, 43; Erica **Moufang** 38, 39, 40; Erich Martin **Müller** 37, 38, 40, 41, 42, 43; Georg **Müller** 38, 39, 40, 41, 43, DK; Hans **Müller** 38, 39, 40, 41; Richard **Müller** 37, 38, 39, 41, 42; Hans **Müller-Schnuttenbach** 37, 38, 39, 40, 41, 42, 43, M; Anton **Müller-Wischin** 37, 38, 39, 40, 41, 42, 43, E, DtM, M; Oskar **Mulley** 37, 38, 39, 40, 41, 42, 43.

Oskar **Nerlinger** 39, 40, 41, 43; Heinz Bruno **Nern** 41, 42, 43; Hanns **Neudecker** 38, 39, 40, 41, 42, 43; Rolf **Nida** 37, 38, 40; Rudolf **Nißl** 39, 40, 41, 42, M; Fritz **Nuß** 37, 38, 39, 40, 41, 42, 43.

Ottmar **Obermaier** 37, 38, 39, 40, 41, 42, 43; Oskar **Oestreicher** 37, 38, 39, 40, 41, 42, 43; Georg **Ohst** 39, 40, 43; Karl Ewald **Olszewski** 37, 38, 39, 40, 41, 42, 43; Rudolf **Ostermaier** 39, 40, 41, 42, 43, M; August **Ostermann** 39, 40, 41, M; Albert **Otto** 37, 38, 39, 40, 41, 42; Rudolf **Otto** 38, 39, 40, 41, 42, 43; Edmund **Otto-Eichwald** 38, 39, 40.

Paul M. **Padua** 38, 39, 40, 41, 42, 43, E, M; Hermann Joachim **Pagels** 38, 39, 40, 41, 42, 43, E; Josef **Pallenberg** 38, 39, 40, 41, 42, 43; Gisbert **Palmié** 39, 40, 41, 42, 43; Margarethe **Pantanius-Hoffmann** 39, 40, 41; Andreas **Patzelt** 39, 41, 42, 43, DtM; Rudolf **Pauschinger** 37, 40, 41, 42, 43; Werner **Peiner** 37, 38, 39, 40, 42, DtM, A; Erich **v. Perfall** 38, 39, 40, 41, 42, 43; Walter **Petersen** 38, 39, 42, E; August **Peukert** 37, 38, 39, 40, 42, 43; Conrad **Pfau** 38, 39, 40, 41, 43, MG; Rudolf **Pfefferer** 37, 40, 41, 42, 43, M; Max **Pfeiffer** 37, 38, 39, 40, 41; Felix **Pfeifer** 39, 40, 41, 42; Alfred **Pfitzner** 37, 38, 39, 40, 41, 42; Peter **Philippi** 37, 38, 39, 41, 42, 43; Dorothea **v. Philipsborn** 38, 40, 42, 43; Ria **Picco-Rückert** 41, 42, 43; Josef **Pieper** 39, 40, 41, 42, 43, DtM; Wilhelm Otto **Pitthan** 38, 39, 40; Otto **Placzek** 39, 40, 41,

43; Hans **Plangger** 37, 40, 41, 42, 43; Ludwig **Platzöder** 37, 38, 39, 40, 41, 42, 43; Bernhard **v. Plettenberg** 38, 39, 40; Franz **Plischke** 40, 42, 43; Johann Peter **Pöppelmann** 38, 39, 42; Karl **Pohle** 38, 39, 41; Otto **Polus** 39, 40, 42; Max **v. Poosch-Gablenz** 39, 40, 41, 42; Georg **Poppe** 40, 41, 43; Wilhelm **Posoreck** 37, 38, 39; Otto **Priebe** 38, 40, 43; Robert **Propf** 39, 40, 43; Carl Theodor **Protzen** 37, 38, 39, 40, 41, 43, M; Henny **Protzen-Kundmüller** 37, 41, 43, M; Erwin **Puchinger** 38, 39, 40, 41, 42, 43; Viktor **Pucinski** 39, 40, 41, 42, 43.

Ernst Andreas **Rauch** 37, 38, 40, 41, 42, DK; Luis **Rauschhuber** 37, 38, 39, 40, 41, 43; Richard W. **Rehn** 40, 42, 43; Adolf **Reich** 39, 40, 41, 42, 43; Albert **Reich** 38, 39, 42, M, MG; Friedrich **Reimann** 38, 39, 40; Ernst **Reiß-Schmidt** 39, 41, 42, 43; Lore **Rendlen-Schneider** 37, 38, 40, 41, 42, 43; Willi **Repke** 40, 41, 42, 43; Fritz **Rhein** 37, 38, 39, 40, 41, 42, 43, E, DtM; Erik **Richter** 38, 39, 40, 41; Klaus **Richter** 38, 39, 40; Heinrich **v. Richthofen** 37, 38, 39, 40, 41, 42, 43; Paul **Ricken** 41, 42, 43; Hannes **Rischert** 37, 38, 39, 40, 41, 43; August **Rixen** 37, 41, 42, 43; Wilhelm **Roegge** 37, 38, 40, 41, 42; Hans **Röhm** 38, 39, 40, M; Fritz **Röll** 37, 38, 39, 40, 41; Joss **Röwer** 38, 39, 40, 41, 43; Alfred **Roloff** 40, 41, 42, 43; Paul **Roloff** 37, 38, 43, M, MG; Walter **Rose** 37, 38, 39, 40, 41, 42, 43, M; Otto **Rost** 39, 40, 41, 42, 43; Karl **Roth** 37, 38, 39, 40, 41, 42, 43; Toni **Roth** 37, 38, 39, 40, 41, 42, 43; Leopold **Rothaug** 38, 39, 42, 43; Franz **Rotter** 40, 41, 43; Heinrich **Rudolph** 40, 41, 42; Jakob **Rudolph** 39, 40, 41; Anne-Elisabet **Rühl** 38, 39, 40, 41, 43, M.

Alfred **Sachs** 37, 38, 39, 41, 42; Ivo **Saliger** 38, 39, 40, 41, 42, 43, DtM; Leo **Samberger** 37, 38, 39, 40, 41, 42, 43, E, DtM, M, MG; Leonhard **Sandrock** 38, 39, 40, 41, 42, 43; Liese-Lotte **Sangerhausen** 37, 38, 39, 40, 41; Wilhelm **Sauter** 38, 39, 40, 41, 42, 43; Hans **Schachinger** 37, 38, 39, 40, 41, 42, 43; Rudolf **Schacht** 39, 42, 43; Hans **Schaefer** 40, 41, 42; Edmund **Schaefer-Osterhold** 41, 42, 43, M; Erwin **Scheerer** 37, 39, 43; Emil **Scheibe** 41, 42, 43, M; Richard **Scheibe** 37, 38, 39, 40, 42, 43, E, DtB; Otto **Scheinhammer** 37, 38, 39, 40, 41, 42, 43, DtM, M; Rudolf **Scheller** 37, 38, 39, 40, 41, 42, 43; Hermann **Scheuern-**

stuhl 37, 38, 40, 41; Anton **Scheuritzel** 38, 39, 41; Paul **Scheurle** 38, 39, 40, 41, 42, 43; Edgar **Schilke** 37, 38, 39, 40, 42; Johann Georg **Schlech** 38, 39, 40; Hans **Schlereth** 37, 38, 39, 41, 42, 43, M; Carl **Schleinkofer** 39, 40, 41, 42; Otto **Schließler** 40, 41, 42, 43; Eduard **Schloemann** 37, 38, 39, 40, 41; Margarethe **Schmedes** 37, 39, 40, 41; Rudolf **Schmid** 41, 42, 43; Kurt **Schmid-Ehmen** 37, 38, 39, 40, 41, 42, 43, E; Josef **Schmid-Fichtelberg** 37, 38, 39, 40, 41, 42; Nicolaus **Schmidt** 37, 38, 41; Wilhelm **Schmidthild** 40, 41, 43; Erich **Schmidt-Kabul** 37, 38, 41, 42; Else **Schmidt-van der Velde** 37, 39, 40, 41, 42, 43; Hans **Schmitz-Wiedenbrück** 38, 39, 40, 41, 42, E; Wilhelm **Schmurr** 37, 39, 41; Leopold **Schmutzler** 38, 39, 40; Alfons **Schneider** 39, 40, 41, 42, 43; Herbert **Schnürpel** 39, 40, 41, 42, 43; Hans **Scholter** 41, 42, 43; Adolf **Schorling** 39, 40, 41, 42, 43; Heinrich **Schott** 39, 40, 41, 42, 43; Rudolf **Schramm-Zittau** 37, 38, 39, 40, 42, 43, DtM; Richard **Schreiber** 40, 42, 43; Carl Moritz **Schreiner** 39, 41, 42, 43; Paul **Schroeter** 37, 38, 39, 40; Heinrich **Schütz** 38, 39, 41; Friedrich **Schüz** 37, 38, 39, 40, 41, 42, 43; Johann **Schult** 39, 40, 41, 42, 43; Wilhelm **Schulz** 37, 38, 40, 42, MG; Mathias **Schumacher** 39, 42, 43; Josef **Schuster** 39, 40, 43; Raffael **Schuster-Woldan** 37, 38, 39, 40, 41, 42, 43, E; Carl **Schwalbach** 37, 38, 39, 40, 41, 42, DtM; Hans **Schwarte-Hellweg** 41, 42, 43; Robert **Schwarz** 39, 40, 43; Hans **Schwegerle** 37, 38, 39, 40, 41, 43; Alois **Seidl** 37, 42, 43, DtM; Hermann **Seidl** 40, 41, 42, 43; Georg **Siebert** 37, 38, 39, 40, 41, 42, 43, DtM; Rudolf **Sieck** 37, 38, 39, 40, 41; Theo **Siegle** 38, 39, 40, 41, 42, 43; Ludwig **Siekmeyer** 37, 38, 40, 41, 43, M; Thomas **Sigl** 38, 39, 41, 42, 43; Hans Albert **Simon-Schaefer** 37, 39, 40, 41, 42, 43; Georg **Sluyterman v. Langeweyde** 37, 38, 39, 40, 42, 43; Heinrich **Söller** 40, 41, 42; Josef **Sommer** 41, 42, 43; Otto **Sonnleitner** 37, 38, 39, 43; Anni **Spetzler-Proschwitz** 37, 38, 39; Ferdinand **Spiegel** 37, 38, 40, 41, 43, E, DtM; Axel **Sponholz** 38, 39, 40, 41; Hans **Sponnier** 38, 39, 40; Siegward **Sprotte** 39, 41, 42; Emil **Stadelhofer** 39, 41, 42; Hans **Stadlberger** 40, 41, 42; Ferdinand **Staeger** 37, 38, 40, 41, 42, 43, E, M; Albert **Stagura** 38, 39, 40, 41, 42, 43; Franz Xaver **Stahl** 37, 38, 39, 40, 41, 42, 43, E; Friedrich **Stahl** 37, 38, 40, E; Peter **Stammen** 39, 40, 41; Albert **Stangl** 37, 38, 39, M; Gertrud **Starck** 37, 38, 39, 41; Julius **Starcke** 37, 38, 39, 40, 42, 43; Rudolf

Staudenmaier 37, 38, 40, 41, 42, 43; Elisabeth **Stechele-Maurer** 37, 38, 39, 40, 41; Josef **Steib** 41, 42, 43; Alfred **Steidle** 37, 38, 39, 40, 41; Arthur **Steiner** 38, 40, 42; Daniel **Stocker** 38, 39, 41, 42; Rudolf **Stocker** 39, 40, 43; Josef **Stoitzner** 37, 38, 39, 40, 41, 42, 43; Hanns **Stoll** 37, 39, 40; Karl **Storch** 37, 38, 39, 41, 42; Robert **Streit** 37, 38, 41, 42, 43; Walter **Strich-Chapell** 40, 41, 42, 43.

Willy **Tag** 40, 41, 42, 43; Wilhelm **Tank** 38, 39, 42; Luise **Terletzki-Scherf** 37, 38, 39, 40; Wolf **Thaler** 39, 40, 41, 42, 43, M; Heinz **Theis** 38, 42, 43; Oskar **Thiede** 37, 38, 39, 41, 42; Johannes **Thiel** 38, 39, 40, 41; Alfred **Thiele** 38, 40, 41, 42, 43; Eduard **Thöny** 37, 38, 49, 40, 41, 42, 43, E, DtM, MG; Josef **Thorak** 37, 38, 39, 40, 41, 42, 43, E, A; Ferdinand **Thurnherr** 39, 40, 41, 42, 43; Hermann **Tiebert** 37, 38, 39, 40, 41, 42; Gustav **Traub** 37, 38, 39, 40, 41, 42, 43; Franz **Triebsch** 37, 39, 40, 41, 42; Karl **Truppe** 39, 40, 41, 42, 43, E; Will **Tschech** 39, 40, 42, 43; Georg **Türke** 37, 38, 39, 40, 41, 42, 43; Karl **Tüttelmann** 38, 41, 42.

Robert **Ullmann** 38, 40, 43; Helmut **Ullrich** 40, 42, 43, M; Reinhold **Unger** 41, 42, 43; Hermann **Urban** 38, 39, 40, 41.

Otto **Vaeltl** 40, 41, 42, 43; Fritz **Vahle** 38, 39, 40, 42, 43; Ingeborg **Vahle-Giesler** 41, 42, 43; Johann **Vierthaler** 37, 38, 39, 40, 42, 43, M; Josef **Vietze** 37, 39, 40, 41, 42; Georg **Vogt** 38, 41, 42, 43; Elisabeth **Voigt** 37, 41, 43, DtM; Walter **Volland** 37, 40, 41, 42; Herbert **Volwahsen** 40, 41, 43; Gerda **Voß** 40, 41, 42, 43.

Josef **Wackerle** 37, 38, 39, 40, 41, 43, E, DtB, DK, M; Carl **Wagner** 38, 39, 42; Emil **Wagner** 37, 39, 41; Josef **Wahl** 37, 38, 40, 41, 42; Willy **Waldapfel** 38, 40, 43; Paul **Waldow** 39, 40, 41, 42; Markus **Walleitner** 37, 38, 39, 40; Renz **Waller** 39, 40, 41; Karl **Walther** 37, 38, 39, 40, 41, 42, 43; Adolf **Wamper** 37, 38, 40, 41; August **Waterbeck** 37, 38, 41, 42; Walter **von Wecus** 37, 39, 40, 41, 42, 43; Alfred **Weczerzick** 38, 39, 40, 42; Alexander **Weise** 38, 39, 40, 41, M; Carl **Weisgerber** 38, 39, 40, 41, 42, 43; Franz **Weiß** 39, 40, 42, 43; Heinrich **Weißer** 37, 38, 39, 40, 41, 42, 43; Otto **Weißmüller** 37, 38, 39, 40, 41, 42, 43; Karl **Wendel**

38, 40, 41; Udo **Wendel** 37, 39, 40, 41; Wenzel Hermann **Wendelberger** 38, 39, 40, 42; Kurt **Wendlandt** 40, 41, 42, 43; Adolf **Wendt** 39, 40, 42, 43; Else **Wenz-Vietor** 37, 38, 39, 40, 41; Carl **Werner** 40, 42, 43; Richard Martin **Werner** 37, 38, 39, 40, 41, 42, 43; Rudolf **Werner** 37, 38, 39, 40, 41, 42; Hans **Werthner** 38, 40, 43; Paul **Westerfrölke** 37, 38, 39, 40, 41, 42, 43; Johann Fritz **Westermann** 38, 39, 40, 41, 42, 43; Wilhelm **Wilcke** 39, 40, 42, 43; Wolfgang **Willrich** 37, 38, 39, 40, 41, 42, M; Otto **Winkelsträter** 39, 40, 41, 42; Curt **Winkler** 37, 38, 40, 41, 42, 43; Friedrich **Wirnhier** 39, 41, 43; Adolf **Wissel** 37, 38, 39, 40, 41, 42, 43; Maximilian **Wittmann** 40, 41, 42; Louis **Wöhner** 39, 40, 43; Franz Xaver **Wölfle** 39, 40, 41, 42, 43; Georg **Wolf** 38, 39, 41; Jörg **Wolf** 40, 42, 43; Walther **Wolff** 37, 39, 42, 43.

Max **Zaeper** 37, 38, 39, 40, 41, 42, DtM; Hermann **Zettlitzer** 39, 40, 41, 42, 43; Adolf **Ziegler** 37, 38, 39, 40, 42, 43, DtM; Otto **Zieske** 38, 39, 40; Rudolf **Zill** 41, 42, 43; Hans **Zimbal** 39, 40, 41; Bodo **Zimmermann** 37, 38, 39, 40, 41, 42, 43; Ernst **Zoberbier** 39, 40, 41, 43; Alfred **Zschorsch** 38, 39, 40, 41, 42; Walter **Zschorsch** 38, 40, 41, 43; Heinrich **v. Zügel** 37, 38, 39, E, DtM; Willy **Zügel** 37, 38, 39, 40, 41, M.

JÖRG WOLLENBERG

Die Liste der in Nürnberg arisierten Unternehmen*

Siegfried **Aal**, Spielwarenmanufaktur; Isidor **Abraham**, Kleiderfabrik; **Adler und Ullmann**, Spielwarengroßhandel; Wilhelm **Aufochs**, Spielwarengroßhandel; Leon **Aussenberg**.

J. **Bach**, Spiegelglasfabrik; R. **Bach und Co.**; **Bachmann und Ullmann**; **Bauer und Hecht oHG**, Damenhütegroßhandel; A. H. **Beyer und Co.**, Tuchhandlung; **Bayerischer Futterstoff- und Schneiderartikelgroßhandel**; **Bayerische Werkzeug- und Stahlindustrie**, Götz & Co.; Karl **Bechhöfer**, Webwarengroßhandel; **Beckmann und Ullmann**, Georg **Herz**, Georg **Kynast**, Exportgeschäft; **Benedikt und Dannheiser**, Gold- und Silberspinnerei und -weberei; Willi **Berlin**, Verpackungsmaterialgroßhandel; Eduard und Charles **Bernhard**, Exportgeschäft; **Besenbeck und Walter**, Kartonagenfabrik; Michael **Betz**, Press-, Stanz- und Ziehwerk; **Bieringer und Co.**, Schuhfabrik; Jakob **Blumenfeld**, Teppichhaus; Arthur **Braun**, Reisebüro; Bernhard **Breitenbach**, Schachgroßhandel; Adolf **Brenner**, Uhrengeschäft.

F. **Danzer Nachfolger**, Möbelgeschäft; **Gebr. Dessauer KG**, Margarinewerke; L. **Dormitzer**, Borstengroßhandel; Kuno und Otto **Dressel**, Spielwarenexport; Johann Georg **Drossel**, Exportgeschäft.

* Zusammengestellt nach der unveröffentlichten Diplomarbeit von W. Kr. Schneider, Der Arisierungsskandal in Nürnberg und Fürth (1969), Anlage 4, S. 59–65, der dazu die Aktenbände der Wiedergutmachungskammer des Landgerichts Nürnberg ausgewertet hat (Bände I/66–XII/66).

Ebert und Landecker, Metallpapierfabrik; **Ecco**, **Eckstein und Co. GmbH**; Ludwig **Ehrlich**, Lederhandlung; Sigmund **Ehrlich**; Josef **Eismann**, Leimhandlung; **Elektro-Noris oHG**, E. und F. **Jondorf**; **Enn-Werke**, Justin **Neu**; Siegbert **Erlanger und Co.**, Hopfenhandlung; **Ernede GmbH**, Damenmäntel- und Kleiderfabrik; **Etam**, Textilwarenniederlassung.

Siegfried **Federlein**, Werkzeughandlung; **Gebr. Feuchtwanger und Co.**, Celluloid- und Metallwarenfabrik; H. **Fischer und Co. oHG**; **Fleischmann, Moosbacher, Goldmann, Quast und Wolf**, Metallhandlung; **Fleischmann und Weilheimer**, Hopfenhandlung; Hermann **Fleischmann**, Metallgroßhandel; S. und E. **Fleischmann**, Farben und Lacke; **Frank**, Weinbrennerei; Julius **Frank**, Papiergroßhandel; **Frankenburger und Oberndorfer GmbH**, Schreibwarengroßhandel; Eugen und Sally **Frankenthal**, Maschinenfabrik; Arnold **Friedlein**, Hutfabriklager; **Friedmann und Co.**, Kurz-, Woll-, Web-, Spiel- und Galanteriewarengroßhandel; **Gebr. Friedmann**; Julius **Friedmann**, Fleischerei.

Ludwig **Gärtner**, Bürstenfabrik; N. **Gast und Co.**; **Gely GmbH**; Isaak Jakob **Goldberger**, Manufaktur; Benno **Goldschmidt**, Metallgroßhandel; **Gebr. Goldschmidt**, Metallwarenfabrik; M. **Goldschmidt**, Webwarengroßhandel; **Graf und Co.**, Süddeutsche Catguttfabrik; Arthur **Grau**, Reisebüro; **Gebr. Greiner**, Glühlampenfabrik; **Grünstein, Klein und Co. oHG**; **Güttermann und Lichtenstätter**, Futter- und Schneiderartikelgroßhandlung; Ella Asarah **Gundelfinger**; Max, Ludwig und David **Gundelfinger**, Sackgroßhandlung; **Guttmann und Lämmle**; **Gutmann und Schmidt**, Tuchgroßhandel; Hugo **Gutmann GmbH**, Büromaschinen; Max **Gutmann und Co.**, Metallwaren.

Hammelbacher und Co., Lackfabrik; **Hammerer und Kühlwein**, Spielwaren; **Hasselbacher und Co.**, Lackfabrik; Martin **Hauers**; Emil **Hausmann**, Exportgeschäft; Simon **Hedinger**, Scherzartikelfabrik; Simon **Heid**, Pinselfabrik; **Heim und Co.**; H. L. **Heimann**, Webwarengroßhandel; Ludwig **Heimann und**

Co., Schuhwarenfabrik; F. M. **Herberger und Co.**, Feilen- und Werkzeuggroßhandel; **Herkuleswerke AG**, Fahrradfabrik; **Gebr. Herzfelder**, Hornplattenfabrik; Abraham **Hess**, Lederwarenartikel en gros; **Hessdörfer und Kolb oHG.**, Kleiderfabrik; **Gebr. Hesselberger**, Hopfenhandlung; S. A. **Hesslein und Co.**, Möbelstoffgroßhandel; G. **Hirsch und Sohn GmbH**; Salli **Hirschen**, Kaffeewärmerfabrikation; Fritz S. **Hirschmann**, Hopfenhandlung; **Hopf und Söhne**, Hopfenhandlung; **Holzinger und Kaiser**, Wäschefabrik und Webwarenversand; **Huck GmbH**, Metallbesatzfabrik; David **Hutzler**, Lederwarenfabrik.

Alexander, Martin und Johann **Ichenhäuser**; J. **Ittmann**, Möbelhandlung.

Louis **Jeelsohn**, Farbenhandlung; **Johannes GmbH**, Friseurbedarf; Hermann **Johenhäuser**, Pinselfabrik; G. **Jondorf**, Brennerfabrik.

J. G. **Kaiser**, Maschinenfabrik; Hermann **Katz**; Cilli **Kenner**; Nathan **Kirschbaum**, Hopfenhandlung; L. **Klein**, Pinselfabrik; Alfred **Klugmann**, Bürsten- und Haargroßhandel; Max **Kohlmann**, Textilwaren; Simon **Kohn**, Weinhandlung; **Kohnstamm und Co.**, Spielzeugwarenfabrik; Wilhelm **Krailsheimer**, Kurzwarengroßhandel; S. **Krakenberger**, Hopfenhandlung; Hans **Kraus Nachfolger**; Josef **Kraus und Co.**

Bluma und Gusta **Langer**, Handarbeitsgeschäft; **Lederwerke Cromwell AG**; **Leiter und Ullmann**, Metallwarenfabrik; Seidenhaus **Lehmann**; **Lehmann und Co.**, Spielwarenexport; Hugo **Lehmann**, Fahrradteilgroßhandel; **Lessinger und Heymann**, Metallätzwerk; Georg **Levy**, Spiel- und Metallwarenfabrik; **Luma**, Rasierpinselfabrik; Josef **Luwitsch**, Ausstattungsgeschäft.

Mahag, Maschinenhandelsgesellschaft; **Maienthau und Wolff**, Spielwarenexport; **Marswerke AG**; Friedrich **Mayer**, Dinkel- und Hopfenhandlung; Ignatz **Mayer**, Webereifabrikate;

F. **Meinhardt**, Kurz-, Galanterie- und Spielwaren; **Metallbesatz GmbH**; **Metzger und Böhm**, Weinbrennerei; Ludwig **Meyer**, Schuhmacherei; **Michael und Grünebaum**, Spitzenhandel; Willy, Walter und Max **Mayer und Co. GmbH**; Bernhard **Münz**, Schreib- und Galanteriewarenhandel en gros; Hans **Moos**, Dachschädenreparaturanstalt; Hugo **Mossbacher**, Metallgroßhandel; M. **Murr**, Spedition; Moritz **Murr** und Emma **Fliegner**, Sammelladungskontor und Stempelfabrik.

Nathan und Co., Bankgeschäft; **Neuburger und Co.**, Hopfenhandlung; Jakob **Neumann**, Spielwarenexport; **Neustädter, Oppenheimer und Friedmann**, Manufakturenhandlung; J. **Neustädter und Co.**, Schuhwarengroßhandel; Josef **Neustädter**, Manufakturengroßhandel; **Noris Versandhaus**, Kurz-, Woll-, Web- und Spielwaren; **Nürnberger Nährmittelwerke GmbH**; **Nürnberger Sackgroßhandel GmbH**; **Nürnberger Spielwarenfabrik**; **Nürnberger Spielefabrik**, **L. Kleefeld und Co.; Nürnberger Stempelfabrik**.

Oettinger und Co., Linoleum und Tapeten; Martin Bauers Witwe Rosalie **Öttinger**; **Oppenheimer und Friedmann**; **Oppenheimer und Söhne**, Weingroßhandlung; **Oppenheimer und Sulzbacher**, Export für Bauartikel und Galanteriewaren.

Pensel, Maschinenfabrik.

Carl **Quehl**, Scherzartikelexport.

Norbert **Rau**, Küchengerätegroßhandel; Albert **Raum und Bernet und Sohn**, Hopfenhandlung; Fritz **Reichmann**, Lederabfallgroßhandel; **Ricardo und Co.**, Spielwarenfabrik; Adolf **Riegelmann** und S. B. **Bing Söhne**, Hopfenhandlung; Max **Rosenbaum** und E. **Ollendorf und Co.**, Weinhandlung; **Rosenfeld und Co.**, Hopfengroßhandel; Albert **Rosenfeld**, Eisengroßhandel; Moritz **Rosenwald**, Hopfenhandlung.

Jakob **Saemann**; J. S. **Schatt**, Armaturenfabrik und Gießerei Louis **Schild**, Lederhandlung; Julius **Schlachter**, Celluloidwa ren; Kaufhaus **Schocken KG**; Georg **Schönner**, Reißzeugfabrik; Adolf **Schumann**, Metallspielwarenfabrik; M. **Schwarz und Söhne**, Rohwolle- und Tuchgroßhandel; Richard **Schwarz und Co.**, Lebensmittelgroßhandel; **Sero GmbH**, Pinselfabrik; **Sills-Baby-Bazar**; Heidi **Simon**, Pinselfabrik; **Spear Söhne KG.**, Spielefabrik; Sigmund **Spear**, Lithographische Kunstanstalt; J. **Speier**, Schuhgeschäft; N. **Stark und Co.**, Tuchhandlung; **Staudenmeyer und Co.**, Verchromungsanstalt; Adolf **Stein und Co.**, Versandgeschäft für Textilwaren; Arthur **Stern**, Autoreparaturwerkstatt; Ernst **Stern**, Spielwarenexport; M. **Stern und Co.**, Dampfwattefabrik; David **Stiefel**, Schneiderei; **Stollenwerk und Spier**, lithographische Kunstanstalt; Herrmann **Strauss**, Hopfenhandlung; Paul J. **Strauß**, Hopfenhandlung; S.M. **Strauss Nachfolger**, Futterstoffgroßhandel; Wolf **Strauss oHG**; Leon **Sturm**, Schleifpapiergroßhandel.

Greta **Tannhauser**, Tuchgroßhandlung; **Transformatoren- und Apparatebau Magnus**; Phillip **Tuchmann**, Hopfenhandlung.

Ullmann und Zenk, Zahnwaren; Cilly **Ullmann**, Modesalon; Jacques **Ullmann**; Paul J. **Ullmann**, Broncefarbenfabrik.

Vereinigte Margarinewerke KG; J.M. **Viertel**, Patentstiftfabrik; Betty **Vogel**, Korsettgeschäft.

Max **Walter und Co. GmbH**, Reklameartikel; **Wertheimer**; Kaufhaus **Weisser Turm**; **Gebr. Wolff GmbH**, Celluloidwarenfabrik; Theodor **Wolf GmbH**; Leonore **Wuga**, Schreibmaterialiengroßhandel.

Zenner und Co., Kunsthornfabrik; **Zentner und Kissinger**, Lederwarenfabrik.

Die Autoren

AXEL EGGEBRECHT (geb. 1899): Ab 1925 Mitarbeiter der »Weltbühne« und vieler Zeitungen, von den Nazis verhaftet, nach KZ-Aufenthalt und trotz Berufsverbots überlebt er bei der Ufa als Mitarbeiter an Unterhaltungsfilmen. Nach 1945 Publizist und Mitbegründer des NWDR in Hamburg. Zahlreiche Veröffentlichungen, darunter »Der halbe Weg. Zwischenbilanz einer Epoche«, 1975.

JÖRG FRIEDRICH (geb. 1944): Publizist und Rundfunkautor in Berlin, Autor zeitgeschichtlicher Abhandlungen, u. a. »Die Kalte Amnestie – NS-Täter in der Bundesrepublik« und »Freispruch für die Nazi-Justiz«. Veröffentlicht im Auftrag der Stadt Nürnberg die Nürnberger Nachfolgeprozesse, deren 1. Band 1989 in der Serie Piper erscheinen wird.

WOLFGANG GERLACH (geb. 1933): Pfarrer in Essen, Autor einer schon 1970 vorgelegten Dissertation »Zwischen Kreuz und Davidstern. Bekennende Kirche in ihrer Stellung zum Judentum im Dritten Reich«, die erst 1987 beim Institut Kirche und Judentum unter dem Titel: »Als die Zeugen schwiegen. Bekennende Kirche und die Juden« veröffentlicht wurde.

HERMAN GLASER (geb. 1928): Schul- und Kulturreferent der Stadt Nürnberg, Professor am Institut für Kommunikationswissenschaft, Medienwissenschaft und Musikwissenschaft der TU Berlin. Zahlreiche Veröffentlichungen, u. a. zur NS-Zeit und zur Kulturgeschichte Deutschlands.

MARIA GRÄFIN VON MALTZAN (geb. 1909): Tierärztin in Berlin-Kreuzberg. In München schloß sie sich nach 1933 der Widerstandsgruppe um den Jesuitenpater Friedrich Muckermann an. In Berlin lernte sie 1939 den jüdischen Schriftsteller Hans Hirschel kennen, den sie mit anderen Juden in einer kleinen Berliner Wohnung versteckte. Ihre Lebenserinnerungen sind 1986 unter dem Titel »Schlage die Trommel und fürchte dich nicht« erschienen.

MANFRED MESSERSCHMIDT (geb. 1926): war bis 1988 Leitender Direktor des Militärgeschichtlichen Forschungsamtes in Freiburg/Breisgau. Autor von Abhandlungen und Büchern zur Rolle der deutschen Wehrmacht im NS-System, Mitglied der ›Waldheim-Kommission‹.

DICK DE MILDT: Historiker, seit 1987 wissenschaftlicher Assistent am strafrechtlichen Institut der Universität von Amsterdam. Dort bereitet er auf der Basis der in der Sammlung »Justiz und NS-Verbrechen« veröffentlichten Strafurteile zu nationalsozialistischen Tötungsverbrechen eine Studie über die Motivation der »tatnahen« Vollstrecker der Judenvernichtung vor.

ERNST PIPER (geb. 1952): Historiker, Geschäftsführer des Piper Verlages, Autor und Herausgeber zahlreicher Bücher zu geschichtlichen und zeitgeschichtlichen Themen, u.a. »Nationalsozialistische Kunstpolitik«, 1987.

ERNST WALTEMATHE (geb. 1935): Bundestagsabgeordneter der SPD aus Bremen, der als »Mischling ersten Grades« Verfolgungen der Nazis ausgesetzt war und in die Niederlande auswanderte.

WALTER GRAB (geb. 1919): Im Juli 1938 als Student von Wien nach Jerusalem ausgewandert. Bis zu seiner Emeritierung im Jahre 1986 Professor für Neuere Geschichte an der Universität in Tel Aviv und Leiter des von ihm gegründeten Instituts für Deutsche Geschichte. Autor von Büchern zum Vormärz und zum deutschen Jakobinismus.

Arno Hamburger (geb. 1923): Vorsitzender der Israelitischen Kultusgemeinde in Nürnberg, stellvertretender Vorsitzender der SPD-Stadtratsfraktion zu Nürnberg.

Robert M. W. Kempner (geb. 1899): Rechtsanwalt und Oberregierungsrat im preußischen Innenministerium, 1935 ausgebürgert, nach 1945 Hauptankläger der Nürnberger Prozesse und Nebenkläger in zahlreichen Strafprozessen gegen Nazi-Verbrecher. Zahlreiche Veröffentlichungen, u. a. »Ankläger einer Epoche«. Erinnerungen, 1983.

Ulrich Klug (geb. 1913): Professor (emeritus) für Rechtsphilosophie und Strafrecht an der Universität zu Köln, Justizsenator a. D. der Freien und Hansestadt Hamburg, langjähriger Vorsitzender der Humanistischen Union.

Heiner Lichtenstein (geb. 1932): Publizist und Redakteur beim WDR, Autor von Büchern zur Rolle der Reichsbahn und des Roten Kreuzes im Dritten Reich, Berichterstatter der wichtigsten Prozesse gegen Nazi-Verbrecher nach 1945.

Jörg Wollenberg (geb. 1937): Direktor des Bildungszentrums der Stadt Nürnberg und Professor für Weiterbildung an der Universität Bremen. Autor zahlreicher Abhandlungen; mit Jörg Friedrich Herausgeber des Bandes »Licht in den Schatten der Vergangenheit. Zur Enttabuisierung der Nürnberger Nachkriegsverbrecherprozesse«, 1987.

Ruth Elias

Die Hoffnung erhielt mich am Leben

Mein Weg von Theresienstadt und Auschwitz nach Israel.
328 Seiten mit 8 s/w Abbildungen. Geb.

Ruth Elias, die in diesem Buch die Geschichte ihres Überlebens in Theresienstadt und Auschwitz erzählt, hat alle Stationen in der Hölle des SS-Staates durchlitten. Als Jüdin nach dem deutschen Einmarsch in ihre mährische Heimat verfolgt, wird sie nach einer Denunziation nach Theresienstadt »verbracht«. Dort versucht sie mit ihrem Mann ein möglichst »normales« Leben zu führen – ein seltener Einblick in das Innenleben eines Ghettos. 1943 wird sie nach Auschwitz deportiert, wo es nur mehr um das nackte Überleben geht. Hier sieht sie, wie Tausende ihrer Mitgefangenen verhungern, sterben, zu Tode gequält, vergast werden; hier bekommt sie – und verliert durch die Quälerei des Dr. Mengele – ein Kind.
Nach der Befreiung 1945 kehrt sie zunächst in ihre Heimat zurück, um nach Verwandten zu suchen – aber außer ihr hat niemand den »Holocaust« überlebt. Auch muß sie feststellen, daß frühere Bekannte, die von der »Arisierung« profitiert hatten, sie nicht mit offenen Armen aufnahmen: Ihr Erbe war schon verteilt. Auch dies ein Stück Wirklichkeit der Judenverfolgung.
So wandert sie 1949 nach Israel aus, wo sie eine neue Heimat und eine neue Familie findet. Ihren Enkeln hat sie nun, nach über 40 Jahren des Vergessen-Wollens, diesen Bericht geschrieben, damit dies nicht nur ein Stück Historie bleibt, sondern erfahrbar wird. Wer diesen Bericht gelesen hat, kann erahnen, was »Holocaust« in Wirklichkeit bedeutet hat.

Piper 74/1 b

PIPER